LES **SAISONS** DE LA **MINCEUR**

LES **SAISONS** DE LA **MINCEUR**
250 recettes et des menus

ROBERT LAFFONT

Pour les lecteurs qui découvrent Weight Watchers :
le décompte des recettes par **POINTS**
correspond au programme ***FlexiPoints***
de Weight Watchers…
mais l'important est de savoir qu'une recette
élaborée par Weight Watchers permet
d'économiser jusqu'à 50 %
des calories habituelles !

© Éditions Robert Laffont, S.A., Paris, 2004
ISBN 2-221-10085-9

Un cordon-bleu à la taille fine...

Concilier gourmandise et minceur, marier gastronomie et légèreté :
en plus de trente ans de succès, Weight Watchers n'a cessé
de renouveler ce défi. Alors qu'au fil du temps les régimes
à la mode se sont succédé, la méthode Weight Watchers peut
se féliciter d'être restée la seule méthode minceur « à effet longue
durée » ! La preuve de son efficacité étant établie, les progrès
ne pouvaient aller que dans le sens de la simplicité et du plaisir.
Et c'est ainsi que, progressivement, le programme à **POINTS**
a remplacé le célèbre régime « Trois Feux Minceur »
et qu'aujourd'hui plus aucun aliment n'est interdit. Petit à petit,
les silhouettes, mais aussi les contraintes (inhérentes à tout régime)
se sont allégées... Pour la femme, le bénéfice est important au
quotidien : elle peut vivre normalement, cuisiner pour ses enfants,
mais aussi manger au restaurant, s'offrir une pâtisserie...
Qu'elle soit tendance rillettes ou macarons, perdre du poids
avec Weight Watchers lui évite désormais la frustration.
Et les résultats sont là : un régime agréable est plus facile
à suivre. Les écarts de conduite sont maîtrisés, on s'y met
(ou remet, si besoin) sans douleur, on mincit tout en douceur,
lentement mais durablement. Moins frustrée, on évite le cercle
vicieux excès-privations, fatal à la ligne comme au moral,
qui de surcroît favorise l'effet yoyo (perte de poids suivie
d'une reprise plus importante).

L'art de mincir dans la joie

Saveurs et odeurs : quelle saison !

Et les plaisirs de la table, dans tout ça ? S'ils restent souvent les grands absents des régimes à la mode (à base de sachets de protéines et de substituts de repas sous forme de boissons…), ils ont toujours été une priorité absolue pour Weight Watchers, qui préconise depuis toujours une alimentation la plus variée possible, privilégiant les fruits et les légumes, riche en protéines et appauvrie en sucres rapides et en graisses (surtout saturées). La preuve ? Weight Watchers a élaboré et publié plus de recettes de cuisine que n'importe quel grand chef, pour que jamais une femme ne manque d'idées pour manger léger et savoureux. Exotiques, traditionnelles, rapides, gastronomiques, familiales, sur-le-pouce, fraîches ou hivernales, sucrées ou salées, il y en a pour tous les goûts, tous les appétits, tous les budgets, et toutes les occasions ! Le point commun de toutes ces recettes ? Leur facilité d'exécution, leur équilibre, et toujours ce petit côté « vraiment pratique » qui convient à la femme active de notre époque.

> « Le point commun de toutes ces recettes ? Leur facilité d'exécution, leur équilibre… »

Faire la cuisine, c'est aussi, et avant tout, faire ses courses. Aller au marché, flâner devant les étals, humer et palper les produits frais, pour réveiller sa gourmandise et sa curiosité… C'est ainsi que tout commence ! Au fil des semaines, on y fait des découvertes et on y célèbre les produits de saison. Parce que l'on n'a ni les mêmes envies, ni les mêmes besoins nutritionnels en automne et au printemps, qu'on ne trouve pas chez son primeur, son poissonnier ou son volailler, les mêmes denrées en janvier et en août, nous avons voulu vous faire redécouvrir les bonheurs de la cuisine de saison, d'autant meilleure que les produits qui la composent sont à leur apogée, et que notre gourmandise doit savoir se mettre en sourdine et attendre son heure… Premières fraises timides, asperges printanières, mirabelles gorgées de soleil, raisins des périodes de vendanges, champignons des forêts, poires et coings ou gibiers automnaux : la bonne cuisine est faite de rendez-vous qu'il ne faut pas manquer, qui font partie intégrante de notre culture et de notre patrimoine culinaire. Puissent donc les recettes proposées dans ce livre régaler et aider chaque femme à atteindre son objectif de minceur, tout en réjouissant ses sens. En n'oubliant pas qu'un petit plat, simplissime ou sophistiqué, ne saurait nous combler sans cet ingrédient indispensable et universel, à utiliser sans modération, à très grosses pincées : l'amour, vrai sel de la vie…

Paroles de chefs…

DES CHEFS AUX FOURNEAUX POUR WEIGHT WATCHERS

Pour prouver une fois encore que la minceur peut facilement flirter avec l'excellence et la grande gastronomie, Weight Watchers a proposé à de grands chefs de composer des menus d'anniversaire pour célébrer ses trente ans. Mettre la main à la pâte et élaborer des recettes légères ? Tous se sont pris au jeu, et ont rivalisé d'idées et de talent pour flatter les papilles des gourmets sans peser lourd sur la balance. Tous ont compris, non seulement la démarche originale de Weight Watchers, mais aussi l'importance de la diététique dans la vie de tous les jours. Parce qu'ils ne vivent pas seulement le nez dans leurs casseroles, mais qu'ils sont bien en phase avec leur époque, ils savent mieux que quiconque que manger bien n'est pas manger triste, et le prouvent remarquablement. Tous ces passionnés gardent de leur « expérience Weight Watchers » un excellent souvenir… Nous avons donné la parole à trois d'entre eux, parce qu'ils savent faire partager leur passion, leur exubérance et leur appétit de la vie !

Walter DESHAYES, chef du restaurant Les Cinq Sens* à Bordeaux

« En matière de cuisine, j'aime suivre la mode mais aussi m'en affranchir. Ces dernières années ont vu arriver sur les marchés des produits de plus en plus variés, venus d'ici et d'ailleurs, parfois de très loin. J'aime m'en inspirer pour créer des mélanges, jouer, par exemple, avec les nouvelles céréales (quinoa, graines de sarrasin, épeautre, orge...), avec les produits et épices asiatiques, ou avec le thé (avec lequel j'ai beaucoup travaillé et travaille encore), pour composer des plats originaux, colorés et beaux. La qualité des produits est essentielle, et j'aime la mettre en valeur : je compose, mais je ne dénature pas l'aliment. J'ai toujours cuisiné le plus légèrement possible, cela me semble aller de soi : aujourd'hui, le surpoids est un problème de santé publique, les habitudes de vie et d'alimentation ont changé, les gens ont moins de temps à consacrer aux repas. Il faut vivre avec son temps ! Je cuisine avec très peu de matières grasses, je saisis les aliments dans une poêle antiadhésive bien chaude avec juste un peu d'huile d'olive. En élaborant le menu d'anniversaire de Weight Watchers, j'ai découvert leur feuille de cuisson et j'ai trouvé ce procédé formidable ! Je ne fais pas de grosses « réductions », de sauces lourdes, de liaisons à la farine, je préfère les émulsions légères (au mixeur), les jus courts et corsés, les bouillons à base de légumes... Justement, j'aime beaucoup cuisiner ceux-ci ! Asperges, champignons, légumes oubliés comme les topinambours, ils permettent d'infinies variations et des mélanges étonnants... »

Quelques plats de la carte :

- Homard juste rôti, rémoulade de céleri et pommes vertes relevé de wasabi ;
- Foie gras de canard poêlé, topinambours et noix au sirop d'érable ;
- Rouget barbet farci de coquillages et cuit entier, courgettes en trois versions ;
- Lotillon rôti poudré d'orange et de poivre rose, quinoa et piquillos ;

- Pannacotta à la fleur d'oranger et fruits d'ici et d'ailleurs en délicate gelée de citronnelle (cette recette vous est expliquée en page 9).

* Les Cinq Sens,
26, rue du Pas-Saint-Georges,
33 000 Bordeaux.
Tél. : 05 56 52 84 25.

ABRÉVIATIONS

- cc : cuillerée à café
- CS : cuillerée à soupe
- MG : matière grasse
- cl : centilitre
- MN : minute
- H : heure

PANNACOTTA À LA FLEUR D'ORANGER,
FRUITS D'ICI ET D'AILLEURS EN DÉLICATE GELÉE DE CITRONNELLE

PRÉPARATION : 30 MN • RÉFRIGÉRATION : 6 À 8 H
• CUISSON : 5 MN (PANNACOTTA) + 15 MN (GELÉE)

par personne

Faire ramollir 1/2 feuille de gélatine dans un peu d'eau froide. Porter à ébullition l'eau, le sucre vanillé et la citronnelle. Égoutter la gélatine et l'ajouter à la préparation vanillée à la citronnelle. Laisser infuser, puis refroidir.

Disposer la salade de fruits dans un joli verre à cocktail. Filtrer, puis verser la gelée refroidie mais non prise par-dessus les fruits. Laisser prendre au réfrigérateur.

Préparer le pannacotta. Faire chauffer la crème avec le sucre, puis ajouter la fleur d'oranger et la gélatine ramollie. Laisser refroidir et verser délicatement sur la gelée de fruits déjà brisée. Conserver au frais jusqu'au moment de la dégustation.

> Pour un décor raffiné, agrémenter de quelques friandises ou de pistaches hachées (à comptabiliser).

1 personne

POUR LA GELÉE
- 1/2 bâton de citronnelle
- 1/2 sachet de sucre vanillé
- 1/2 feuille de gélatine
- 50 g de salade de fruits frais

POUR LE PANNACOTTA
- 100 g d'eau
- 100 g de crème liquide à 8 %
- 15 g de sucre cassonade
- 1 cc d'eau de fleur d'oranger
- 1/4 de feuille de gélatine

Jean-Luc GERMOND, chef du restaurant Le Sébastopol* à Lille

« La méthode Weight Watchers est connue pour son efficacité, mais elle a su garder le plaisir de la cuisine, ce qui explique sans doute sa réussite. Tout cuisinier normalement constitué s'y intéresse car aujourd'hui, s'il faut apprécier les bonnes choses, il est également impératif de garder la ligne ! Aussi, quand on m'a proposé de réaliser un menu gastronomique pour les trente ans de Weight Watchers, je n'ai pas hésité. Il faut dire que je fais, par goût, une cuisine que je veux belle et bonne, mais aussi digeste et légère : je dis souvent que je fais une cuisine de quintessences, de saveurs. J'utilise le strict minimum de matières grasses, certaines recettes n'en contiennent pas un gramme. Cuissons courtes, concentrations de jus, extraits de plantes : tous mes trucs de chef visent à faire parler le produit, à le respecter, à le magnifier et à le garder le plus brut possible ! Pas question de s'en éloigner, c'est lui la vedette ! J'aime travailler les produits du Nord (comme l'endive, la betterave, ou la chicorée dont je fais ma spécialité, le vaporeux glacé à la chicorée, décliné pour le repas d'anniversaire). Pourtant, je ne fais pas une cuisine régionale : je la ré-interprète pour créer un répertoire très personnel. Mais, à la base, je travaille surtout les produits de saison. Je trouve indispensable de respecter la maturité des aliments pour faire ressortir leur goût et leur valeur : cela permet de les utiliser quand leurs qualités gustatives sont optimales. La magie de certains produits tient largement au fait qu'ils ne sont pas disponibles toute l'année sur nos étals : les asperges, les champignons, le gibier, l'agneau de lait de la fin de l'hiver deviennent alors des rendez-vous à ne pas manquer ! L'attente suscite la création et fait partie intégrante des plaisirs de la table. De plus, j'aime les rituels, les marchés (aux volailles, aux cèpes...), les cérémoniaux qui font d'un produit une fête. N'oublions pas que les cuisiniers sont les gardiens du temple de la gastronomie ! »

Quelques plats de la carte :

- Aiguillette de saint-pierre au cumin, mousseline de betterave au four ;
- Légumes d'automne et poitrine de porc confite, saveurs de harissa ;
- Cèpes bouchons marinés à l'huile d'argan et pignons de pin ;

- Grenadin de veau de lait aux asperges et son coulis d'herbes (cette recette vous est expliquée en page 11) ;

- Filet de sole en croûte de noix, coco au curry de madras et fondue de chicons

* Le Sébastopol,
1, place Sébastopol,
59 000 Lille.
Tél. : 03 20 57 05 05.

GRENADIN DE VEAU DE LAIT
AUX ASPERGES ET SON COULIS D'HERBES

PRÉPARATION : 30 MN • CUISSON : 12 MN

4 unités POINTS

par personne

Disposer les tranches de jambon cru sur du papier sulfurisé et laisser sécher pendant 1 heure au four, Th. 5 (180 °C).

Éplucher et mettre en bottes les asperges vertes, puis les cuire dans de l'eau bouillante salée. Rafraîchir les asperges vivement dans un récipient d'eau glacée, les égoutter et les sécher sur un linge. Garder 10 centilitres environ de l'eau de cuisson.

Équeuter, laver le cresson, l'oseille et les feuilles de moutarde. Les faire blanchir séparément, puis les refroidir dans une eau glacée. Les égoutter.

Saler et poivrer les mignons de veau. Dans un sautoir, faire sauter les morceaux de chaque côté, puis les faire cuire à four chaud pendant 6 à 8 minutes.

Laisser reposer les mignons de veau sur une grille, recouverts de papier aluminium pendant 10 minutes.

Mixer le cresson, l'oseille et les feuilles de moutarde, puis ajouter l'eau de cuisson des asperges jusqu'à l'obtention d'un coulis.

Napper le centre de l'assiette avec le coulis d'herbes, disposer le mignon de veau ouvert en 2 et les pointes d'asperges (têtes en l'air). Décorer avec le jambon cru séché.

6 personnes

- 6 mignons de veau de lait (de 150 g chacun)
- 2 bottes d'asperges vertes
- 1/2 botte de cresson
- 50 g d'oseille
- 50 g de feuilles de moutarde (ou feuilles d'oseille, de pousses d'épinard, de feuilles de betterave)
- 4 tranches très fines de jambon cru maigre
- Sel, poivre

Jeanne MORENI GARON,
chef du restaurant Les Échevins* à Marseille

« Il y a vingt ans, je trouvais le régime proposé par Weight Watchers efficace, mais j'avoue qu'il me semblait contraignant ! Beaucoup plus récemment, on m'a offert un livre de recettes, et cela a été une très agréable surprise ! Les plats font envie, et c'est l'essentiel ! En tant que femme, j'ai bien évidemment accepté immédiatement d'élaborer un menu Minceur ! Figurant sur ma carte pendant une semaine, ce menu a eu un succès fou, et certaines de mes clientes habituées n'hésitent pas à me le redemander, aujourd'hui encore, quand elles prévoient dans mon restaurant un déjeuner "entre filles" !

Devoir alléger mes plats m'a permis de découvrir des astuces et des produits minceur que je ne connaissais pas, comme la crème fraîche allégée à 8 % de matière grasse, par exemple, qui ne m'attirait pas a priori mais qui a été une révélation ! Faire aussi bon mais plus "régime", c'est simple, il suffit souvent de contrôler les graisses.

Je fais une cuisine de femme, de mère, très axée sur nos produits locaux et saisonniers ultrafrais : poissons en quantité, tomates, courgettes, olives, aubergines, melons,

mais il est vrai que j'ai un faible pour l'huile d'olive, ou plutôt pour les huiles, car j'en ai toujours deux ou trois différentes ! Je privilégie les préparations simples qui ne tuent pas le goût des aliments : chez moi, pas de "fonds de sauce", je préfère déglacer ma poêle avec de l'eau, de la crème légère, ou du vin. J'aime aussi aller faire mon marché, sans savoir d'avance ce que je vais cuisiner, mais en adaptant mes menus aux produits que je vais trouver et qui vont me tenter, comme le fait toute bonne ménagère ! »

Quelques plats de la carte :

• Terrine d'aubergines, tomates en réduction (cette recette vous est expliquée en page 13) ;

• Langoustines au caviar d'aubergines et tian de courgettes ;
• Pavé de loup sauvage, tatin de tomates confites aux épices ;
• Pieds et paquets à la Marseillaise ;
• Flan de homard au coulis de crustacés.

* Les Échevins,
44, rue Sainte,
13001 Marseille.
Tél. : 04 96 11 03 11.

TERRINE D'AUBERGINES,
TOMATES EN RÉDUCTION

3 unités POINTS®

par personne

PRÉPARATION : 30 MN • CUISSON : 1 H • RÉFRIGÉRATION : 12 H

Margariner le moule et le chemiser avec une bande de papier sulfurisé qui s'applique en un seul morceau sur les grands côtés et le fond. Pour un démoulage facile, laisser dépasser légèrement le papier.

Éplucher entièrement les aubergines et les couper en tranches de l'épaisseur d'un doigt et dans la longueur. Les faire frire dans 2 cuillerées à soupe d'huile de tournesol, puis les éponger dans du papier absorbant.

Préchauffer le four Th. 4 (160 °C).

Superposer les tranches d'aubergine dans un moule à cake classique en pyrex de 24 x 10 centimètres environ en salant et poivrant légèrement entre chaque couche.

Mettre dans le bol d'un robot mixeur : la crème fraîche, les œufs, la Maïzena, l'ail, le persil et le concentré de tomates. Saler, poivrer et mixer. Recouvrir les aubergines avec cette préparation.

Enfourner pendant 50 à 60 minutes en surveillant régulièrement la cuisson (la terrine est cuite lorsqu'elle est bien dorée de toutes parts).

Laisser refroidir au réfrigérateur.

Préparer la réduction de tomates. Faire cuire, à consistance de sauce, 4 tomates très mûres avec une cuillerée à soupe d'huile d'olive et du basilic haché.

Démouler la terrine, la couper en tranches. Présenter avec la réduction de tomates.

10 personnes

- 1 kg d'aubergines
- 2 cc de margarine allégée à 60 %
- 2 CS d'huile de tournesol
- 1 CS d'huile d'olive
- 30 cl de crème fraîche à 8 %
- 5 œufs
- 1 CS bombée de Maïzena
- 1 CS d'ail haché
- 1 CS de persil haché
- 1 CS de concentré de tomates
- 1 CS de basilic haché
- Sel, poivre

Accompagner de salade assaisonnée, de dés de tomates et d'un peu de ciboulette ciselée (à comptabiliser).

SOMMAIRE

AUTOMNE

- ACTIVITÉ PHYSIQUE + UNE JOURNÉE BIEN-ÊTRE 20
- UNE SEMAINE DE MENUS 22
- UN REPAS SUPER-ÉNERGIE 24

	POINTS	P.		POINTS	P.
Soupe de potiron aux noisettes	2	28	Tajine de coquelets aux fenouils	6,5	52
Terrine de chèvre aux fruits secs	2,5	28	Paella de légumes	5,5	54
Velouté de champignons au yaourt	2,5	30	Pain perdu aux raisins	4	54
Tarte aux épinards	6	30	Agneau à la mode des Indes	6	55
Carpaccio de cèpes aux noisettes	3,5	32	Chutney aux pommes	0	55
Cocktail de crevettes à l'orange passion	2,5	32	Couscous de poisson	9	56
Pommes à la scandinave	1,5	34	Filet de porc aux fruits	4	58
Roulés de poulet au concombre	3,5	34	Charlotte d'agneau	4	58
Soupe aux champignons épicée	0	35	Pavé de bœuf aux poivrons grillés	4	60
Taboulé au persil	2,5	35	Tagliatelles sautées au poulet et légumes	7,5	60
Fonds d'artichauts Grand Nord	4,5	36	Truite de mer aux câpres	4,5	62
Sauce au chocolat	3	38	Compote de rhubarbe et fraises	1	62
Salade de dinde Louisiane	5	38	Papillotes de truite aux poireaux	2,5	63
Papillotes de sole aux girolles	3	40	Cheese-cake au citron, soupçon de chocolat	5,5	63
Flan de légumes au coulis de poivrons	1	40	Choucroute aux poissons	5	64
Velouté de carottes et céleri à la coriandre	2	41	Bouchées gourmandes aux fruits de la passion	4	64
Filet de turbot sauce aux raisins	4	41	Crème vanille pistache	4	66
Poires rôties au thym frais	0,5	42	Croustillant aux poires	3,5	66
Salade de coquillettes au crabe	3,5	42	Sauce aux agrumes et au yaourt	1	68
Pastilla de pintade	8	44	Mousses à l'orange	2	68
Tourteau farci	3,5	44	Papillotes de fruits d'automne au miel	1,5	69
Soupe de mangue au lait de coco	4,5	46	Tartelettes à la rhubarbe	4	69
Bò bún	3	46	Salade de fruits exotiques au sirop d'épices	1	70
Roulades de dinde à la compotée de légumes	3,5	48	Muffins aux myrtilles	1,5	70
Truite de mer et risotto à l'aneth	9	48	Quatre-quarts à l'ananas	7,5	72
Bœuf ficelle	3,5	49	Mini-tartes feuilletées aux pommes, meringuées	3,5	72
Cocotte de lapin aux pommes et aux poires	4	49	Pancakes	3,5	74
Haddock vapeur aux deux haricots	8	50	Terrine d'oranges et pommes à la cannelle	1	74
Gigot de lotte à la forestière	4,5	50	Granité au kiwi	1,5	75
Coulis de poires au gingembre	0,5	52	Tarte à la brousse et aux poires	3	75

Les saisons de la minceur

HIVER

- FAIRE LA FÊTE + UNE JOURNÉE *LIGHT* APRÈS FÊTES   78
- UNE SEMAINE DE MENUS   80
- UN REPAS DE RÉVEILLON   82

	POINTS	P.
Poireaux en robe de saumon, vinaigrette de betterave	2	86
Aspic d'huîtres et de Saint-Jacques	1	86
Boulgour au poulet et aux herbes	2,5	88
Foie de veau poêlé en salade de mâche	4	88
Potage de légumes anciens	0	90
Pain de lotte et sa salade de roquette	5	90
Mâche façon cantonaise	1,5	92
Salade de mâche, haddock et betterave	2	92
Coupe-surprise aux marrons glacés	3	93
Œuf cocotte, champignons sautés	2,5	93
Filet de bœuf braisé, compotée rouge	3	94
Soupe de pois cassés	2	94
Pain perdu du boucher	3,5	96
Petites brioches de crevettes à la sauce rose	5	96
Velouté de topinambours aux moules	1,5	98
Mulet aux oignons doux des Cévennes	1,5	98
Noisettes de porc aux fruits secs	3,5	99
Tagliatelles de concombre aux crevettes	4	99
Sauce au vin rouge	0	100
Gnocchis de semoule gratinés	3,5	100
Cabillaud et chou rouge confit	4	102
Mouclade à la cardamome	1,5	102
Papillotes de lapin à la mousse de poires aux épinards	2,5	104
Osso bucco	5	104
Pavé de saumon, purée de brocolis et de chou-fleur	5,5	106
Rôti de lotte et chou braisé	3	106
Haddock au vert d'anchois	6	107
Thon en habit basque	6,5	107
Bœuf aux patates douces et au piment	5,5	108

	POINTS	P.
Roulé de dinde farce du jardin	7	108
Lentilles mijotées au poulet	7	110
Pot-au-feu de dinde aux herbes	6	110
Râble de lapin aux marrons glacés	5,5	112
Petit pain au chèvre frais et à la poire	2	112
Sauce verte à la moutarde	3,5	113
Douillette de poires au caramel	4	113
Sauce à la pomme	0	114
Curry de poulet à l'ananas, timbales de riz	4	114
Vinaigrette asiatique	0,5	116
Potée au cabillaud	2	116
Croques de lentilles aux œufs de caille	3,5	118
Tartines gratinées à la raclette	4,5	120
Mousseline de poires au pain d'épice	1,5	120
Petits pains au thé, goût russe	3	121
Tiramisu aux poires	2	121
Kakis à la mousse de cannelle	2	122
Crêpes aux clémentines, sauce orange	2,5	122
Cake au jambon	6	124
Croustillants d'ananas	1	124
Soufflé léger au café	2	126
Tarte fine aux fruits exotiques	3	126
Gelée de fruits dorés	3	127
Omelette aux pommes	5	127
Gâteau aux deux pommes	2,5	128
Mousse aux oranges sanguines	2	128
Authentique Linzertorte	7	130
Œufs à la neige au chocolat	1,5	130
Pommes panées à la bohémienne de fruits	3	132
Crudités en barquettes d'endives	2,5	133

Sommaire   15

SOMMAIRE

PRINTEMPS

- FRUITS ET LÉGUMES + UNE JOURNÉE VITAMINÉE — 136
- UNE SEMAINE DE MENUS — 138
- UN MENU DE PÂQUES — 140

	POINTS	P.
Salade d'artichauts et tomates séchées	6	144
Salade de pousses d'épinard et d'avocats	5,5	144
Tarte aux navets et au cumin	4	146
Tartare de courgettes aux tomates	2,5	146
Pastilla de saumon à la ciboulette	7,5	148
Pizza de poisson à la mexicaine	4,5	148
Bayadère de légumes	4,5	150
Salade de printemps	2,5	150
Salade de pommes des champs au vin blanc	3,5	151
Aumônières à la ricotta et à la tomate	3	151
Potage aux herbes fraîches	1,5	152
Tarte de carottes à l'orange confite	3,5	152
Blanquette de limande aux légumes du printemps	5,5	154
Gâteau d'olives	5,5	154
Boulette de bœuf à la tunisienne	5,5	156
Dorade au citron confit et semoule à la coriandre	5,5	156
Rouleaux de laitue	2	157
Cailles à la citronnelle	3,5	157
Gambas à la vapeur et marmelade de courgettes	4	158
Tarama léger	4,5	158
Petites aumônières d'agneau	6	160
Panzanella	1,5	160
Coque de fenouils au crabe	2	162
Croquemitoufles au jambon	4	164
Croquettes fourrées aux herbes	9	164
Assiette du jardinier	3	165
Riz frou-frou	11,5	166
Sauté de bœuf aux carottes nouvelles	6,5	166
Le vrai beurre blanc très allégé	2	168
Gratin de julienne, épinards à la crème	4,5	168

	POINTS	P.
Îlots de cerises au coulis de fruits rouges irisé	1,5	170
Sauce à la crème d'ail	0	170
Pavés de thon aux petits navets et épinards	3,5	171
Sauce maraîchère	0,5	171
Potée de printemps	3	172
Filet mignon aux épices, endives caramélisées	4	172
Poulet au citron vert	8,5	174
Brochettes de dinde aux pois gourmands et aux tomates cerises	2,5	174
Riz au lait, compote de mangues	2,5	176
Pennes et julienne au vert	3,5	176
Roulade de veau en papillotes et légumes grillés	5	178
Gratin de cerises	3	178
Pannacotta aux kiwis, sauce chocolat	2,5	179
Crémets aux fraises, coulis de mangue	1,5	179
Diplomate du matin	2	180
Gibelotte de lapin au romarin	4,5	180
Petit soufflé glacé au citron	2	182
Tian de fraises	3,5	184
Quatre-quarts à la rhubarbe	4,5	184
Fraises provençales à la crème de yaourt	2,5	185
Fruits en tartines caramélisées	8	185
Ramequins de fraises à la crème de citron	3	186
Charlotte aux mangues	4,5	186
Raviolis de rhubarbe à la banane	7,5	188
Coupe de cake aux fruits	6	188
Chaud-froid d'agrumes, palets aux épices	3	190
Crème au café meringuée	1,5	190
Bavarois aux fruits rouges	1	191

Les saisons de la minceur

ÉTÉ

- LES MODES DE CUISSON PEU CALORIQUES + UNE JOURNÉE BARBECUE   194
- UNE SEMAINE DE MENUS   196
- UN MENU PIQUE-NIQUE   198

	POINTS	P.
Carpaccio à la mode asiatique	5	202
Flan de courgettes à la menthe	2,5	202
Cailles en coque de poivron	1,5	204
Légumes grillés à la parmesane	2,5	204
Soupe de concombre glacée à l'aneth	0	206
Tomates farcies à la raie	3,5	206
Sardines marinées	3,5	208
Flan de courgettes aux palourdes	1	208
Salade de pourpier aux œufs mollets	3,5	209
Bisque de langoustines	3,5	209
Moules au bouillon de légumes	2	210
Gigotins de magret au romarin	2	210
Assiette Baltique	5,5	212
Poulet mariné à l'italienne	5,5	212
Soupe glacée bulgare	2	214
Concombre aigre-doux farci	2	214
Légumes à la crème de chèvre	2	215
Fleurs de courgettes farcies au chèvre	1	215
Méli-mélo de melon	2,5	216
Blancs de poulet à l'orange, gratin de fenouils	4,5	216
Filets de rougets à la compotée de tomates	4	218
Filets de maquereaux et tartare de tomates aux aromates	7	218
Courgettes râpées à la citronnette	1,5	220
Papillotes d'espadon aux citrons confits	4,5	220
Brochettes de dinde aux pêches	4	222
Thon mariné au piment et aux herbes	4,5	222
Moules à la crème	3,5	223
Filets de merlan gratinés au citron	6	223
Brochettes de veau au romarin et méli-mélo de légumes	5,5	224
Saveur soleil	3	224
Sauce cresson au yaourt	0,5	226
Langoustines rôties et grecque de légumes	4	226
Pot-au-feu de lotte	2,5	228
Concassée de tomates fraîches	1,5	229
Salade de crevettes aux cinq graines	7	229
Cake au pamplemousse	5,5	230
Riz aux coques	4	230
Sauce au gingembre	2,5	232
Raviolis farcis au vert	3	232
Pintadeau farci aux herbes	4,5	234
Fromage blanc à la chiffonnade de cresson	2,5	236
Soupe de pêches au thé vert	0,5	236
Lassi épicé à la mangue et nectarine	2	237
Compote de figues à la marocaine	2	237
Fraises acidulées	1	238
Cappuccino chocolat framboise	5	238
Pêches pochées à la verveine	1,5	240
Glace verveine menthe	3,5	240
Soufflés glacés aux abricots	4,5	242
Kiwis farcis aux fruits rouges	1	242
Îles flottantes à la fleur d'oranger	3,5	243
Papillotes de fruits	0,5	243
Soupe de cerises à l'orange	1	244
Ricotta meringuée aux fruits rouges	5	244
Fraises au pamplemousse	0	246
Bavarois léger au chocolat et fraises	1,5	246
Coupe de fruits grosse chaleur	0	248
Compote tonique à la rhubarbe et à la framboise	1	248
Marmite végétarienne au tofu	3,5	249

INDEX

Index par ingrédients,
par **POINTS** . . . . .de 250 à 269

LES SAISONS
DE LA MINCEUR

« Automne en fleurs,
hiver plein de rigueur »

AUTOMNE

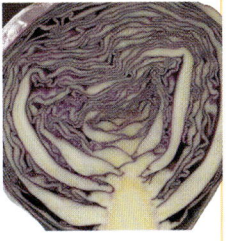

ACTIVITÉ PHYSIQUE

C'est la rentrée, difficile de quitter le temps du farniente !
Alors, pour essayer de garder un peu de cet « air de vacances »
profitez des derniers beaux jours en faisant de grandes balades.
Vous allez peut-être inscrire vos enfants à un club de sport ou de danse,
pourquoi ne pas en profiter pour sauter le pas également ?

• L'activité physique est indispensable à un bon équilibre du poids
et apporte un bien-être certain. Si vous avez pris du poids
c'est sans doute parce que votre activité physique est réduite
au minimum. Commencez déjà par marcher un peu plus,
vous vous apercevrez que la voiture n'est pas indispensable,
que l'ascenseur peut parfois être évité et que marcher « fait du bien ».
Nous vous conseillons de faire au moins 20 à 30 minutes de marche
par jour pour entretenir votre forme. Commencez par marcher
15 minutes, en alternant 5 minutes de marche lente, 5 minutes
de marche d'un bon pas puis à nouveau 5 minutes lentes
pour récupérer. La deuxième semaine, prolongez de 2 minutes
la marche d'un bon pas et ainsi de suite de semaine en semaine
jusqu'à ce que vous arriviez à 5 minutes d'échauffement, 15 minutes
de marche d'un bon pas et 5 minutes de récupération.

• Pour ceux qui n'aiment pas la marche, la natation est un sport complet
et apaisant. Là encore, allez-y progressivement.

Et attention, il ne faut pas confondre activité physique et sport ;
il est d'ailleurs parfois plus profitable de marcher 30 minutes
tous les jours que de faire 1 heure de « gym » par semaine.

Néanmoins, mieux vaut un peu que rien du tout !

Les saisons de la minceur

UNE JOURNÉE BIEN-ÊTRE

20 unités POINTS®
par jour

Petit déjeuner

5 unités POINTS®

- 1 part de pudding aux pommes (25 g de pain rassis à faire tremper dans 10 cl de lait écrémé, ajouter 1 œuf battu et mixer. Couper 1/2 pomme en dés, l'ajouter à la préparation précédente avec 10 g de raisins secs. Verser la pâte dans un ramequin et faire cuire au bain-marie pendant 40 minutes Th. 6/7).
- 1 orange
- 1 yaourt nature + 1 cc d'édulcorant
- 1 café ou thé

Déjeuner

7 unités POINTS®

- 1 sandwich (2 tranches de pain complet, 75 g + 1 portion de fromage allégé à tartiner + 1 tranche de jambon de volaille)
- 1 salade composée de tomate, salade, concombre + vinaigrette avec 1 cc d'huile
- 1 riz au lait Weight Watchers

Collation

4 unités POINTS®

- 1 banane
- 2 tranches de pain d'épices
- 20 cl de jus de pomme

Dîner

4 unités POINTS®

- 1 potage de légumes non mixés maison (sans pomme de terre)
- 1 omelette aux champignons (1 œuf, 1 cc d'huile d'olive)
- 1 faisselle de fromage blanc à 0 % + 1 sachet de sucre vanillé
- 1 pomme au four entière (évider la pomme, la faire tiédir au four à micro-ondes pendant 2 minutes)

Une semaine de menus
Saison : Automne

par jour

LUNDI

Petit déjeuner

- 50 g de pain viennois
  + 1 cc de confiture
- 1 yaourt à 0 % à la vanille
- Thé ou café

Déjeuner

- 1 filet de bœuf (150 g)
- Persillade de girolles
  + 1 cc d'huile d'olive
- 3 CS de purée de pommes
  de terre
- 3 CS de salade de fruits frais
  non sucrée (pomme, coing,
  orange)

Collation

- 1 barre chocolatée
  Weight Watchers

Dîner

- Gratin de potiron :
  200 g de purée de potiron
  (potiron mouliné + 1 cc
  de beurre) + 4 CS de riz
  + 1 oignon
  + 1 bouillon de bœuf
  + 15 g de gruyère allégé.
- 2 tranches de jambon blanc
  dégraissé (100 g)
- 1 yaourt glacé à 0 % mélangé
  au jus d'1 orange + cannelle

MARDI

Petit déjeuner

- 1 verre de jus d'ananas (20 cl)
- 2 tranches de pain grillé
  + 2 portions de fromage frais
  allégé (35 g)
- Thé ou café

Déjeuner

- Céleri rave râpé + 4 cc
  de vinaigrette allégée citronnée
- 1 darne de cabillaud (140 g)
  au four
- Pommes de terre vapeur
  + 2 CS de fromage blanc
  à 0 % + échalotes, persil
- Cardons vapeur à volonté
- 3 prunes au porto (3 cl)
  + 1 cc sucre

Collation

- 2 figues sèches
- 3 CS de fromage blanc 0 %

Dîner

- 4 CS de spaghetti (100 g)
  + 1 CS de crème légère à 8 %
  + Muscade et 15 g de gruyère
  allégé
- 1 escalope de poulet (130 g)
- Aubergines grillées
  + 1 cc de matière grasse
  à 40 %
- 1 pomme

MERCREDI

Petit déjeuner

- 1 pamplemousse pressé
- 1 grande tranche
  de pain de seigle
  + 2 cc de confiture
- Thé ou café

Déjeuner

- Salade de betterave
  + petits oignons à l'estragon
  + 1 cc d'huile
- 1 caille (80 g) rôtie aux raisins
  (12 grains)
  + 1 cc d'armagnac
- 7 CS de pommes
  de terre sautées
- Fondue d'oignon
- 1 poire

Collation

- 2 crackers de table nature
  + Thé

Dîner

- Velouté de carottes
  + 2 CS de crème légère à 8 %
- Salade frisée avec 100 g
  de foie de volaille
  + 1 cc d'huile de noix
  et de vinaigre
- 25 g de pain
  + 1/8 de camembert
- Mûres + édulcorant si désiré

JEUDI

Petit déjeuner 4,5

- 1 bol de lait écrémé
  + café soluble
- 1/5 de baguette
  + 1 cc matière grasse à 40 %
  + jambon dégraissé 50 g

Déjeuner 6,5

- Carottes râpées + noisettes
  (5 g) + 2 CS de crème légère
  à 5 % + citron + persil.
- 1 filet de loup (140 g) grillé
- Fenouil braisé avec 1 cc
  de matière grasse à 40 %
- 2 petites pommes de terre
  + 1 cc de beurre + persil
- 1 kiwi

Collation 2

- 2 CS de compote allégée
  en sucre + 100 g de fromage
  blanc à 0 %

Dîner 7

- Chou-fleur cuit mélangé à :
  1 jaune d'œuf battu
  + 80 g de bacon haché
  + 2 CS de crème légère à 8 %
  + 15 g de gruyère allégé
- 25 g de pain
- 1 pomme cuite au four
  + 1 cc de miel

VENDREDI

Petit déjeuner 4,5

- 1 banane écrasée
  + 6 CS de fromage blanc 0 %
- 2 CS de muesli non sucré
- Thé ou café

Déjeuner 7,5

- 2 feuilles de vigne farcies
  (traiteur)
- 4 CS de riz parfumé au curry
  + 1 cc de beurre
- 1 tranche de pain
- 1 portion de fromage frais
  allégé (18 g)
- 1 yaourt aux fruits à 0 %

Collation 1

- 1 yaourt nature à 0 %
- 1 poire

Dîner 7

- 1 truite (300 g)
- Brocolis vapeur
  + 2 cc de sauce hollandaise
- 4 CS de semoule (100 g)
- 1 petite grappe de raisin
  (12 à 15 grains)

SAMEDI

Petit déjeuner 4,5

- 50 g de pain
  + 1 cc de confiture
- 1 yaourt nature
- 1 jus d'orange pressé
- Thé ou café

Déjeuner 7,5

- Salade de tomates
  + 1 cc d'huile
- 1 pavé d'autruche (150 g)
  + 2 cc de sauce bourguignonne
- 4 CS de haricots rouges
- 25 g de pain
- 1 yaourt à la vanille à 0 %
- 1/4 d'ananas frais

Collation 1

- 1 crêpe nature (30 g)
  + 1 cc de sucre
- 1 pomme

Dîner 7

- 1 croque-monsieur
  à la béchamel : 2 petites
  tranches de pain de mie +
  1 tranche de jambon dégraissé
  + 1 CS de sauce béchamel
  (20 g) + 1 tranche de gruyère
  allégé (15 g)
- Salade verte + tomates
  + 2 cc de vinaigrette allégée
- 1 flan vanille nappé de caramel

Petit déjeuner 3,5

- 4 CS de fruits et fibres
  (20 g)
- 1 bol de lait écrémé (20 cl)
- 1 cc de miel
- 1 orange
- Thé ou café

Déjeuner 7

- 1 petite escalope de veau
  (130 g)
  + Champignons de Paris

  + 2 CS de crème fraîche à 8 %
- Frites (2 petites pommes de terre
  + 1 cc d'huile) au four
- 6 CS de fromage blanc 0 %
  aux fruits

Collation 2

- 1 pot de gâteau
  de semoule (100 g)

Dîner 7,5

- 1 filet de flétan poêlé
  (140 g) + 2 CS de crème
  légère à 8 % + 2 cc de fumet
  de poisson et crustacé
- Julienne de légume surgelée
- 50 g de pain
- 1 part de saint-paulin
- 1 poire

UN REPAS SUPER-ÉNERGIE

Cocktail top forme

Soupe de lentilles au gingembre

Cuisses de poulet aux abricots secs

Pamplemousse surprise

COCKTAIL TOP FORME

COCKTAIL • PRÉPARATION : 5 MN

4 personnes

- 8 kiwis
- 4 citrons
- 4 cc de miel liquide
- 20 cl d'eau minérale

Peler les kiwis, retirer le centre, presser les citrons.

Verser dans le mixeur les kiwis en morceaux, le jus de citron, l'eau et le miel, mixer.

Répartir le cocktail dans les verres. Boire immédiatement.

SOUPE DE LENTILLES AU GINGEMBRE

3 unités POINTS ®

par personne

ENTRÉE • PRÉPARATION : 10 MN • CUISSON : 15 MN

Chauffer les lentilles dans une casserole avec un grand verre d'eau et le gingembre pelé et coupé en lamelles, saler.

Mixer les lentilles avec leur eau de cuisson et le gingembre, ajouter la crème fleurette, mixer à nouveau jusqu'à obtention d'un velouté bien fluide. Servir la soupe bien chaude.

4 personnes

- 500 g de lentilles précuites sous-vide
- 20 g gingembre frais
- 20 cl de crème fleurette allégée
- Sel

CUISSES DE POULET
AUX ABRICOTS SECS

PLAT • PRÉPARATION : 15 MN • CUISSON : 2 H 30

4 personnes

- 4 cuisses de poulet sans peau (800 g)
- 1 CS d'huile d'olive
- 2 oranges
- 1 litre de bouillon de volaille dégraissé
- 8 abricots secs
- Sel, poivre

Faire dorer les cuisses de poulet sur toutes leurs faces à l'huile d'olive 5 minutes dans une poêle antiadhésive.

Ajouter les oranges lavées et coupées en quartiers, saler et poivrer, cuire 30 minutes, ajouter les abricots secs coupés en dés, couvrir de bouillon.

Cuire à petit feu 1 h en rajoutant du bouillon si nécessaire.

PAMPLEMOUSSE SURPRISE

DESSERT • PRÉPARATION : 15 MN

4 personnes

- 4 pamplemousses roses
- 1 petite banane
- 1 pomme
- 4 figues sèches
- 40 g de raisins de Corinthe
- 2 CS de muesli
- 2 CS de sirop d'érable

Couper les pamplemousses en 2, les évider en récupérant le jus qui coule. Peler puis couper en dés la banane et la pomme.

Détailler en petits morceaux, les figues et la chair des pamplemousses, les mélanger avec le muesli et les raisins de Corinthe. Remplir 4 demi-pamplemousses de cette préparation.

Mélanger le jus de pamplemousse et le sirop d'érable, le verser sur les pamplemousses farcis.

REPAS SUPER-ÉNERGIE

2 unités POINTS
par personne

SOUPE DE POTIRON
AUX NOISETTES

ENTRÉE • PRÉPARATION : 20 MN • CUISSON : 30 MN

4 personnes

- 500 g de potiron
- 1 CS d'huile d'olive
- 1 petit morceau
  de gingembre frais
- 7 noisettes
- 4 CS de crème
fraîche liquide à 15 %
- Sel, poivre

Peler, épépiner et couper le potiron en cubes, les faire revenir dans une cocotte pendant 3 minutes avec l'huile d'olive. Saler et poivrer, couvrir d'eau à hauteur. Ajouter le gingembre pelé et coupé en lamelles et laisser cuire à feu moyen 30 minutes.

Décortiquer et concasser grossièrement les noisettes, les réserver. Mixer le potiron avec son eau de cuisson, ajouter la crème, bien mélanger, rectifier l'assaisonnement si nécessaire.

Servir la soupe de potiron bien chaude parsemée de noisettes concassées.

2,5 unités POINTS
par tranche

TERRINE DE CHÈVRE
AUX FRUITS SECS

ENTRÉE • PRÉPARATION : 15 MN • RÉFRIGÉRATION : 2 H

4 personnes

- 1 paquet de pommes
  séchées
- 4 poires séchées
- 4 pêches séchées
- 12 pruneaux
- 400 g de fromage
  de chèvre frais
- 1 CS de sirop
  d'érable

Chemiser le fond et les bords d'une terrine avec un film alimentaire. Couper les fruits secs en cubes de même taille en prenant soin de réserver quelques rondelles de pommes séchées.

Tapisser le fond de la terrine de chèvre frais, déposer une couche de fruits secs mélangés, puis une deuxième couche de chèvre. Refermer le film alimentaire en tassant bien la terrine, réserver 2 heures au frais.

Démouler la terrine, la couper en tranches, servir avec les rondelles de pommes séchées et un filet de sirop d'érable.

Les saisons de la minceur

TERRINE DE CHÈVRE AUX FRUITS SECS

VELOUTÉ DE CHAMPIGNONS AU YAOURT

ENTRÉE • PRÉPARATION : 10 MN • CUISSON : 20 MN

4 personnes

- 500 g
  de champignons
  de Paris
- 1 CS d'huile d'olive
- 25 cl de bouillon
  de volaille dégraissé
- 2 yaourts veloutés
  nature à 0 %
- 2 fines tranches
  de jambon de Parme
  (80 g)
- 1 bouquet de cerfeuil
- Sel, poivre

Laver, essuyer et couper grossièrement les champignons en morceaux. Les faire revenir à l'huile d'olive pendant 10 minutes environ. Saler et poivrer, ajouter le bouillon et laisser cuire encore 10 minutes.

Mixer les champignons avec le jus de cuisson et les 2 yaourts. Vérifier l'assaisonnement. Passer au tamis pour obtenir un velouté. Réserver au chaud.

Au moment de servir, couper les tranches de jambon en 2 dans la longueur, les poêler à sec dans une poêle antiadhésive une minute sur chaque face. Servir le velouté chaud ou tiède avec les croustilles de jambon et des pluches de cerfeuil.

TARTE AUX ÉPINARDS

ENTRÉE • PRÉPARATION : 25 MN • CUISSON : 40 MN

4 personnes

- 600 g d'épinards
- 1 cc de beurre allégé
  à 41 %
- 1 rouleau de pâte
  feuilletée (150 g)
- 120 g de ricotta
- 2 petits œufs
- Muscade
- Sel, poivre

Préchauffer le four Th. 6 (200 °C).

Laver et égoutter les épinards, puis couper les queues. Les hacher grossièrement. Les faire cuire dans une poêle avec le beurre pendant 5 minutes. Saler et poivrer.

Mélanger la ricotta et les œufs battus. Saler, muscader. Foncer un moule à tarte de 20 centimètres de diamètre en laissant le papier de cuisson dessous, tapisser le fond avec les épinards, puis verser la ricotta. Enfourner pour 40 minutes.

TARTE AUX ÉPINARDS

3,5 unités POINTS®
par personne

CARPACCIO DE CÈPES AUX NOISETTES

ENTRÉE • PRÉPARATION : 15 MN

4 personnes

- 400 g de petits cèpes jeunes très frais
- 100 g de roquette
- 40 g de noisettes décortiquées
- 1 cc de vinaigre balsamique
- 1 cc de vinaigre de xérès
- 2 CS d'huile de noisette
- Fleur de sel, poivre et baies moulus

Faire dorer les noisettes à sec dans une poêle à revêtement anti-adhésif bien chaude, puis les concasser grossièrement. Nettoyer les cèpes. Les émincer finement. Les disposer sur des assiettes rafraîchies.

Dans un saladier, mélanger les vinaigres, une pincée de fleur de sel et l'huile. Fouetter à la fourchette pour émulsionner la vinaigrette. En badigeonner les cèpes au pinceau. Tourner rapidement les feuilles de roquette dans le reste de sauce. Dresser au centre de chaque assiette. Parsemer de noisettes. Donner quelques tours de moulin à poivre et servir aussitôt.

2,5 unités POINTS®
par personne

COCKTAIL DE CREVETTES À L'ORANGE PASSION

ENTRÉE • PRÉPARATION : 20 MN • CUISSON : 2 MN • REPOS : 30 MN

4 personnes

- 400 g de crevettes roses cuites
- 150 g de mesclun ou de salades mélangées (roquette, feuille de chêne)
- 1 orange non traitée
- 2 fruits de la passion
- 2 CS d'huile d'olive
- 1 CS de vinaigre balsamique
- 1/2 botte de ciboulette
- Sel, poivre

Décortiquer les crevettes en laissant l'extrémité de la queue. Prélever le zeste de l'orange. Le couper en fines lanières. Les faire blanchir 2 minutes à l'eau bouillante. Les rafraîchir et les égoutter. Mettre ces zestes dans un plat creux avec le jus de l'orange. Couper les fruits de la passion en 2. Récupérer la chair à l'aide d'une cuillère. L'ajouter au jus d'orange. Verser l'huile d'olive en filet en fouettant à la fourchette pour émulsionner la sauce. Poivrer. Ajouter les crevettes. Les tourner dans cette sauce. Couvrir d'un film étirable. Laisser macérer 30 minutes au réfrigérateur.

Rincer et essorer le mesclun (ou les feuilles de salades mélangées). Les mettre dans un saladier. Arroser de vinaigre balsamique. Ajouter les crevettes avec leur marinade. Tourner rapidement. Répartir dans des verres ou dans des coupelles. Parsemer de ciboulette grossièrement ciselée et servir sans attendre.

COCKTAIL DE CREVETTES À L'ORANGE PASSION

POMMES À LA SCANDINAVE

ENTRÉE • PRÉPARATION : 20 MN

4 personnes

- 5 pommes acidulées (elstar ou gala)
- 1/2 citron
- 2 petites tranches de saumon fumé (60 g)
- 30 g d'œufs de saumon
- 1 oignon frais
- 2 CS de crème fraîche à 15 %
- 1 cc de raifort râpé
- 4 petits bouquets de mâche
- Paprika

Couper 4 pommes en 2. Les évider à l'aide d'une cuillère parisienne à bord tranchant. Découper la chair évidée en tout petits dés. Frotter l'intérieur avec le demi-citron. Couper la pomme restante épépinée en lamelles. Les citronner également.

Mélanger la crème allégée, les dés de pomme et le raifort. Répartir dans chaque demi-pomme. Peler et émincer l'oignon. Couper les tranches de saumon fumé en lanières. En garnir les demi-pommes avec les œufs de saumon, les lamelles de pomme et les bouquets de mâche. Saupoudrer de paprika et servir sans attendre.

ROULÉS DE POULET AU CONCOMBRE

PLAT • PRÉPARATION : 20 MN • CUISSON : 30 MN

4 personnes

- 4 blancs de poulet (de 110 g chacun)
- 1/2 concombre bien ferme
- 1 oignon rouge
- 1 bouquet de coriandre fraîche
- 1 CS d'huile d'olive
- Sel, poivre

Déposer les blancs de poulet bien à plat sur le plan de travail, saler et poivrer l'intérieur. Laver et couper le concombre coupé en bâtonnets de même longueur que les filets de poulet. Peler et hacher finement l'oignon. Laver, essuyer et effeuiller la coriandre.

Déposer au centre de chaque blanc de poulet quelques feuilles de coriandre, le quart de l'oignon et 1 bâtonnet de concombre. Rouler les filets sur eux-mêmes dans la longueur en tassant bien. Les ficeler bien serrés comme des petits rôtis pour les maintenir en forme de rouleau. Saler et poivrer. Les faire cuire 30 minutes dans une poêle antiadhésive avec l'huile d'olive à feu moyen en les tournant régulièrement pour les faire dorer sur chaque face.

SOUPE AUX CHAMPIGNONS ÉPICÉE

ENTRÉE • PRÉPARATION : 20 MN • CUISSON : 25 MN

0 unité POINTS
par personne

4 personnes

- 50 g de champignons noirs séchés
- 250 g de champignons shiitaké
- 1 gousse d'ail
- 1 bâton de citronnelle
- 3 cives
- 1 CS de gingembre râpé frais
- 1 piment rouge
- 1/2 bouquet de coriandre fraîche
- Le jus de 2 citrons verts
- 1 CS de sauce soja
- 1 litre de bouillon de légumes
- Sel, poivre

Mettre les champignons noirs dans un bol d'eau pour les réhydrater. Nettoyer les shiitaké, les couper en quartiers.

Couper le bâton de citronnelle en petits morceaux. Éplucher l'ail, les cives, les couper en petites rondelles. Laver la coriandre, couper les queues.

Égoutter les champignons noirs. Les faire cuire dans une grande poêle à revêtement antiadhésif avec les shiitaké. Lorsque les champignons ont rendu leur eau de végétation, verser la sauce soja. Ajouter dans la poêle la citronnelle, l'ail, les cives, le gingembre, le piment rouge coupé finement. Arroser avec le jus de citron vert. Faire cuire l'ensemble 5 minutes.

Mouiller la cuisson régulièrement avec le bouillon de légumes et laisser cuire encore 15 minutes.

5 minutes avant la fin de la cuisson, ajouter les feuilles de coriandre.

TABOULÉ AU PERSIL

ENTRÉE • PRÉPARATION : 10 MN • REPOS : 1 H

2,5 unités POINTS
par personne

4 personnes

- 80 g de boulgour
- 2 bouquets de persil plat
- 1 oignon rouge
- 1 bouquet de menthe
- 3 tomates
- Le jus de 4 citrons
- 2 CS d'huile d'olive

Verser le boulgour dans une jatte, ajouter le jus des citrons et recouvrir d'eau. Laisser reposer une heure, en remuant régulièrement, jusqu'à ce que toute l'eau soit absorbée.

Laver le persil et la menthe, les ciseler. Éplucher l'oignon rouge, le couper en fines rondelles. Couper les tomates en dés, conserver eau et pépins.

Ajouter dans la jatte, le persil, la menthe, les tomates, l'huile d'olive, bien remuer. Au moment de servir recouvrir le plat de rondelles d'oignon rouge.

FONDS D'ARTICHAUTS GRAND NORD

ENTRÉE • PRÉPARATION : 20 MN • CUISSON : 12 MN

2 personnes

- 4 fonds d'artichauts surgelés
- 250 g de crevettes roses nordiques décortiquées
- Le jus d'un citron

POUR LA SAUCE :

- 1 cc de moutarde
- 1 CS de vinaigre de cidre
- 2 cc d'huile de tournesol
- 2 CS de crème fraîche à 15 %
- 2 petites échalotes
- 1/4 de botte d'aneth
- 1 branche d'estragon
- 2 cc d'œufs de saumon ou de lump
- Quelques feuilles de salade verte
- Sel, poivre

Plonger les fonds d'artichauts surgelés dans l'eau salée, addition-née du jus de citron. Égoutter, laisser tiédir. Égoutter les crevettes en suivant le mode d'emploi.

Préparer la sauce : émulsionner la moutarde avec le vinaigre et l'huile, ajouter la crème, les échalotes hachées, l'aneth ciselé. Saler et poivrer. Mélanger cette sauce avec les crevettes.

Sur chaque assiette, disposer les feuilles de salade et 2 fonds d'artichauts tièdes. Garnir le centre des artichauts avec les crevettes. Décorer de feuilles d'estragon et d'œufs de saumon ou de lump.

FONDS D'ARTICHAUTS GRAND NORD

3 unités POINTS®
par personne

SAUCE AU CHOCOLAT

SAUCE • PRÉPARATION : 10 MN • CUISSON : 5 MN

4 personnes

- 100 g de cacao amer dégraissé
- 50 g de sucre semoule
- 15 g de beurre allégé à 41 %
- 35 cl de café léger

Verser le café dans une casserole, posée à feu très doux, ajouter le chocolat coupé en petits morceaux et le sucre. Tourner régulièrement jusqu'à ce que le chocolat soit fondu.

Lorsque le chocolat est bien lisse, ajouter le beurre et donner encore trois tours de cuillère.

> À déguster en accompagnement de dessert ou bien avec une glace. Pour un goût différent, le café peut être remplacé par du jus d'orange allongé.

5 unités POINTS®
par personne

SALADE DE DINDE LOUISIANE

ENTRÉE • PRÉPARATION : 20 MN • RÉFRIGÉRATION : 30 MN

6 personnes

- 300 g de chair cuite de dinde (de poulet ou de pintadeau)
- 1 boîte de chair de crabe
- 1 cœur de céleri branche
- 1 poivron rouge
- 1 poivron jaune
- 1 grappe de raisin
- 1 petit avocat bien mûr
- 1 citron vert
- 1 yaourt à 0 %
- 5 cl de lait de coco
- 2 CS de vinaigre à l'estragon
- 2 CS de ketchup
- 2 gouttes de Tabasco
- 1 cc de graines de sésame
- 1 branchette de menthe
- 1/4 de laitue iceberg
- Sel, poivre

Couper la chair de volaille en languettes. Les mettre dans un grand saladier avec la chair de crabe égouttée. Couper les poivrons en quartiers, enlever les graines et les peaux blanches. Laver, éponger, couper en dés. Laver, éponger, égrener le raisin. Séparer les branches du cœur de céleri, enlever éventuellement les fils. Couper les tiges en tronçons. Ajouter le tout dans le saladier. Mélanger.

Préparer la sauce : couper l'avocat en 2, dénoyauter, couper la chair en cubes puis l'écraser à la fourchette. Arroser du jus du citron vert. Fouetter à la fourchette le yaourt, le lait de coco et le vinaigre. Mélanger à l'avocat, ajouter le ketchup, le Tabasco la moitié des feuilles de menthe ciselées, saler et poivrer. Verser la sauce dans le saladier et bien mélanger le tout. Mettre dans le réfrigérateur 30 minutes ou plus.

Pour servir, présenter le saladier décoré de quelques feuilles de menthe. Disposer la laitue iceberg émincée, en petites coupelles, parsemée de graines de sésame.

Les saisons de la minceur

SALADE DE DINDE LOUISIANE

3 unités **POINTS**®

par personne

PAPILLOTE DE SOLE
AUX GIROLLES

4 personnes

- 6 filets de sole (840 g)
- 200 g de girolles
- 1 bouquet de cerfeuil
- 1 CS d'huile d'olive
- Sel, poivre

Préchauffer le four Th. 5 (180 °C).

Couper chaque filet de sole en 2 dans la longueur. Nettoyer et couper les girolles en lamelles. Préparer 4 grands rectangles de papier sulfurisé.

Rouler les filets de sole sur eux-mêmes, en déposer 3 au cœur de chaque rectangle de papier, recouvrir de girolles et de cerfeuil ciselé, saler et poivrer, ajouter un filet d'huile d'olive. Fermer les papillotes bien hermétiquement, cuire à four chaud pendant 10 minutes. Servir immédiatement.

1 unité **POINTS**®

par personne

FLAN DE LÉGUMES
AU COULIS DE POIVRONS

4 personnes

- 1 carotte
- 2 petites courgettes
- 4 champignons de Paris
- 2 galets d'épinards surgelés (portionnables)
- 2 gros poivrons rouges
- 20 cl de lait écrémé
- 1 œuf
- 1 CS de crème fraîche à 15 %
- Muscade
- Sel, poivre

Préchauffer le four Th. 7 (220 °C).

Éplucher les légumes, les couper en petits dés et les faire cuire à la vapeur pendant 3 minutes, puis les faire égoutter. Faire décongeler les épinards.

Enfourner les poivrons, les retourner régulièrement jusqu'à ce qu'ils soient noircis sur toutes les faces. Les enfermer dans un sac plastique, ouvrir après 10 minutes. On les épluche alors très facilement, ôter les pépins et la peau. Baisser le four Th. 6 (200 °C).

Mélanger les légumes avec l'œuf et le lait. Saler, poivrer, râper un peu de muscade sur le mélange.

Verser dans un moule à cake ou dans 4 moules individuels. Enfourner au bain-marie pendant 25 minutes. Laisser refroidir avant de démouler.

Mixer la chair des poivrons avec la crème allégée, saler et poivrer, réserver ce coulis au frais.

VELOUTÉ DE CAROTTES ET CÉLERI À LA CORIANDRE

ENTRÉE • PRÉPARATION : 30 MN • CUISSON : 30 MN

par personne

Peler les carottes, éplucher largement le céleri et ôter la première peau des oignons. Couper les carottes en bâtonnets, le céleri en petits cubes en enlevant d'éventuelles parties fibreuses. Émincer les oignons.

Dans une grande casserole, faire chauffer l'huile d'olive et faire rapidement revenir les légumes en mélangeant, pendant quelques minutes. Ajouter le bouillon chaud, délayé en suivant le mode d'emploi. Amener à ébullition puis laisser mijoter, à feu moyen pendant 30 minutes.

Égoutter et mixer avec une partie du bouillon et 2 cuillerées à soupe de coriandre ciselée. Remettre le tout dans la casserole avec le reste du bouillon. Ajouter le lait, la crème, la coriandre en poudre ; saler légèrement, poivrer. Laisser réchauffer sans bouillir. Servir bien chaud saupoudré du reste de coriandre ciselée.

4 personnes
- 750 g de carottes
- 1 petit céleri rave
- 3 oignons blancs ou de conservation
- 4 cc d'huile d'olive
- 1 tablette de bouillon de légumes ou de volaille
- 2 tasses de lait demi-écrémé
- 4 CS de crème fraîche à 8 %
- 1/2 bouquet de coriandre
- 1/2 cc de coriandre en poudre
- Sel, poivre

FILET DE TURBOT, SAUCE AUX RAISINS

PLAT • PRÉPARATION : 20 MN • CUISSON : 3 MN

par personne

Laver et égrener le raisin en prenant soin de réserver une vingtaine de grains. Mixer le reste, puis passer au tamis pour récupérer le jus. Ôter la peau des 20 grains de raisin.

Cuire les filets de turbot dans l'huile d'olive à feu vif 3 minutes de chaque côté. Réserver.

Verser le jus de raisin dans la poêle, faire réduire à feu vif. Ajouter les grains de raisin, puis remettre les filets pour les réchauffer. Saler et poivrer. Servir aussitôt.

4 personnes
- 4 filets de turbot de 100 g
- 2 belles grappes de chasselas
- 2 CS d'huile d'olive
- Sel, poivre

Nous vous conseillons d'accompagner ce plat de fenouils braisés dans une cocotte avec très peu d'eau.

POIRES RÔTIES AU THYM FRAIS

DESSERT • PRÉPARATION : 10 MN • CUISSON : 50 MN

4 personnes

- 4 poires mûres mais fermes
- 4 CS de sirop d'érable
- 1 bâton de vanille
- Cannelle en poudre
- Gingembre en poudre
- 1 bouquet de thym frais

Préchauffer le four Th. 3 (150 °C). Laver et couper les poires en 2 dans la longueur. Les déposer dans un plat à four, côté chair en haut. Arroser de sirop d'érable, saupoudrer d'un peu de cannelle et de gingembre.

Fendre la vanille, récupérer les graines avec la pointe d'un couteau, les déposer sur les demi-poires. Ajouter la gousse vide et quelques branches de thym dans le fond du plat. Verser un peu d'eau tiède dans le fond du plat. Enfourner à four chaud et cuire 45 minutes en les retournant régulièrement. Ajouter de l'eau en cours de cuisson si nécessaire.

Terminer la cuisson sous le gril du four 5 minutes côté chair. Servir tiède ou chaud avec le jus de cuisson et quelques brins de thym frais.

SALADE DE COQUILLETTES AU CRABE

ENTRÉE • PRÉPARATION : 15 MN • CUISSON : 10 MN

4 personnes

- 100 g de coquillettes (400 g de pâtes cuites)
- 1 boîte de chair de crabe
- 5 CS de petits pois surgelés
- 1 poivron rouge
- 1 cc de moutarde forte
- Le jus d'un citron
- 2 cc d'huile d'olive
- 1/2 yaourt à 0 %
- 1 botte de ciboulette
- 1 cc de paprika
- Sel, poivre

Faire cuire les pâtes selon votre goût, de 7 à 8 minutes. Elles doivent rester un peu fermes. Les rafraîchir sous un filet d'eau froide, puis les égoutter. Faire cuire les petits pois en suivant les indications de l'emballage. Les garder un peu fermes.

Égoutter le crabe. Enlever les cartilages, effilocher à la fourchette. Ouvrir le poivron, enlever les graines et les membranes blanches. Couper en cubes.

Préparer la sauce : émulsionner la moutarde avec le jus de citron et l'huile d'olive. Ajouter le 1/2 yaourt. Battre à la fourchette. Ajouter la ciboulette ciselée, le paprika, saler et poivrer.

Dans un grand saladier, mélanger les pâtes, les petits pois, le crabe, les cubes de poivron et la sauce. Servir frais.

SALADE DE COQUILLETTES AU CRABE

PASTILLA DE PINTADE

PLAT • PRÉPARATION : 15 MN • CUISSON : 1 H 30

4 personnes

- 1 pintade fermière coupée en morceaux (1,3 kg)
- 4 gros oignons blancs
- 1 CS de miel liquide
- Cannelle en poudre
- 1 CS d'huile d'olive
- 1 bouquet de coriandre fraîche
- 6 feuilles de brick
- 1 CS de beurre allégé à 41 %
- Sel, poivre

Préchauffer le four Th. 6 (200 °C). Peler et émincer les oignons. Les faire revenir 10 minutes à l'huile d'olive à feu doux. Ajouter les morceaux de pintade, cuire encore 30 minutes. Réserver pour retirer la peau de la viande, puis la couper en morceaux.

Remettre les morceaux de pintade à feu doux avec les oignons, ajouter le miel, une cuillerée à soupe de cannelle, saler et poivrer, bien mélanger. Verser 10 centilitres d'eau et faire réduire à feu vif. Parsemer de coriandre fraîche ciselée, bien mélanger le tout.

Faire fondre doucement le beurre et l'utiliser pour badigeonner 4 feuilles de brick à l'aide d'un pinceau. Plier 4 feuilles de brick en 4, les déposer dans 4 petits plats à œufs individuels en laissant largement dépasser les bords. Déposer 1/4 du mélange au centre de chaque plat. Rabattre les bords vers l'intérieur.

Couper les deux autres feuilles de brick en 2, puis les beurrer au pinceau. Plier chaque demi-feuille en 2, les déposer sur chaque plat en rabattant les bords sous les pastillas. Enfourner à four chaud pendant 15 minutes. Saupoudrer de cannelle juste avant de déguster.

TOURTEAU FARCI

ENTRÉE • PRÉPARATION : 45 MN • CUISSON : 30 MN

4 personnes

- 4 petits tourteaux (de 400 g chacun)
- 1 bouquet garni
- 1 botte de persil plat
- 2 gousses d'ail
- 1 CS de gingembre frais râpé
- 1 CS de rhum blanc
- 4 cives ou oignons blancs frais
- 1 CS d'huile d'olive
- 1 cc de paprika
- Gros sel, poivre du moulin

Plonger les tourteaux dans un grand faitout avec de l'eau froide salée et un bouquet garni. Porter à ébullition et compter 15 minutes. Sortir les tourteaux. Les ouvrir, retirer les parties crémeuses de la carapace. Bien nettoyer les carapaces. Récupérer la chair des pattes et des coffres. Laver le persil, le ciseler finement. Éplucher les cives et l'ail.

Dans le fond d'une poêle antiadhésive, faire chauffer l'huile d'olive, ajouter les chairs de tourteaux, verser le rhum blanc, le persil, les cives, le gingembre, le paprika. Saler et poivrer. Faire revenir 10 minutes.

Reprendre les carapaces de tourteaux, garnir chacune avec cette préparation.

TOURTEAU FARCI

4,5
unités
POINTS®
par personne

SOUPE DE MANGUE
AU LAIT DE COCO

DESSERT • PRÉPARATION : 15 MN • CUISSON : 5 MN

4 personnes

- 2 petites mangues
  bien mûres (300 g)
- 3 oranges
- 1 briquette de lait
  de coco (20 cl)
- 1 petit ananas
- 1 CS de beurre
- 1 CS de sucre
  cassonade

Presser le jus des oranges. Peler la mangue, mixer la chair avec le jus des oranges et la briquette de lait de coco, réserver au frais.

Peler et couper l'ananas en dés, les faire revenir doucement au beurre en les tournant régulièrement, poudrer de sucre cassonade, cuire encore une minute.

Servir les dés d'ananas tièdes avec la soupe de mangue froide.

3
unités
POINTS®
par personne

BÒ BÚN

ENTRÉE • PRÉPARATION : 20 MN • CUISSON : 10 MN • REPOS : 30 MN

6 personnes

- 1 tranche de faux-filet
  (400 g)
- 200 g de germes
  de soja
- 100 g de vermicelles
  de riz
- 1 cœur de batavia
  ou de laitue croquante
- 1/2 concombre
- 1 carotte
- 3 oignons frais
- 2 citrons verts
- 2 gousses d'ail
- 6 CS de nuoc-mâm
- 1 CS d'huile
  de sésame
- 2 cc de cacahuètes
  grillées et concassées
- 6 brins de menthe
- 6 brins de coriandre
- 1 cc de fructose
- Sel

Faire cuire les vermicelles de riz 5 minutes à l'eau bouillante salée en remuant sans cesse. Les rafraîchir et les égoutter. Les étaler sur un torchon. Laisser sécher 30 minutes.

Ébouillanter les germes de soja. Les rafraîchir et les égoutter. Éplucher et émincer le concombre et les oignons. Peler et râper la carotte. Couper le cœur de salade en lanières. Répartir ces crudités dans de grands bols avec les feuilles de menthe. Recouvrir des vermicelles. Réserver.

Dans un bol, mélanger le jus des citrons, 4 cuillerées à soupe de nuoc-mâm, l'ail pressé, 1/2 cuillerée à café de fructose et 4 cuillerées à soupe d'eau. Dans un deuxième bol, mélanger 2 cuillerées à soupe de nuoc-mâm, 1/2 cuillerée à café de fructose et l'huile de sésame.

Au dernier moment, couper le faux-filet en tranches. Les faire pocher 20 secondes à l'eau bouillante salée, puis les égoutter. Les mettre dans le bol contenant le mélange nuoc-mâm – fructose – huile de sésame. Mélanger rapidement, puis les disposer dans chaque bol. Arroser de la sauce au citron vert. Parsemer de cacahuètes et de brins de coriandre.

BÒ BÚN

ROULADES DE DINDE
À LA COMPOTÉE DE LÉGUMES

PLAT • PRÉPARATION : 30 MN • CUISSON : 40 MN

4 personnes

- 4 escalopes
  de dinde
  (de 130 g chacune)
- 1 aubergine
- 1 botte d'oignons
  frais
- 750 g de tomates
- 2 CS d'huile d'olive
- 8 feuilles de sauge
- 5 cl de vin blanc sec
- 1/2 cc de curry
- 1/2 cc de poivre
  concassé
- Sel, poivre

Rincer et essuyer l'aubergine. L'émincer en fines tranches. Les badigeonner d'une cuillerée à soupe d'huile d'olive. Les faire griller 5 minutes sur un gril chaud en les retournant à mi-cuisson. Saler, et poivrer.

Peler les oignons. Les couper en quartiers. Éliminer le pédoncule des tomates. Les couper en 2. Les presser légèrement pour éliminer l'eau et les graines, puis les détailler en morceaux.

Saler et poivrer les escalopes de dinde. Disposer 2 feuilles de sauge sur chacune puis une tranche d'aubergine refroidie. Les rouler et les ficeler. Les faire dorer 5 minutes dans une sauteuse avec une cuillerée à soupe d'huile d'olive. Les retirer et réserver. Les remplacer par les oignons. Les faire revenir 2 minutes. Ajouter les tomates et les tranches d'aubergines restantes. Assaisonner de sel, poivre et curry. Arroser de vin blanc. Remettre les roulades de dinde dans la sauteuse. Couvrir en laissant une petite ouverture. Laisser cuire 25 minutes à feu doux en retournant les roulades 2 à 3 fois. En fin de cuisson, relever de poivre concassé. Pour servir, retirer les ficelles autour de chaque roulade. Servir bien chaud.

TRUITE DE MER
ET RISOTTO À L'ANETH

PLAT • PRÉPARATION : 45 MN • CUISSON : 25 MN

4 personnes

- 4 filets de truite
  de mer
  (de 150 g chacun)
- 200 g de riz rond
- 1 CS d'huile d'olive
- 1 oignon
- 1 bouquet d'aneth
- 50 g de parmesan
- 1 tablette de bouillon
  de légumes
- Sel, poivre,
  baies roses

Rincer les filets de poisson, les essuyer, les poser sur une feuille de papier cuisson, saler, mouliner quelques baies roses. Éplucher l'oignon, l'émincer. Dans le fond d'une grande casserole faire chauffer l'huile, y faire fondre l'oignon.

Faire chauffer un litre d'eau, y dissoudre la tablette de légumes. Garder ce bouillon à portée de main. Verser le riz dans la casserole, sur l'oignon, tourner, laisser cuire le riz 2/3 minutes, jusqu'à ce qu'il devienne transparent. Mouiller régulièrement avec une louche de bouillon, puis laisser cuire doucement, pendant 20 minutes, jusqu'à ce que le bouillon soit absorbé.

Verser dans un saladier chaud, ciseler l'aneth sur le riz. À l'aide d'un couteau économe, couper quelques copeaux de parmesan sur le riz. Servir les papillotes de truite sur assiette.

BŒUF FICELLE

PLAT UNIQUE • PRÉPARATION : 40 MN • CUISSON : 35 MN

par personne

Peler tous les légumes. Les mettre dans une grande cocotte pour qu'ils soient recouverts d'eau. Saler et poivrer. Ajouter le bouquet garni et les clous de girofle. Amener à ébullition, maintenir un léger bouillonnement et laisser cuire 30 minutes en écumant régulièrement.

Couper le filet en 4 morceaux de même taille, poser sur chaque morceau une feuille de laurier et un brin de thym frais, les maintenir avec de la ficelle à rôti. Attacher les 4 morceaux à l'aide de la ficelle au manche d'une grande cuillère en bois.

Cinq minutes avant de servir, poser la cuillère sur la cocotte de manière à immerger les morceaux de viande dans le bouillon en ébullition. Cuire 5 minutes. Servir immédiatement la viande accompagnée des légumes de cuisson arrosés d'un peu de bouillon.

4 personnes

- 1 filet de bœuf de 480 g
- 1 botte de carottes nouvelles
- 1 botte de navets nouveaux
- 1 oignon
- 3 échalotes grises
- 8 petites pommes de terre nouvelles
- 1/4 de céleri rave
- 2 branches de céleri
- 1 bouquet garni
- 3 clous de girofle
- Thym et laurier frais
- Sel, poivre

COCOTTE DE LAPIN AUX POMMES ET AUX POIRES

PLAT • PRÉPARATION : 30 MN • CUISSON : 40 MN

par personne

Dans une cocotte faire chauffer l'huile et faire rapidement dorer les morceaux de lapin. Égoutter, jeter la matière grasse de cuisson.

Verser le vin blanc dans la cocotte et laisser bouillir 2 minutes pour évaporer l'alcool. Remettre les morceaux de lapin dans la cocotte. Ajouter un petit verre d'eau, sel, poivre, thym, romarin, laurier et la gousse d'ail hachée. Couvrir, laisser cuire à petit feu 40 minutes.

Pendant ce temps, éplucher les pommes et les poires, les couper en tranches minces. Chauffer une grande poêle à revêtement anti-adhésif et y jeter les tranches de fruits. Arroser de jus de citron et mélanger de temps en temps en surveillant. Arrêter la cuisson, dès que les pommes sont souples tout en restant un peu fermes. Poivrer mais ne pas saler.

Disposer le lapin dans le plat de service. Enlever les herbes aromatiques. Répartir pommes et poires. Saupoudrer le tout de persil ciselé.

4 personnes

- 960 g de lapin (cuisse et râble)
- 4 pommes reinettes
- 2 poires williams
- 1 dl de vin blanc sec
- Le jus d'un citron
- 4 brins de thym
- 1 branchette de romarin
- 1 feuille de laurier
- 1 gousse d'ail
- 1/4 de botte de persil plat
- 2 cc d'huile
- Sel, poivre

HADDOCK VAPEUR
AUX DEUX HARICOTS

PLAT • PRÉPARATION : 30 MN • CUISSON : 45 MN

4 personnes

- 600 g de filets de haddock
- 1 kg de haricots blancs frais à écosser
- 250 g de haricots verts
- 1 cœur de céleri branche
- 4 oignons frais
- 1 gousse d'ail
- 1 citron
- 1 bouquet d'aneth
- 1 bouquet garni
- 2 CS d'huile d'olive
- Sel, poivre

Écosser les haricots blancs. Émincer le cœur de céleri branche.

Faire chauffer une cuillerée à soupe d'huile dans une casserole. Y faire revenir le céleri 2 à 3 minutes à feu doux. Ajouter les haricots blancs, le bouquet garni et la gousse d'ail non pelée. Recouvrir d'eau froide. Porter à ébullition. Laisser cuire 35 à 40 minutes à frémissement. Saler en fin de cuisson.

Entre-temps, équeuter les haricots verts. Les couper en petits tronçons. Les faire cuire 8 à 10 minutes à l'eau bouillante salée. Ils doivent rester croquants. Les rafraîchir et les égoutter.

Rincer et essuyer les filets de haddock. Parsemer le fond du panier d'une marmite à vapeur de brins d'aneth. Déposer les filets de haddock par-dessus. Laisser cuire 10 minutes à la vapeur.

Au terme de la cuisson, égoutter les haricots blancs et le céleri. Y mélanger les haricots verts après avoir retiré l'ail et le bouquet garni. Arroser du jus du citron et d'un filet d'huile d'olive. Saler et poivrer. Couper les filets de haddock en tranches. Les ajouter aux haricots. Garnir des oignons frais finement émincés et de jeunes feuilles de céleri branche. Servir de préférence tiède.

GIGOT DE LOTTE
À LA FORESTIÈRE

PLAT • PRÉPARATION : 20 MN • CUISSON : 25 MN

4 personnes

- 1 queue de lotte (1,2 kg)
- 250 g de petits cèpes
- 1 tête d'ail rose
- 1 citron
- 2 CS d'huile d'olive
- 2 brindilles de romarin
- 1/2 bouquet de persil plat
- Sel, poivre

Préchauffer le four Th. 6 (210 °C). Retirer la peau de la lotte. La rincer et l'essuyer. Éplucher 2 gousses d'ail. Les couper en fines lamelles, puis les piquer dans le poisson comme un gigot.

Faire chauffer une cuillerée à soupe d'huile dans un plat à four. Y faire revenir la queue de lotte 5 minutes en la retournant. Hors du feu, arroser du jus du citron. Saler et poivrer. Entourer des gousses d'ail restantes non pelées et des brins de romarin. Enfourner. Laisser cuire 20 minutes.

Entre-temps, nettoyer les cèpes. Les couper en quartiers. Les faire sauter à la poêle dans une cuillerée à soupe d'huile pendant 5 à 6 minutes à feu vif. Saler et poivrer. Parsemer de persil ciselé. Les ajouter autour du poisson. Couvrir le plat. Laisser en attente 5 minutes pour que les parfums se mélangent et s'épanouissent. Servir bien chaud.

GIGOT DE LOTTE À LA FORESTIÈRE

0,5 unité POINTS®

par personne

COULIS DE POIRES
AU GINGEMBRE

COULIS • PRÉPARATION : 15 MN • CUISSON : 7 MN • RÉFRIGÉRATION : 4 H

6 personnes

- 4 poires bien mûres (600 g)
- 3 CS de fructose
- 1 citron
- 1 cc de gingembre râpé

Dans une casserole, porter 25 centilitres d'eau à ébullition avec le fructose. Laisser frémir 2 minutes.

Couper les poires en quartiers. Peler et éliminer le cœur. Couper la pulpe en morceaux. Arroser du jus d'un demi-citron. Les ajouter dans le sirop. Les faire pocher 5 minutes. Égoutter puis les mixer avec un filet de citron, le gingembre et 2 à 3 cuillerées à soupe de sirop de cuisson. Après refroidissement, réserver 4 heures minimum au réfrigérateur. Servir très frais avec un sorbet au cacao.

6,5 unités POINTS®

par personne

TAJINE DE COQUELETS
AUX FENOUILS

PLAT • PRÉPARATION : 30 MN • CUISSON : 1 H

4 personnes

- 2 coquelets (de 600 g chacun)
- 3 fenouils
- 1 cœur de céleri branche
- 3 oignons
- 1 gousse d'ail
- 2 CS d'huile d'olive
- 1 CS soupe de miel
- 1 cc de cannelle
- 1 cc de cumin
- 1 cc de gingembre râpé
- 1 cc de ras el hanout
- 1 pointe de couteau de safran
- 1 cc de graines de sésame
- Sel, poivre

Fendre les coquelets. Les mettre dans un plat creux. Les arroser d'huile d'olive. Ajouter les oignons, le cœur de céleri et l'ail, le tout émincé, ainsi que les épices : cannelle, cumin, gingembre, ras el hanout et poivre. Bien mélanger. Laisser de côté 15 minutes à température ambiante.

Au bout de ce temps, faire dorer les coquelets dans une cocotte à feu vif. Saler légèrement. Mouiller avec 10 centilitres d'eau. Laisser cuire 45 minutes, cocotte mi-couverte à feu doux. Parfumer de safran en fin de cuisson.

Éplucher et émincer les fenouils. Les faire cuire 10 minutes à l'eau bouillante salée puis les égoutter. Les ajouter dans la cocotte. Poursuivre la cuisson 5 minutes. Au terme de la cuisson, incorporer le miel au jus de cuisson. Présenter le tout dans un plat à tajine et parsemer de graines de sésame.

TAJINE DE COQUELETS AUX FENOUILS

5,5 unités POINTS®
par personne

PAELLA DE LÉGUMES

PLAT VÉGÉTARIEN • PRÉPARATION : 30 MN • CUISSON : 35 MN

4 personnes

- 200 g de riz
- 500 g de tomates
- 2 oignons
- 100 g de pois chiches en boîte au naturel
- 2 poivrons (un rouge et un vert)
- 1 aubergine
- 150 g de haricots verts
- 250 g de champignons de Paris
- 1 gousse d'ail
- 1 pointe de couteau de safran
- 2 CS d'huile d'olive
- 2 tablettes de bouillon de légumes
- Quelques brins de coriandre (ou de persil plat)
- Sel, poivre

Délayer les tablettes de bouillon dans 75 centilitres d'eau bouillante.

Inciser les tomates en croix. Les ébouillanter afin de les peler facilement. Les épépiner et les couper en dés. Peler et hacher les oignons. Ouvrir les poivrons. Éliminer les graines et les cloisons. Les couper en lanières. Couper l'aubergine non pelée en dés.

Dans une sauteuse ou dans un wok, faire chauffer une cuillerée à soupe d'huile d'olive avec la gousse d'ail entière. Y faire fondre les oignons 2 à 3 minutes à feu doux. Ajouter les poivrons et les dés d'aubergine. Poursuivre la cuisson 2 minutes. Ajouter les tomates, le safran et le riz. Remuer 5 minutes, puis verser le bouillon très chaud. Laisser cuire 20 minutes sans couvrir.

Entre-temps, équeuter les haricots verts. Les faire cuire 8 minutes à l'eau bouillante salée. Les rafraîchir et les égoutter. Nettoyer et émincer les champignons. Les faire dorer 8 minutes à la poêle dans une cuillerée à soupe d'huile d'olive. Saler et poivrer.

Ajouter les pois chiches rincés et égouttés, les haricots verts et les champignons dans le riz. Poursuivre la cuisson 5 minutes à couvert. Rectifier l'assaisonnement. Parsemer de coriandre (ou de persil). Servir bien chaud.

4 unités POINTS®
par personne

PAIN PERDU AUX RAISINS

COLLATION • PRÉPARATION : 20 MN • CUISSON : 4 MN

4 personnes

- 4 tranches de pain brioché
- 1 grappe de raisin blanc d'Italie
- 1 œuf
- 40 cl de lait demi-écrémé
- 1 CS de rhum
- 1 CS de sucre cassonade
- 1 CS de beurre allégé à 41 %

Laver et peler les grains de raisin. Les faire revenir au beurre quelques minutes dans une poêle antiadhésive. Réserver.

Mélanger dans un plat creux l'œuf, le lait et le rhum. Tremper les tranches de pain brioché dans ce mélange, les saupoudrer de sucre cassonade et les faire cuire dans la poêle, avec le jus de cuisson des raisins, 2 minutes de chaque côté.

Servir les raisins sur les tranches de pain perdu.

Les saisons de la minceur

AGNEAU À LA MODE DES INDES

PLAT • PRÉPARATION : 20 MN • CUISSON : 50 MN

6 unités POINTS
par personne

Éplucher les oignons, les hacher finement. Ouvrir le piment sous un filet d'eau froide (pour éviter les brûlures) enlever les graines, couper la chair en petits morceaux. Peler le gingembre, le couper en morceaux. Couper la chair d'agneau en cubes. Dans une cocotte, faire chauffer une cuillerée à café d'huile. Faire fondre l'oignon haché sans qu'il prenne couleur. Ajouter la viande et un pot de yaourt, mélanger. Couvrir et laisser mijoter 20 minutes.

Piler au mortier ou mieux mixer les gousses d'ail, le piment, le gingembre, les graines de coriandre, le cumin, les graines de cardamome. Ajouter la cannelle et le reste de yaourt. Verser cette pâte d'épices dans la cocotte et laisser cuire encore 30 minutes.

Pendant la cuisson de la viande faire cuire le riz. Mesurer le volume du riz, dans un bol par exemple. Faire chauffer une cuillerée à café d'huile dans une cocotte. Verser le riz, laisser cuire quelques minutes en mélangeant, jusqu'à ce que le riz change de couleur, sans dorer. Mouiller avec de l'eau bouillante en comptant 2 fois le volume du riz mesuré. Saler, poivrer, mélanger. Couvrir. Laisser cuire à petit feu, sans mélanger jusqu'à ce que l'eau soit complètement évaporée. En fin de cuisson ajouter le safran délayé dans une cuillerée à soupe d'eau chaude. Pour servir, saupoudrer la viande de coriandre ciselée. Présenter le riz à part.

4 personnes

- 500 g de chair d'agneau dans le gigot
- 100 g de riz basmati
- 1 dose de safran en filaments
- 2 yaourts à 0 %
- 3 oignons
- 3 gousses d'ail
- 1 petit piment frais
- 2 cm de racine de gingembre frais
- 1/2 CS de graines de coriandre
- 1 cc de graines de cumin
- Graines de 4 gousses de cardamome (verte de préférence)
- 1 cc de cannelle en poudre
- 2 cc d'huile neutre
- 1/4 de bouquet de coriandre
- Sel, poivre

CHUTNEY AUX POMMES

SAUCE • PRÉPARATION : 10 MN • CUISSON : 20 MN

0 unité POINTS
par personne

Ouvrir les piments, ôter les graines, les hacher finement. Peler et hacher l'ail, l'oignon et le gingembre. Peler et couper les pommes en cubes en ayant pris soin de retirer le trognon.

Mettre tous les ingrédients dans une casserole, bien mélanger et porter à ébullition. Baisser le feu et laisser cuire 20 minutes en remuant fréquemment. Laisser refroidir et conserver au réfrigérateur. Servir en accompagnement de viande ou de volaille.

4 personnes

- 4 pommes
- 2 piments rouges
- 1 oignon
- 1 gousse d'ail
- 1 petit morceau de gingembre frais
- 1 CS de raisins secs
- 5 cl de vinaigre blanc

COUSCOUS DE POISSON

PLAT UNIQUE • PRÉPARATION : 1 H • CUISSON : 1 H 30 • TREMPAGE : 12 H

6 personnes

- 500 g de couscous moyen
- 6 darnes de poisson à chair blanche et ferme (lotte ou cabillaud) de 120 g chacune
- 4 cc de beurre

POUR LE BOUILLON :
- 3 oignons
- 2 gousses d'ail
- 1 piment oiseau
- 100 g de pois chiches
- 2 CS d'huile d'olive
- 1 bâton de cannelle
- 2 g de safran
- 2 cc de piment doux
- 1/2 cc de poivre
- Gros sel

POUR LES LÉGUMES :
- 6 carottes
- 6 navets
- 3 petites courgettes
- 1 aubergine
- 4 tomates
- 500 g de potiron
- 1 bouquet de persil plat
- 1 bouquet de coriandre

La veille, mettre les pois chiches à tremper à l'eau froide. Le jour même, les égoutter et les mettre dans la partie inférieure du couscoussier avec tous les ingrédients du bouillon. Mouiller avec 1,5 litre d'eau froide. Porter à ébullition. Saler avec une cuillerée à soupe de gros sel. Laisser cuire 40 minutes à couvert.

Entre-temps, mettre le couscous dans un saladier. Le recouvrir d'eau froide, puis l'égoutter aussitôt. L'étaler sur un plateau. Aérer la graine à la fourchette en y incorporant 2 pincées de sel. Couvrir d'un linge humide. Laisser reposer 30 minutes.

Mettre alors le couscous dans le panier perforé du couscoussier. Plonger les carottes et les navets épluchés dans le bouillon. Laisser cuire 20 minutes sans couvrir en soulevant les graines de couscous 2 à 3 fois avec une fourchette.

Placer le panier perforé contenant le couscous au-dessus de l'évier, puis arroser la semoule de 20 centilitres d'eau froide. Égoutter en secouant vivement l'ustensile. Étaler à nouveau le couscous sur le plateau. Incorporer le beurre en roulant la graine entre les doigts. Laisser de côté.

Ajouter dans le bouillon les courgettes et les aubergines coupées en tronçons, les tomates pelées et épépinées, le potiron en tranches puis les fines herbes. Poursuivre la cuisson 30 minutes. Au bout de 15 minutes, y faire pocher les tranches de poisson.

Avant de servir, replacer le couscous dans le panier perforé. Le réchauffer 10 minutes au-dessus du bouillon. Le présenter sur un plat avec les tranches de poisson et les légumes. Accompagner du bouillon. Proposer également une petite coupelle de harissa à délayer dans un peu de bouillon.

COUSCOUS DE POISSON

FILET DE PORC AUX FRUITS

PLAT • PRÉPARATION : 40 MN • CUISSON : 1 H

4 personnes

- 600 g de filet mignon de porc
- 4 pommes acidulées
- 4 poires
- 1 orange
- Le jus d'un citron
- 1 CS de beurre allégé à 41 %
- 1 cc de cumin en grains
- 1 gousse d'ail
- 6 feuilles de sauge
- Sel, poivre

Préchauffer le four Th. 6 (200 °C). Éplucher l'ail, le couper en fines lamelles, entourer chaque lamelle d'ail d'une demi-feuille de sauge, pratiquer des incisions dans le filet mignon de porc. Introduire l'ail et la sauge dans les incisions. Mettre le filet à cuire, au four, sur une feuille de cuisson Weight Watchers, pendant 50 minutes à une heure en retournant le rôti régulièrement.

Éplucher les pommes et les poires, les couper en quartiers, les citronner. À l'aide d'un zesteur ou d'un couteau économe prélever les zestes d'une orange, presser cette orange.

Dans une casserole faire fondre la matière grasse, faire revenir les pommes et les poires, ajouter les zestes et le jus d'orange, saler, poivrer, parsemer de cumin. Couvrir, laisser cuire 15 minutes. Il faut que les fruits soient tendres mais encore un peu fermes.

À la sortie du four, couper le filet mignon en fines tranches, les poser sur un lit de pommes et poires, arroser du jus de cuisson.

CHARLOTTE D'AGNEAU

PLAT UNIQUE • PRÉPARATION : 35 MN • CUISSON : 45 MN

4 personnes

- 250 g de gigot rôti
- 2 belles aubergines
- 2 échalotes
- 1 gousse d'ail
- 50 cl de lait écrémé
- 4 CS de Maïzena
- Le jus de 2 citrons
- 1 bouquet de coriandre
- 1 cc de curry
- Sel, poivre

Éplucher l'ail et les échalotes. Laver la coriandre, couper les queues. Mettre dans le bol du mixeur : la viande d'agneau, les feuilles de coriandre, l'ail et l'échalote.

Délayer la Maïzena avec un peu de lait froid, puis reverser dans le lait. Faire chauffer doucement en tournant sans cesse avec une cuillère jusqu'à épaississement (il faut que la sauce béchamel soit très épaisse). Mélanger la sauce béchamel et le hachis de viande et d'herbes. Saler, poivrer, parsemer de curry, mélanger à nouveau.

Préchauffer le four Th. 6 (200 °C). Couper les aubergines, en longueur, en fines lamelles, les arroser avec le jus de citron. Mettre une feuille de cuisson dans le fond d'une grande poêle et faire griller les lamelles d'aubergines sur les deux faces.

Prendre un moule à charlotte, tapisser les parois du moule avec les tranches d'aubergines. Verser au centre la préparation à base d'agneau, rabattre sur le dessus les extrémités des lamelles d'aubergines et enfourner pendant 30 minutes.

CHARLOTTE D'AGNEAU

4 unités POINTS®

par personne

PAVÉ DE BŒUF
AUX POIVRONS GRILLÉS

PLAT • PRÉPARATION : 20 MN • CUISSON : 20 MN

4 personnes

- 4 tournedos
  dans le filet
  ou rumsteck
  (de 150 g chacun)
- 3 poivrons rouges
- 1 chou-fleur
- 1 CS de beurre
  allégé à 41 %
- 2 échalotes
- 1 gousse d'ail
- Sel, poivre

Éplucher le chou-fleur, faire des petits bouquets. Les mettre 15 minutes à cuire dans de l'eau salée, égoutter. Mettre les poivrons dans le four, sur une feuille de papier cuisson, les retourner fréquemment jusqu'à ce qu'ils soient noirs et cloqués sur toutes les faces. Les mettre dans un sac plastique fermé, attendre 10 minutes. Les éplucher, ôter peau et pépins. Les couper en fines lamelles. Éplucher échalotes et ail, les émincer. Faire fondre la matière grasse dans une poêle, faire dorer l'échalote et l'ail, y ajouter les lanières de poivrons grillés, laisser 5 à 6 minutes, puis ajouter le chou-fleur pour le réchauffer. Saler et poivrer.

Mettre une feuille de cuisson Weight Watchers dans le fond d'une poêle, y faire cuire 5 minutes de chaque côté les tournedos. Présenter les légumes dans un bol et la viande dans un plat.

7,5 unités POINTS®

par personne

TAGLIATELLES SAUTÉES
AU POULET ET LÉGUMES

PLAT • PRÉPARATION : 20 MN • CUISSON : 30 MN

4 personnes

- Tagliatelles à volonté
- 3 blancs de poulet
  (de 150 g chacun)
- 1 tête de brocoli
- 250 de champignons
  de Paris
- 250 de pois
  gourmands
- 1 CS de beurre
  allégé à 41 %
- 1 gousse d'ail
- 2 CS de sauce
  d'huîtres
- 2 CS de sauce soja
- Persil plat
  ou coriandre
- Sel, poivre

Éplucher les légumes, couper le brocoli en petits bouquets, les champignons en lamelles, laisser les pois gourmands entiers. Faire cuire 10 minutes à la vapeur.

Couper les filets de poulet en petites lamelles, les faire cuire dans une poêle garnie d'une feuille de cuisson Weight Watchers, jusqu'à ce qu'ils soient dorés. Saler et poivrer.

Faire bouillir une grande quantité d'eau salée. Lorsque l'eau bout, y jeter les tagliatelles, attendre la reprise de l'ébullition puis laisser cuire 5 minutes. Égoutter les pâtes.

Prendre soit une grande poêle soit une casserole, faire fondre le beurre, ajouter les pâtes, les morceaux de poulet et les légumes. Assaisonner avec les sauces. Remuer délicatement et laisser cuire 5 minutes. Au moment de servir, parsemer de persil plat ou de coriandre.

TAGLIATELLES SAUTÉES AU POULET ET LÉGUMES

TRUITE DE MER AUX CÂPRES

PLAT • PRÉPARATION : 20 MN • CUISSON : 20 MN

2 personnes

- 2 pavés de truite de 150 g avec leur peau
- 2 pamplemousses roses
- 4 pommes de terre moyennes
- 1/2 botte de ciboulette
- 1 CS de câpres
- 1 pincée de fleur de sel
- Poivre du moulin

Éplucher les pamplemousses à vif : sur une planche, couper les deux pôles du fruit, le placer sur un des pôles. De haut en bas découper en même temps la peau colorée et la peau blanche au-dessus d'une assiette, pour récupérer le jus qui s'écoule. Extraire la chair en glissant la lame du couteau le long de la membrane qui sépare chaque tranche. Couper la chair en cubes.

Faire cuire les pommes de terre à l'eau bouillante, avec leur peau 20 minutes environ.

Enlever les arêtes des pavés de truite, à l'aide d'une pince à épiler. Rincer le poisson, éponger.

Faire chauffer une poêle antiadhésive. Déposer les pavés de truite côté peau contre le fond de la poêle. Couvrir, laisser cuire de 10 à 12 minutes suivant l'épaisseur du poisson. Il est à point quand le dessus des chairs devient rose pâle.

Tenir le poisson au chaud sur le plat de service ; saupoudrer de quelques grains de fleur de sel. Essuyer la poêle à l'aide d'un papier absorbant. Verser le jus recueilli des pamplemousses. Chauffer doucement, ajouter les dés de fruits, les câpres, poivrer. Laisser une minute, répartir ce mélange sur les pavés de truite. Servir avec les pommes de terre.

COMPOTE DE RHUBARBE ET FRAISES

DESSERT • PRÉPARATION : 15 MN • CUISSON : 20 MN

4 personnes

- 1 kg de côtes de rhubarbe
- 250 g de fraises
- Le jus d'un citron
- 50 g de sucre vanillé
- 2 étoiles d'anis

Éplucher les côtes de rhubarbe, les couper en petits tronçons, les arroser d'un jus de citron. Dans une grande casserole mettre la rhubarbe, le sucre, les étoiles d'anis. Couvrir et faire cuire doucement pendant 20 minutes.

Au bout de 15 minutes, découvrir et ajouter les fraises, équeutées. Il ne faut pas les laisser cuire plus de 5 minutes.

Laisser refroidir la compote avant de la servir.

PAPILLOTES DE TRUITE AUX POIREAUX

PLAT • PRÉPARATION : 30 MN • CUISSON : 20 MN

2,5 unités POINTS®

par personne

Demander au poissonnier de lever les filets des truites, en enlevant la peau. Éplucher les poireaux en ne conservant que la partie la plus claire des feuilles vertes. Les fendre en 4 dans la longueur. Laver soigneusement. Couper en tronçons de 1 centimètre environ.

Éplucher, hacher finement l'échalote. Faire fondre le beurre dans une grande sauteuse. Ajouter l'échalote et les poireaux, mélanger. Laisser cuire quelques minutes en évitant que les légumes prennent couleur. Arroser de 3 décilitres d'eau et laisser mijoter à feu moyen jusqu'à évaporation complète de l'eau. Saler et poivrer, poudrer de muscade. Verser la crème. Laisser réduire.

Préchauffer le four Th. 8 (240 °C). Préparer les papillotes : plier les feuilles de papier en 2 dans la longueur. Les huiler légèrement au pinceau. Dans chacune, déposer, côté pli, un quart de la fondue de poireau à la crème. Poser un filet de truite sur ce lit. Saler et poivrer le poisson, parsemer de gingembre et de coriandre. Glisser au four pour 5 à 7 minutes. Pour servir, ouvrir les papillotes sur chaque assiette et parsemer de coriandre ciselée.

4 personnes

- 2 truites portion (de 300 g chacune)
- 4 poireaux
- 1 échalote
- 2 cc de beurre
- 4 CS de crème fraîche à 15 %
- Quelques râpures de muscade
- 1 cc de gingembre frais râpé
- 1/4 de cc de coriandre en poudre
- 1/4 de botte de coriandre
- 4 feuilles rectangulaires de papier sulfurisé ou d'aluminium
- Sel, poivre

CHEESE-CAKE AU CITRON, SOUPÇON DE CHOCOLAT

DESSERT • PRÉPARATION : 30 MN • CUISSON : 1 H

5,5 unités POINTS®

par personne

Préchauffer le four Th. 5 (180 °C). Rincer le citron, le couper en 4 et le mixer finement.

Prendre un moule à manqué à fond amovible, poser un disque de pâte sablée, taillé juste à la dimension du fond du moule. Piquer le fond de tarte, faire cuire à blanc (sans garniture), enfourner pendant 10 minutes. Augmenter la température du four Th. 6 (200 °C).

Dans un saladier, mélanger le fromage, bien égoutté, la cassonade, le sel, les œufs, le citron mixé. Verser cette préparation dans le moule, sur le fond de tarte précuit.

Enfourner pendant 50 minutes. Démouler le gâteau tiède. Râper un morceau de chocolat avec un couteau économe pour constituer des copeaux, en décorer le dessus du cheese-cake.

8 personnes

- 1 pâte sablée (180 g)
- 700 g de fromage blanc à 0 % en faisselle
- 4 œufs
- 1 citron
- 75 g de cassonade
- 50 g de chocolat noir de couverture
- Sel

CHOUCROUTE AUX POISSONS

PLAT UNIQUE • PRÉPARATION : 30 MN • CUISSON : 40 MN

6 personnes

- 1 kg de choucroute crue
- 425 g de haddock
- 840 g de cabillaud
- 350 g de grosses crevettes crues
- 25 cl de lait
- 2 cc de saindoux
- 1 oignon
- 1 gousse d'ail
- 12 baies de genièvre
- 5 cl de vin blanc (sylvaner)
- 1/2 cc de poivre en grains
- Sel

Rincer la choucroute à l'eau froide, l'égoutter puis la presser avec les mains pour en extraire l'eau. Éplucher, émincer l'oignon et la gousse d'ail. Dans une cocotte, faire chauffer le saindoux. Faire légèrement colorer l'oignon et l'ail. Ajouter la choucroute, le genièvre, le poivre en grains, saler légèrement. Arroser avec le vin blanc. Couvrir, laisser cuire 30 minutes en mélangeant de temps en temps et en vérifiant que la choucroute n'attache pas au fond. Ajouter un peu d'eau en cours de cuisson si nécessaire.

Faire pocher le haddock 10 minutes dans le lait à peine frémissant. Égoutter.

Couper le haddock en 6 portions et faire de même avec le cabillaud. Déposer le cabillaud sur la choucroute et laisser cuire 5 minutes avant d'ajouter les crevettes pour 5 minutes et le haddock pour 2 minutes.

Servir les poissons sur le lit de choucroute. Décorer avec les crevettes.

BOUCHÉES GOURMANDES AUX FRUITS DE LA PASSION

DESSERT • PRÉPARATION : 15 MN • CUISSON : 25 MN

4 personnes

- 200 g de farine avec levure incorporée
- 1 cc de Maïzena
- 2 yaourts maigres
- 2 CS de lait écrémé
- 1 œuf
- 50 g de sucre en poudre
- 2 fruits de la passion

Préchauffer le four Th. 6 (200 °C). Couper les fruits de la passion en 2, recueillir la pulpe.

Dans un grand saladier verser la farine, le sucre, la Maïzena, mélanger. Ajouter l'œuf, le lait, les yaourts, la chair des fruits de la passion. Bien mélanger pour obtenir une pâte lisse. Verser cette pâte dans un moule à cake. Enfourner pendant 25 minutes.

Démouler après refroidissement. Couper en tranches puis en petits carrés, à présenter avec le café.

BOUCHÉES GOURMANDES AUX FRUITS DE LA PASSION

CRÈME VANILLE PISTACHE

DESSERT • PRÉPARATION : 20 MN • CUISSON : 40 MN

4 personnes

- 4 jaunes d'œufs
- 15 cl de crème fraîche liquide à 15 %
- 20 cl de lait écrémé
- 1 gousse de vanille
- 4 CS d'édulcorant en poudre
- 1 CS de pistaches fraîches décortiquées

Dans une casserole, porter la crème liquide et 10 centilitres de lait écrémé à ébullition avec la gousse de vanille fendue. Laisser infuser la vanille 10 minutes à couvert hors du feu puis la retirer.

Préchauffer le four Th. 1 (100 °C). Dans une jatte, fouetter les jaunes d'œufs avec le reste de lait écrémé et l'édulcorant en poudre. Délayer avec le mélange crème et lait tiédi. Répartir cette préparation dans des ramequins. Faire cuire 40 minutes au bain-marie dans le four. Après refroidissement, réserver au réfrigérateur jusqu'au dernier moment.

Pour servir, parsemer de pistaches grossièrement hachées. Déguster très frais.

CROUSTILLANT AUX POIRES

DESSERT • PRÉPARATION : 30 MN • CUISSON : 20 MN

4 personnes

- 4 feuilles de brick
- 2 poires
- 1 citron
- 4 cc de beurre
- 250 g de fromage blanc à 20 %
- 2 CS de miel liquide
- 1 CS d'édulcorant en poudre
- 1 cc de cannelle
- 4 petits brins de menthe

Couper les poires en quartiers. Les peler et éliminer le cœur. Détailler chaque quartier en petits morceaux. Les mettre dans un plat avec le jus du citron. Faire cuire 5 minutes au four à micro-ondes à pleine puissance, puis laisser refroidir. Sucrer avec une cuillerée à soupe d'édulcorant. Préchauffer le four Th. 6 (200 °C).

À l'aide de ciseaux, découper 4 triangles de même taille dans chaque feuille de brick. Les déposer sur une plaque. Badigeonner de beurre fondu au pinceau. Les faire dorer 10 minutes au four.

Fouetter le fromage blanc avec le miel. Monter chaque croustillant directement sur les assiettes de service en intercalant un triangle de feuille de brick avec le fromage blanc et les poires égouttées. Terminer par un triangle de feuille de brick. Saupoudrer de cannelle et décorer de brins de menthe.

CROUSTILLANT AUX POIRES

SAUCE AUX AGRUMES ET AU YAOURT

SAUCE • PRÉPARATION : 20 MN • RÉFRIGÉRATION : 30 MN

4 personnes

- 1 orange
- 1 citron vert, non traité
- 1 oignon doux
- 2 pots de yaourts à 0 %
- 1/2 botte de cerfeuil
- 1/2 botte de ciboulette
- 1/2 botte de persil plat
- 1 cc de cumin en poudre
- 1 grenade (ou 1 cc de baies roses)
- 7 noisettes
- Sel, poivre du moulin

Laver l'orange et le citron. Zester finement la moitié seulement de la peau des fruits. Presser leur jus. Plonger les zestes 30 secondes dans l'eau bouillante ; rafraîchir sous un filet d'eau, réserver.

Laver, éponger les herbes ; les ciseler grossièrement dans le bol d'un mixeur. Ajouter l'oignon coupé en morceaux, 1 pot de yaourt, les épices, sel et poivre. Mixer pour obtenir une préparation homogène.

Verser dans un bol. Ajouter le zeste et le jus des agrumes en battant à la fourchette puis le dernier pot de yaourt. Mettre 30 minutes dans le réfrigérateur.

Décorer de grains de grenade (ou de baies roses) et de noisettes concassées au rouleau à pâtisserie. Présenter avec des crudités, une viande ou un poisson froid.

MOUSSES À L'ORANGE

DESSERT • PRÉPARATION : 20 MN • CUISSON : 4 MN • RÉFRIGÉRATION : 2 H

4 personnes

- 2 grosses oranges à jus
- 100 g de préparation en poudre pour faire les confitures
- 5 blancs d'œuf

Laver et essuyer une orange, en prélever le zeste. Presser les 2 oranges.

Verser le jus dans une petite casserole avec les zestes et la pulpe récupérée dans le presse-agrume. Ajouter la préparation en poudre pour confiture, bien mélanger pour le diluer parfaitement. Porter à ébullition, laisser bouillonner 4 minutes (surtout pas plus longtemps, sinon le gélifiant ne fera plus effet).

Battre les blancs en neige, verser doucement la préparation à l'orange chaude lorsqu'ils commencent à raffermir. Continuer de battre jusqu'à absorption complète du liquide.

Verser la mousse dans de petits verres, laisser refroidir et placer au réfrigérateur au moins 2 heures avant de servir.

Les saisons de la minceur

PAPILLOTES DE FRUITS D'AUTOMNE AU MIEL

DESSERT • PRÉPARATION : 15 MN • CUISSON : 8 MN

1,5 unité POINTS

par personne

Éplucher les poires. Les couper en quartiers pour enlever les pépins, puis couper chaque quartier en grosses lamelles et les citronner. Peler les pommes, couper en quartiers, enlever les pépins, les couper en fines lamelles et les citronner.

Laver, éponger, égrener le raisin. Couper les prunes en 2, les dénoyauter. Dans une petite casserole, faire chauffer l'eau-de-vie avec 2 cuillerées à soupe d'eau. Ajouter le miel, l'édulcorant et la cannelle. Délayer pour obtenir un sirop et laisser réduire un peu.

Préchauffer le four Th. 8 (240 °C). Étaler les feuilles d'aluminium. Sur une moitié de chaque feuille répartir les fruits en les alternant. Recouvrir de la partie libre de la feuille et fermer la papillote en faisant un petit ourlet. Enfourner 7 minutes. Servir les papillotes justes fendues dans chaque assiette.

2 personnes

- 2 poires
- 1 pomme
- Le jus d'un citron
- 1 grappe de raisin blanc
- 6 prunes
- 1/2 petit verre d'eau-de-vie au choix
- 2 cc de miel
- 2 CS d'édulcorant de cuisson
- 1 cc de cannelle
- 2 rectangles de feuille d'aluminium fort

TARTELETTES À LA RHUBARBE

DESSERT • PRÉPARATION : 30 MN • CUISSON : 15 MN

4 unités POINTS

par personne

Préchauffer le four Th. 5 (180 °C). Laver et couper la rhubarbe en morceaux. Faire chauffer 30 centilitres d'eau avec le sucre, la vanille fendue en deux et la badiane. Porter à ébullition. Ajouter la rhubarbe, cuire 2 minutes. Retirer la rhubarbe et faire réduire le sirop aux deux tiers. Remettre la rhubarbe, cuire 5 minutes.

Étaler la pâte, couper 4 fonds de la taille des petits moules individuels. Beurrer et foncer les moules avec la pâte, recouvrir les fonds de pâte de papier sulfurisé et de poids de cuisson. Enfourner 15 minutes.

Démouler et remplir les tartelettes avec la rhubarbe.

4 personnes

- 6 branches de rhubarbe
- 80 g de sucre en poudre
- 1 gousse de vanille
- 1 fleur de badiane
- 1 rouleau de pâte sablée (120 g)

SALADE DE FRUITS EXOTIQUES AU SIROP D'ÉPICES

DESSERT • PRÉPARATION : 35 MN • CUISSON : 5 MN • RÉFRIGÉRATION : 2 H

4 personnes

- 2 pamplemousses
- 1 mangue bien mûre
- 1 papaye
- 10 litchis
- 2 fruits de la passion

POUR LE SIROP :

- 3,5 dl d'eau
- 8 cc d'édulcorant en poudre
- 1 bâton de cannelle
- 1 gousse de vanille ouverte en 2
- 1 clou de girofle
- Quelques râpures de muscade
- 1/2 cc de poivre blanc en grains
- 1 cc de graines de coriandre
- 1 cm de gingembre frais en petits morceaux

Préparer le sirop : mettre l'eau dans une casserole et ajouter toutes les épices. Amener lentement à ébullition. Laisser frémir 15 minutes. Ajouter et mélanger l'édulcorant, laisser refroidir et réserver 2 heures au réfrigérateur.

Préparer les fruits : peler les pamplemousses à vif, en enlevant à la fois la peau colorée et la peau blanche. Au-dessus d'une assiette, pour recueillir le jus, séparer la chair en glissant la lame du couteau contre la membrane qui sépare les tranches. Réserver.

Éplucher et dénoyauter la mangue. Éplucher la papaye, l'ouvrir en 2 dans la longueur, éliminer les graines. Éplucher et dénoyauter les litchis. Réserver au frais.

Au moment de servir, filtrer le sirop aux épices. Répartir dans chaque assiette la chair des pamplemousses, la mangue et la papaye coupées en lamelles, les litchis. Couper en 2 les fruits de la passion. Prélever à la cuillère, l'intérieur de chaque demi-fruit et l'ajouter dans chaque assiette. Arroser de sirop aux épices.

MUFFINS AUX MYRTILLES

COLLATION • PRÉPARATION : 20 MN • CUISSON : 20 MN

16 muffins

- 300 g de farine
- 50 g de sucre en poudre
- 1 sachet de levure
- 1 œuf
- 15 cl de lait écrémé
- 100 g de myrtilles

Essuyer les myrtilles (si elles sont décongelées, les poser sur du papier absorbant pour qu'elles soient bien sèches). Préchauffer le four Th. 7 (220 °C).

Dans une grande jatte verser la farine, la levure, le sucre, casser un œuf au centre et verser doucement le lait tout en tournant. Il faut obtenir une pâte souple mais non liquide. Si elle est trop « pâteuse », ajouter un peu de lait. Ajouter les myrtilles et bien mélanger l'ensemble.

Répartir la pâte dans chacun des 16 moules à muffins en carton. S'il s'agit de moules métalliques, les beurrer légèrement avant de verser la pâte. Enfourner pour 20 minutes.

MUFFINS AUX MYRTILLES

QUATRE-QUARTS À L'ANANAS

DESSERT • PRÉPARATION : 30 MN • CUISSON : 35 MN

6 personnes

- 4 tranches d'ananas en boîte au naturel
- 1 citron vert
- 3 œufs
- 1 yaourt nature
- 180 g de farine
- 8 CS d'huile
- 10 CS d'édulcorant en poudre
- 1 cc de levure chimique
- 1 pincée de sel

Préchauffer le four Th. 6 (200 °C). Égoutter les tranches d'ananas. Les couper en petits dés. Râper le zeste du citron vert.

Dans une jatte, battre les œufs avec le yaourt, l'édulcorant, l'huile puis la farine mélangée à la levure et le sel. Parfumer avec le zeste du citron vert. Incorporer les morceaux d'ananas.

Verser cette pâte dans un moule souple en silicone posé sur une grille. Faire cuire 35 minutes au four. Laisser tiédir puis démouler.

MINI-TARTES FEUILLETÉES AUX POMMES, MERINGUÉES

DESSERT • PRÉPARATION : 30 MN • CUISSON : 25 MN

4 personnes

- 150 g environ de pâte feuilletée toute prête
- 3 pommes (reinettes de préférence)
- 2 CS de jus de citron
- 3 CS d'édulcorant
- 1 blanc d'œuf

Préchauffer le four Th. 6 (200 °C). Étaler la pâte feuilletée aussi finement que possible. À l'aide d'une assiette, découper un disque de pâte. Déposer le disque sur une plaque à pâtisserie, légèrement huilée au pinceau. Piquer la pâte de quelques coups de fourchette.

Peler et couper les pommes en quartiers puis en lamelles extrêmement fines. Disposer les lamelles sur la pâte, en rosace, bien serrée, en les chevauchant.

Enfourner pendant 20 minutes environ. Le dessous de pâte doit être cuit et les pommes légèrement dorées.

Presser le jus du demi-citron. Mélanger 2 cuillerées à soupe de jus et une cuillerée à soupe d'édulcorant.

Sortir la tarte du four et arroser les pommes du mélange, avec une cuillère. Remettre au four quelques minutes.

Pendant ce temps, battre le blanc d'œuf, en neige ferme, au fouet électrique. Ajouter peu à peu, en fouettant, 2 cuillerées à soupe d'édulcorant.

Baisser la température du four Th. 3 (150 °C). Sortir la tarte. Disposer le blanc sur les pommes, remettre quelques minutes au four et servir tiède.

MINI-TARTES FEUILLETÉES AUX POMMES, MERINGUÉES

3,5
unités
POINTS
par personne

PANCAKES

PETIT DÉJEUNER • PRÉPARATION : 30 MN • CUISSON : 30 MN • REPOS : 30 MN

6 personnes

- 2 œufs
- 125 g de farine
- 25 cl de lait fermenté
- 1/2 cc de sucre
- 1 cc de bicarbonate
- 1/2 cc
  de levure chimique
- 1 CS d'huile
- 1/2 cc de sel

Dans une jatte, mélanger la farine, le sucre, le bicarbonate, la levure chimique et le sel. Ajouter les 2 œufs. Bien mélanger jusqu'à ce que la préparation soit lisse. Délayer progressivement avec le lait fermenté. Incorporer l'huile. Laisser reposer 30 minutes.

Faire chauffer un petit poêlon à revêtement antiadhésif à feu vif. Y verser une petite louche de pâte. Laisser cuire 2 minutes environ. De petites bulles apparaissent en surface. Retourner le pancake. Poursuivre la cuisson 2 minutes.

Faire cuire les autres pancakes en procédant de la même manière. Les maintenir au chaud au fur et à mesure sur une assiette posée au-dessus d'une casserole d'eau frémissante. Les servir bien chauds avec du sirop d'érable.

1
unité
POINTS
par personne

TERRINE D'ORANGES ET POMMES À LA CANNELLE

DESSERT • PRÉPARATION : 20 MN • CUISSON : 5 MN • RÉFRIGÉRATION : 6 H

6 personnes

- 8 oranges de table
- 2 pommes golden
- 1 citron
- 40 cl de jus
  de pomme
- 3 CS de fructose
- 1 bâton de cannelle
- 6 grandes feuilles
  de gélatine (12 g)

Couper les pommes en quartiers. Peler et éliminer le cœur. Les couper en dés. Les mettre dans un plat avec le jus d'un demi-citron et 2 cuillerées à soupe d'eau. Couvrir. Faire cuire 5 minutes au four à micro-ondes à pleine puissance, puis réserver.

Peler les oranges à vif. Détacher les quartiers en glissant la lame d'un couteau entre les membranes. Procéder au-dessus d'une jatte afin d'en recueillir le jus. Mettre les quartiers d'oranges dans une passoire et réserver au-dessus de la jatte.

Mettre les feuilles de gélatine à ramollir à l'eau froide. Porter le jus de pomme à ébullition avec le fructose et la cannelle. Hors du feu, y faire fondre la gélatine bien pressée. Ajouter le jus d'orange recueilli dans la jatte, le jus de cuisson des pommes et un filet de citron. Laisser tiédir, puis retirer la cannelle.

Verser 1 centimètre de cette gelée refroidie mais encore liquide dans un moule à cake tapissé d'un film étirable. Faire prendre 15 minutes au réfrigérateur. Ajouter les quartiers d'oranges puis les dés de pommes. Couler la gelée restante. Rabattre le film. Réserver 6 heures minimum (ou jusqu'au lendemain) au réfrigérateur. Démouler et trancher la terrine au moment de servir.

GRANITÉ AU KIWI

DESSERT • PRÉPARATION : 20 MN • RÉFRIGÉRATION : 2 H

1,5 unité POINTS
par personne

Peler les kiwis. Couper la chair en morceaux. Les écraser à l'aide d'un mixeur plongeant.

Ajouter le vin et le jus de citron. Mélanger. Verser dans le bac à glace du congélateur. Dès que la préparation prend sur les bords, la détacher à la fourchette et remettre au congélateur. Répéter plusieurs fois cette opération. Lorsque la préparation est prise en totalité, battre les blancs d'œufs en neige très ferme. Ajouter peu à peu l'édulcorant, en continuant de fouetter jusqu'à faire épaissir le mélange.

Placer 4 coupes au congélateur pour qu'elles soient bien froides pour le service. Sortir le bac à glace du congélateur. Mélanger les blancs battus et le sorbet.

Servir tout de suite dans les coupes glacées car cette préparation, pauvre en sucre, ne supporte pas d'attendre.

4 personnes
- 5 kiwis bien mûrs
- 2 dl de muscat de Rivesaltes
- Le jus d'1/2 citron
- 2 blancs d'œufs
- 3 CS d'édulcorant

TARTE À LA BROUSSE ET AUX POIRES

DESSERT • PRÉPARATION : 15 MN • CUISSON : 30 MN

3 unités POINTS
par personne

Préchauffer le four Th. 6 (200 °C). Éplucher les poires, les couper en lamelles, les citronner pour éviter qu'elles ne noircissent. Étaler les feuilles de brick sur le plan de travail, poser dessus le moule à tarte retourné, couper les feuilles à 2 centimètres tout autour du moule. Beurrer légèrement les feuilles de brick avec la matière grasse allégée fondue. Placer les feuilles les unes sur les autres dans le moule à tarte.

Saupoudrer la brousse de sucre vanillé, l'écraser à l'aide d'une fourchette, puis l'étaler sur les feuilles de brick. Poser ensuite les lamelles de poires, saupoudrer de cannelle.

Enfourner pour 30 minutes. Au cours de la cuisson, faire tourner le moule à tarte pour que les feuilles de brick soient uniformément dorées sur les bords.

4 personnes
- 2 poires comices
- 200 g de brousse fraîche à 30 %
- 4 feuilles de brick
- 2 cc de matière grasse allégée à 41 %
- 1 sachet de sucre vanillé
- Le jus d'un citron
- Cannelle

LES SAISONS
DE LA MINCEUR

« En février,
la feuille au groseillier »

HIVER

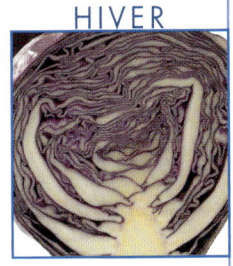

• FAIRE LA FÊTE

La saison de l'hiver est particulièrement riche en événements que nous aimons tous partager autour de la table, en famille ou entre amis : Noël, jour de l'an, Épiphanie, Chandeleur… Ce sont souvent des moments que l'on attend avec impatience pour leurs festivités mais que l'on redoute aussi car ils sont propices aux écarts.

Voici 5 astuces pour profiter pleinement d'un repas de fête :

• Les jours précédents, économisez un maximum d'unités **POINTS** mais sans excéder 4 unités **POINTS** par jour (si vous ne voulez pas mettre le résultat de vos efforts en péril). Souvenez-vous que les unités **POINTS** économisées doivent être consommées dans la semaine.

• Commencez la journée par un solide petit déjeuner composé de fruits, de pain ou de céréales et d'un produit laitier. S'il s'agit d'un déjeuner, vous mangerez sobrement le soir : un potage de légumes, un laitage et un fruit. S'il s'agit d'un dîner tardif, n'hésitez pas, avant de partir, à manger un bol de soupe, un œuf dur ou une assiette de légumes… Vous éviterez ainsi de vous ruer sur les amuse-bouches.

• Pendant le repas, évitez de vous resservir de la sauce, car les mets qui vous seront proposés contiendront sans doute déjà suffisamment de graisses cachées. Ne refusez pas que l'on remplisse votre verre d'eau. En revanche, surveillez votre verre à vin.

• Essayez de dépenser le soir même les calories que vous aurez absorbées pendant le repas : vous lancer sur la piste de danse sera le meilleur moyen de les utiliser et de vous amuser !

• Ne vous pesez pas le jour suivant. Le lendemain du repas de fête, déjeunez et dînez sobrement et attendez 2 ou 3 jours avant de remonter sur la balance.

Apportez le maximum de plaisir à vos yeux : par le décor de la table, le décor dans les assiettes aussi. Utiliser des mets goûteux pour préparer le repas fait partie des plaisirs à peu d'unités **POINTS** : la truffe, les fruits de mer, les épices exotiques vous permettront de réaliser des mets savoureux pour tous ces moments de fête privilégiés.

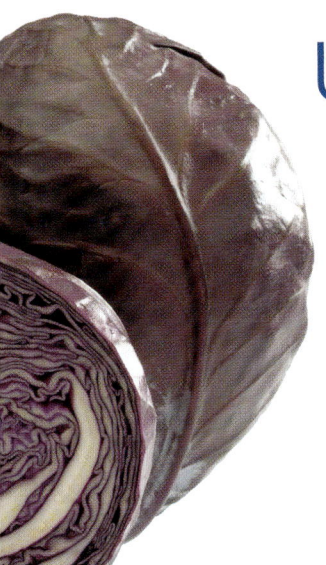

UNE JOURNÉE
LIGHT
APRÈS FÊTES

14 unités **POINTS**

par jour

Petit déjeuner

4 unités **POINTS**

- 2 kiwis
- 50 g de pain + 2 cc de beurre à 41 %
- 1 yaourt 0 % aux fruits
- Thé ou café

Déjeuner

4,5 unités **POINTS**

- Papillote de filet de carrelet + julienne de légumes
  + 1 CS de crème fraîche à 15 %
- Pommes de terre nature à volonté
- 1 pomme

Collation

0 unité **POINTS**

- 1 poire

Dîner

5,5 unités **POINTS**

- Potage de légumes
- 1 œuf à la coque
- 25 g de pain + 1 cc de beurre
- 1 yaourt nature + 1 cc de confiture

20 unités POINTS®
par jour

LUNDI

Petit déjeuner — 4,5 unités POINTS®
- 2 tranches de pain brioché (40 g)
- 1 CS de confiture (15 g)
- 1 bol de café au lait écrémé
- 1 orange

Déjeuner — 8 unités POINTS®
- 1 petite escalope de veau moutardée + 1 tranche de lard maigre + herbes
- 4 CS de lentilles + (carottes, oignons)
- 6 CS de fromage blanc à 0 % + 1/2 banane en rondelles

Collation — 1,5 unités POINTS®
- 1 yaourt nature + 1 cc de crème de marron

Dîner — 6 unités POINTS®
- Velouté de poireau + 1 cc de crème fraîche à 15 %
- Choucroute nature + 1 saucisse de volaille (30 g) + 1 tranche de jambon dégraissé + 2 petites pommes de terre + 1 cc de beurre
- Salade d'orange + 3 dattes + cannelle

MARDI

Petit déjeuner — 4,5 unités POINTS®
- 2 tranches de pain aux céréales 50 g
- 2 cc de matière grasse à 40 %
- 1 yaourt aux fruits
- Thé ou café

Déjeuner — 7 unités POINTS®
- 6 huîtres moyennes
- 1/2 pigeon rôti (100 g)
- 6 à 7 châtaignes (50 g) + 1 cc de margarine à 40 %
- Chou rouge braisé aux lardons maigres (15 g)
- 1 petit-suisse à 0 %

Collation — 1,5 unités POINTS®
- Compote de pomme sans sucre (100 g) + 3 CS de fromage blanc 0 %

Dîner — 7 unités POINTS®
- 2 endives cuites entourées d'une tranche de jambon dégraissé + 3 CS de sauce béchamel et gruyère râpé (30 g)
- 4 CS de riz
- 1 pomme

MERCREDI

Petit déjeuner — 4 unités POINTS®
- 1 verre de jus d'orange pressée
- 2 tranches de pain grillé (40 g)
- 2 portions de fromage fondu allégé
- Thé ou café

Déjeuner — 5,5 unités POINTS®
- Salade de pommes de terre (2 petites) + haricots verts + betterave, persil, ail + 2 cc de vinaigrette allégée
- Filet de bœuf (150 g)
- Choux de Bruxelles au jus de viande
- Salade de fruits frais (orange, pamplemousse, 1 cc de miel liquide et cannelle)

Collation — 2 unités POINTS®
- 1 barre de céréales

Dîner — 8,5 unités POINTS®
- Raie (140 g) + 1 cc de matière grasse à 40 % + citron
- Salsifis braisés dans 1 cc de margarine à 40 %
- 4 CS de riz nature
- 25 g de pain
- 1 St Môret Ligne et Plaisir
- 1 coupelle de crème anglaise (10 cl) + 1 kiwi coupé

JEUDI

Petit déjeuner (4)
- 1/2 pamplemousse + 1 cc sucre
- 1 bol de lait écrémé (20 cl)
- 9 CS de corn flakes
- Thé ou café

Déjeuner (6,5)
- Salade composée (chou rouge râpé, radis noir, roquette) + 4 cc de vinaigrette allégée
- 1 tranche de gigot (60 g)
- 4 CS de flageolets (120 g)
- 2 clémentines

Collation (2)
- 1 pot de gâteau de semoule (100 g)

Dîner (7,5)
- Velouté de potiron + 1 cc beurre
- 1 papillote faite avec 8 noix de coquilles Saint-Jacques (80 g) + poireau en bâtonnets + 2 CS de crème légère à 8 % + 2 pincées de piment en poudre
- 2 petites patates douces (120 g)
- 2 petits-suisses 0 % + fruits rouges surgelés + 1 CS de crème Chantilly + 1 biscuit à la cuiller

VENDREDI

Petit déjeuner (4,5)
- 1 verre de jus d'orange pressée
- 1 yaourt nature + 3 CS de muesli non sucré (30 g)
- 1 cc de miel
- Thé ou café

Déjeuner (6)
- 1 sole (120 g) + 1 cc de margarine à 40 %
- Purée de céleri en galets surgelés
- 4 CS de pâtes + 1 cc d'huile d'olive
- 1 yaourt aux fruits 0 %
- 2 mandarines

Collation (2)
- 1 barre de céréales chocolatée

Dîner (7,5)
- Gratin dauphinois maison : 250 g de pommes de terre cuites en rondelles + 1 petit œuf battu dans 5 cl de lait écrémé + 15 g de gruyère râpé allégé (passer au four 20 mn)
- 2 tranches de jambon de volaille
- 4 CS de fromage blanc à 0 % + 3 pruneaux détaillés

SAMEDI

Petit déjeuner (3)
- 1 verre de jus de clémentine pressée
- 1 gâteau de semoule avec des quartiers de pommes
- Thé ou café

Déjeuner (8)
- Pot au feu avec bœuf à bouillir (150 g) + 1 litre de fond de veau (1 cc) + poireaux, carottes, céleri + 2 petites pommes de terre
- 2 petits-suisses à 0 % + 10 g de sucre vanillé + 2 clémentines

Collation (1,5)
- 1 petite crêpe + 1 cc de sucre
- 3 CS de fromage blanc 0 %

Dîner (7,5)
- Feuilles de chou farcies avec 1 steak haché à 5 % (100 g) + oignons mixés + herbes + 1 cc d'huile
- 4 CS de riz
- 1 tomate cuite
- 1 poire cuite recouverte de 2 petits carrés de chocolat fondus

DIMANCHE

Petit déjeuner (5)
- 2 tranches de jambon blanc dégraissé
- 2 petites tranches de pain de mie
- 1 pomme cuite + 1 cc de miel
- 3 CS de fromage blanc 0 %

Déjeuner (6,5)
- Salade + 1 cc d'huile
- 1 filet de haddock (140 g)
- 200 g de choucroute cuisinée
- Pommes de terre à volonté
- 1 flan vanille au caramel

Collation (2)
- 1 tranche de brioche
- 2 mandarines

Dîner (6,5)
- 8 CS de macaroni (200 g)
- Sauce tomates (oignons revenus dans 1 cc d'huile d'olive + tomates en dés + 15 g de gruyère allégé râpé)
- 1 petit-suisse 0 % + 1 cc de sucre

11,5 unités **POINTS**®
par personne

UN REPAS DE RÉVEILLON

Mimosa

•

Bâtonnets de magret à la clémentine

•

Petite folie de gambas

•

Dos de sandre grillé aux bûchettes de légumes

•

Charlotte au coulis de myrtilles

1 unité **POINTS**®
par personne

MIMOSA

APÉRITIF • PRÉPARATION : 10 MN
• (RÉALISATION DES BILLES DE GRENADINE GLACÉES : 3 H À L'AVANCE)

4 personnes

- 28 cl de champagne brut
- 1/2 grenade
- 1 orange bien juteuse
- 1 carambole (décor)

Prélever les billes de la grenade et les faire durcir au congélateur pendant 3 heures pour obtenir de petits glaçons.

Prélever 4 grands zestes dans l'orange à l'aide d'un canneleur. Presser le jus du fruit, le tamiser pour enlever les pépins et les fibres. Réserver 12 centilitres dans un petit pot.

Couper la carambole en 4 tranches dans le cœur du fruit. Inciser les petites étoiles et les accrocher au bord des verres avec les rubans d'orange.

Au moment de servir, répartir les billes de grenadine glacées dans chaque coupe, verser 3 centilitres de jus d'orange et compléter avec du champagne. Servir frappé.

MIMOSA

BÂTONNETS DE MAGRET À LA CLÉMENTINE

BÂTONNETS DE MAGRET À LA CLÉMENTINE

APÉRITIF • PRÉPARATION : 10 MN

0,5 unité POINTS

par personne

Toaster les tranches de pain de mie. Les couper en 12 bâtonnets dans le sens de la longueur.

Décoller les tranches de magret les unes des autres, couper la partie grasse.

Rincer et sécher les feuilles de roquette.

Prélever les quartiers de la clémentine, enlever la membrane qui les entoure.

Disposer une feuille de roquette le long de chaque bâtonnet de pain. Entourer d'une tranche de magret. Piquer les bâtonnets de magret avec un quartier de clémentine à l'aide d'un pique-olive.

Filmer et réserver au frais jusqu'au moment de servir.

4 personnes
12 amuse-bouches

- 2 tranches de pain de mie brioché (40 g)
- 12 fines tranches de magret de canard fumé (40 g)
- 12 feuilles de roquette
- 1 clémentine

PETITE FOLIE DE GAMBAS

ENTRÉE • PRÉPARATION : 15 MN • CUISSON : 10 MN

3,5 unités POINTS

par personne

Dans un saladier, mélanger la roquette et la mâche. Verser 2 cuillerées à café d'huile de noix et une cuillerée à café de vinaigre balsamique, saler, poivrer et mélanger. Répartir la salade sur 4 assiettes de service.

Peler le concombre et le détailler en spaghettis avec un appareil à découper les légumes (ou en fins bâtonnets). Rincer et trancher finement la tomate puis le citron. Incorporer le concombre, les rondelles de tomate et de citron puis les lardons de saumon fumé dans les petits tas de salade. Écheveler du bout des doigts.

Mélanger le yaourt, le ketchup et le Tabasco. Réserver au frais.

Faire chauffer une cuillerée à café d'huile dans une poêle anti-adhésive. Lorsque la poêle est bien chaude, y mettre les gambas encore surgelées et cuire 10 minutes en retournant à mi-cuisson.

Faire chauffer le whisky, le verser sur les gambas chaudes (hors du feu) et flamber.

Disposer 2 gambas sur chaque assiette. Verser une cuillerée de sauce rose au yaourt sur le bord de l'assiette et décorer de brins d'estragon.

Si les gambas sont dégelées ou fraîches, les cuire seulement 7 à 8 minutes.

4 personnes
- 1 sachet de 250 g de roquette et 1 de 150 g de mâche
- 2 cc d'huile de noix
- 1 cc de vinaigre balsamique
- 1/2 concombre
- 1 tomate
- 1/2 citron jaune
- 60 g de « lardons » de saumon fumé
- 1/2 yaourt nature
- 3 cc de ketchup
- Quelques gouttes de Tabasco
- 1 cc d'huile au goût neutre
- 8 gambas surgelées (640 g)
- 1 CS de whisky
- 1 bouquet d'estragon
- Sel, poivre

DOS DE SANDRE GRILLÉ
AUX BÛCHETTES DE LÉGUMES

PLAT • PRÉPARATION : 20 MN • CUISSON : 12 MN

4 personnes

- 4 dos de sandre
  (avec la peau)
  de 140 g chacun
- 8 brins d'aneth
- 500 g de julienne
  de légumes surgelée
  (bûchettes de carotte,
  courgette, céleri et
  florettes de chou-fleur)
- 2 cc d'huile
- 15 cl de bisque
  d'écrevisse
- 16 cc de crème
  fraîche à 8 %
- Fleur de sel, poivre
  du moulin

Préchauffer le four, position gril.

Disposer une tige d'aneth sur chaque tranche de poisson et enrouler, côté peau à l'extérieur. Lier chaque extrémité avec une ficelle de cuisine. Saler, poivrer et réserver.

Plonger les légumes encore surgelés dans une grande quantité d'eau bouillante salée. Cuire pendant 4 minutes à petits frémissements. Égoutter et éponger.

Badigeonner une plaque antiadhésive avec une cuillerée à café d'huile. Y étaler les petits légumes et enfourner pour 2 minutes. Donner un tour de moulin à poivre. Réserver au chaud.

Enduire d'une cuillerée à café d'huile un gril antiadhésif et le mettre à feu vif. Lorsqu'il est chaud, y faire saisir les dos de sandre de toutes parts pendant 4 minutes.

Mélanger la bisque d'écrevisse avec la crème et la faire chauffer à feu doux pendant 2 minutes.

Disposer les dos de sandre sur les assiettes de service après avoir enlevé la ficelle de cuisine. Arranger les légumes en petits tas bien réguliers. Décorer avec un brin d'aneth. Entourer d'une petite mare de sauce à l'écrevisse.

PETITE FOLIE DE GAMBAS

DOS DE SANDRE GRILLÉ
AUX BÛCHETTES DE LÉGUMES

Les saisons de la minceur

CHARLOTTE AU COULIS DE MYRTILLES

DESSERT • PRÉPARATION : 40 MN • CONGÉLATION : 4 H

Faire dégeler les framboises. Placer le lait concentré au congélateur pendant 10 minutes pour le rafraîchir. Mettre la gélatine à tremper dans un bol d'eau.

Mixer les framboises avec une cuillerée à soupe de jus de citron et l'édulcorant. Tamiser et réserver.

Essorer la gélatine et la faire fondre dans un peu de coulis de framboise chaud. Verser dans le reste de coulis en mélangeant.

Fouetter le lait concentré pour le rendre crémeux. Verser dans le coulis de framboise à la gélatine, puis incorporer le petit-suisse. Bien mélanger.

Faire tremper les biscuits à la cuiller dans le nectar en veillant à ce qu'ils ne se défassent pas.

Garnir les parois d'un moule à cake de biscuits imbibés, côté bombé vers l'extérieur. Verser la préparation aux framboises jusqu'à mi-hauteur. Recouvrir d'une couche de biscuits, puis verser le reste de la préparation aux framboises. Faire prendre au congélateur au moins 4 heures.

Une heure avant le service, sortir la charlotte du congélateur. Préparer le coulis de myrtilles : faire dégeler les fruits, les mixer avec le jus de citron et l'édulcorant. Tamiser et réserver au frais.

Pour servir, démouler la charlotte en plaçant le fond du moule dans un peu d'eau chaude. La mettre sur un plat de service, décorer le dessus avec des groseilles surgelées disposées le long des biscuits. Entourer de coulis de myrtilles. Couper en tranches.

6 personnes

- 350 g de framboises surgelées
- 20 cl de lait concentré non sucré à 4 %
- 4 feuilles de gélatine (8 g)
- 1/2 citron
- 6 CS d'édulcorant
- 20 biscuits à la cuiller
- 1 verre de nectar à la fraise (12,5 cl)
- 1 petit-suisse à 0 %

COULIS DE MYRTILLES
- 300 g de myrtilles surgelées
- 3 CS d'édulcorant
- 1 CS de jus de citron

DÉCOR
- 100 g de groseilles surgelées

CHARLOTTE AU COULIS DE MYRTILLE

POIREAUX EN ROBE DE SAUMON, VINAIGRETTE DE BETTERAVE

ENTRÉE • PRÉPARATION : 15 MN • CUISSON : 12 MN • RÉFRIGÉRATION : 15 MN

4 personnes

- 4 gros poireaux (450 g)
- 4 fines tranches de saumon fumé (120 g)
- 1 petite betterave rouge cuite (60 g)
- 1 CS de vinaigre balsamique
- 3 cc d'huile de noix
- Sel, poivre

Éplucher les poireaux, ne garder que 2 à 3 centimètres de vert. Les rincer soigneusement et les faire cuire à la vapeur, en autocuiseur, pendant 12 minutes. Les sortir du panier de cuisson et les rafraîchir quelques secondes sous l'eau froide, laisser tiédir à température dans une passoire.

Peler et couper la betterave en petits morceaux. Les mixer avec 3 cuillerées à soupe d'eau, le vinaigre et l'huile. Saler et poivrer. Réserver au réfrigérateur 15 minutes.

Entourer les poireaux d'une tranche de saumon. Les disposer sur des assiettes de service et verser un filet de vinaigrette à la betterave le long des poireaux.

> Faire cuire le vert des poireaux en même temps que les blancs et les réserver avec le bouillon pour réaliser un potage aux vertus diurétiques.

ASPIC D'HUÎTRES ET DE SAINT-JACQUES

ENTRÉE • PRÉPARATION : 30 MN • CUISSON : 3 MN • RÉFRIGÉRATION : 3 H

4 personnes

- 8 huîtres
- 4 noix de coquilles Saint-Jacques
- 4 feuilles de gélatine
- 1 sachet de court-bouillon
- 4 cc d'œufs de saumon
- 8 brins de ciboulette
- Sel, poivre

Ouvrir les huîtres. Les détacher de leurs coquilles. Filtrer l'eau à travers une passoire. Réserver.

Préparer le court-bouillon. Quand il frémit, y faire pocher les noix de Saint-Jacques pendant 2 minutes. Les réserver. Ajouter l'eau des huîtres au court-bouillon et y faire pocher les huîtres pendant 1 minute.

Ramollir les feuilles de gélatine à l'eau froide. Bien les essorer. Les faire dissoudre dans le court-bouillon en remuant. Laisser tiédir. Ajouter la ciboulette ciselée.

Verser un peu de gelée au fond de 4 ramequins et faire prendre au réfrigérateur.

Couper les Saint-Jacques en lamelles. Les répartir avec les huîtres dans les ramequins. Verser la gelée restante. Laisser au réfrigérateur pendant 3 heures.

Au moment de servir, décorer avec les œufs de saumon.

ASPIC D'HUÎTRES ET DE SAINT-JACQUES

BOULGOUR AU POULET ET AUX HERBES

ENTRÉE • PRÉPARATION : 20 MN • CUISSON : 2 MN • RÉFRIGÉRATION : 1 H

4 personnes

- 60 g de boulgour
- 4 aiguillettes de poulet (130 g)
- 3 cc d'huile d'olive
- 1 tomate
- 1/2 yaourt
- 1 CS de jus de citron
- 1 CS de cerfeuil ciselé
- 1 CS de ciboulette ciselée
- 4 feuilles de batavia
- Sel, poivre

Verser le boulgour dans un grand bol. Ajouter la même quantité d'eau bouillante et laisser gonfler quelques minutes jusqu'à ce que le liquide soit absorbé.

Détailler les aiguillettes de poulet en tout petits dés. Enduire une poêle antiadhésive avec une cuillerée à café d'huile et la faire chauffer à feu vif. Y faire saisir les dés de poulet pendant 2 minutes sans cesser de remuer. Saler, poivrer et verser dans un saladier avec le boulghour.

Peler et détailler la tomate en petits dés. Les mettre dans un bol avec 2 cuillerées à café d'huile d'olive, le yaourt, le jus de citron, le cerfeuil et la ciboulette. Saler, poivrer et mélanger. Verser dans le saladier et remuer délicatement. Filmer et réserver au frais au moins 1 heure.

Au moment de servir, rincer et essorer les feuilles de batavia, les plier et les couper en fine chiffonnade. Les incorporer dans le saladier et mélanger.

FOIE DE VEAU POÊLÉ EN SALADE DE MÂCHE

ENTRÉE • PRÉPARATION : 20 MN • CUISSON : 3 MN

4 personnes

- 400 g de foie de veau
- 300 g de mâche
- 100 g de tomates cerises
- 100 g de raisins
- 1 CS de pignon de pin
- 2 CS d'huile de pépin de raisin
- 2 cc de vinaigre de xérès
- 1 cc d'huile d'olive
- 10 brins de persil
- Sel, poivre

Laver et essorer la mâche. Laver les tomates cerises et les couper en 2. Disposer dans un saladier.

Préparer la vinaigrette avec l'huile de pépins de raisin et le vinaigre. Verser sur la salade. Ajouter les pignons et les grains de raisin. Mélanger.

Couper le foie de veau en gros cubes.

Dans une poêle antiadhésive, les faire revenir quelques instants à feu vif. Verser sur la salade.

Décorer de persil ciselé et servir aussitôt.

FOIE DE VEAU POÊLÉ EN SALADE DE MÂCHE

POTAGE DE LÉGUMES ANCIENS

0 unité **POINTS**®
par personne

ENTRÉE • PRÉPARATION : 15 MN • CUISSON : 35 MN (AUTOCUISEUR : 12 MN)

4 personnes

- 1 petit panais
- 2 topinambours
- 2 carottes
- 1 rutabaga
- 2 échalotes
- 1 tablette de bouillon de légumes
- 5 brins de cerfeuil
- 4 cc de crème liquide, allégée à 15 %
- Sel, poivre

Éplucher les légumes, les passer sous l'eau fraîche. Porter à ébullition 1 litre d'eau.

Couper les légumes en très petits dés. Les jeter dans l'eau bouillante. Ajouter le bouillon, poivrer. Couvrir et laisser mijoter pendant 35 minutes (12 minutes à l'autocuiseur).

Rectifier l'assaisonnement, verser dans 4 assiettes creuses. Décorer avec des pluches de cerfeuil et un filet de crème fraîche.

PAIN DE LOTTE ET SA SALADE DE ROQUETTE

5 unités **POINTS**®
par personne

ENTRÉE • PRÉPARATION : 25 MN • CUISSON : 35 MN • RÉFRIGÉRATION : 2 H

6 personnes

- 1 kg de filets de lotte
- 5 œufs
- 1 boîte de concentré de tomates
- 2 cc de Tabasco
- 300 g de roquette
- 2 CS d'huile d'olive
- 1 cc de vinaigre de vin
- Sel, poivre

Pocher la lotte 15 minutes dans l'eau frémissante. Réserver les filets.

Préchauffer le four Th. 7 (220 °C).

Battre les œufs en omelette avec le concentré de tomates et le Tabasco. Assaisonner.

Verser l'omelette dans un moule à cake. Disposer les filets de lotte. Faire cuire 35 minutes environ. Vérifier la cuisson en piquant avec une lame de couteau, qui doit ressortir sèche.

Démouler le pain et réserver au réfrigérateur.

Préparer la salade : laver et essorer la roquette. Assaisonner avec le vinaigre et l'huile d'olive.

Servir le pain de lotte avec la salade et accompagné d'un coulis de tomates ou d'une mayonnaise allégée.

PAIN DE LOTTE ET SA SALADE DE ROQUETTE

MÂCHE FAÇON CANTONAISE

ENTRÉE • PRÉPARATION : 15 MN • CUISSON : 2 MN

4 personnes

- 1 grand sachet de mâche
- 2 œufs
- 1 cc de sucre
- 1 CS de vin blanc
- 4 cc d'huile
- 1 cc de vinaigre balsamique
- 1/2 oignon rouge
- 1 CS de coriandre ciselée
- Sel, poivre du moulin

Fouetter légèrement les œufs avec le sucre et le vin blanc. Tamiser.

Enduire une poêle antiadhésive de 20 centimètres de diamètre avec une cuillerée à café d'huile et la mettre à feu vif. Lorsqu'elle est chaude, verser l'omelette et faire cuire 1 minute de chaque côté en aplatissant avec une spatule.

Rouler l'omelette et la couper en fines lanières avec des ciseaux. Réserver.

Dans un saladier, mélanger 3 cuillerées à café d'huile avec le vinaigre, le sel et le poivre. Ajouter la salade et bien remuer pour imprégner les feuilles de sauce.

Détailler l'oignon en rondelles, les ajouter dans la salade avec les lanières d'omelette et la coriandre. Donner un tour de moulin à poivre et tourner délicatement.

SALADE DE MÂCHE, HADDOCK ET BETTERAVE

ENTRÉE • PRÉPARATION : 30 MN • CUISSON : 6 MN

4 personnes

- 1 barquette de mâche (200 g environ)
- 2 betteraves
- 1 oignon blanc
- 3 brins de persil plat
- 120 g de haddock
- 1 verre de lait 1/2 écrémé (non consommé)
- 4 cc d'huile d'olive
- 2 cc de moutarde forte
- 4 cc de vinaigre de vin
- 10 g de noisettes
- Sel, poivre

Disposer le filet de haddock dans une assiette creuse, couvrir d'un mélange de lait et d'eau. Laisser reposer pendant la préparation des légumes.

Laver la mâche sous l'eau fraîche, l'essorer soigneusement. La disposer dans un saladier large. Couper les betteraves en cubes, les disposer sur les betteraves. Éplucher l'oignon, l'émincer finement, verser dans un bol. Hacher le persil pas trop finement, le verser dans le bol. Ajouter l'huile, la moutarde, le vinaigre. Saler et poivrer, puis mélanger. Faire griller les noisettes 3 minutes dans une petite poêle anti-adhésive, puis les concasser.

Mettre l'assiette contenant le poisson dans le four à micro-ondes. Chauffer 3 minutes, puissance maximale. Égoutter le haddock, ôter la peau et le couper en dés. Disposer encore tiède, dans le saladier, verser la sauce et saupoudrer de noisettes grillées. Servir aussitôt.

COUPE-SURPRISE
AUX MARRONS GLACÉS

DESSERT • PRÉPARATION : 15 MN • REPOS : 12 H • CUISSON : 20 MN

3 unités POINTS

par personne

Dans un récipient au bain-marie battre ensemble au fouet les jaunes d'œufs et le sucre, jusqu'à ce que le mélange devienne blanc et mousseux. En continuant à fouetter, incorporer le vin blanc. Continuer à battre : le mélange doit épaissir. À la fin de la cuisson, ajouter la purée de marrons.

Intégrer la vanille à la préparation.

Au fond de 4 verres, déposer un marron glacé. Répartir le sabayon et mettre au frais jusqu'au lendemain.

Au moment du service, concasser les noisettes et en poudrer les sabayons.

4 personnes

- 2 CS de purée de marrons non sucrée
- 4 marrons glacés
- 3 jaunes d'œufs
- 3 CS d'édulcorant
- 6 cl de vin doux naturel
- 2 gouttes d'extrait de vanille
- 6 noisettes grillées

ŒUF COCOTTE,
CHAMPIGNONS SAUTÉS

ENTRÉE • PRÉPARATION : 20 MN • CUISSON : 23 MN

2,5 unités POINTS

par personne

Préchauffer le four Th. 3 (150 °C). Disposer dans le four un plat rempli à moitié d'eau. Rincer les champignons sous l'eau fraîche. Ôter leur pied sableux et les émincer finement. Éplucher la gousse d'ail et l'émincer.

Faire chauffer l'huile dans une petite poêle. Ajouter les champignons, l'ail, le thym et le persil. Cuire les champignons à feu moyen, en remuant, pendant 10 à 15 minutes. Saler et poivrer. Ôter le thym.

Répartir les champignons dans 4 ramequins individuels. Ajouter une cuillerée de crème dans chaque ramequin et casser 1 œuf par-dessus. Saler et poivrer l'œuf. Disposer les ramequins dans le plat contenant l'eau chaude. Faire cuire 6 à 8 minutes environ et servir aussitôt, avec une tranche de pain grillé.

4 personnes

- 4 œufs
- 250 g de champignons de Paris
- 1 gousse d'ail
- 1 cc d'huile d'olive
- 1 brin de thym
- 2 cc de persil haché
- 2 CS de crème allégée à 15 %
- Sel, poivre

3 unités POINTS
par personne

FILET DE BŒUF BRAISÉ, COMPOTÉE ROUGE

PLAT • PRÉPARATION : 15 MN • CUISSON : 36 MN

4 personnes

- 4 tranches épaisses de filet de bœuf (480 g)
- 2 cc d'huile
- 400 g de chou rouge
- 1 oignon rouge
- 1 cc de sucre
- 1/2 cc de girofle en poudre
- 20 cl de vin rouge
- 20 cl de bouillon de volaille
- 1 CS de persil plat ciselé
- Sel, poivre du moulin

Poivrer les filets de bœuf sur les 2 faces. Badigeonner une sauteuse antiadhésive avec une cuillerée à café d'huile et la mettre à feu vif. Lorsqu'elle est chaude, y faire revenir les tranches de filet 1 minute de chaque côté. Saler légèrement. Réserver dans un plat et couvrir de papier aluminium. Couper le chou rouge en quartiers (enlever le cœur) puis en fines lanières. Émincer l'oignon.

Mettre la sauteuse à feu moyen, verser une cuillerée à café d'huile. Lorsqu'elle est chaude, faire revenir l'oignon pendant 2 minutes. Saupoudrer de sucre et de girofle. Ajouter le chou rouge émincé, bien mélanger avec une cuillère en bois, puis verser le vin et le bouillon. Laisser compoter pendant 30 minutes à feu moyen. Égoutter les légumes, les réserver au chaud. Récupérer un peu de jus de cuisson.

Mettre la sauteuse à feu moyen. Verser un peu de jus de cuisson et faire saisir à nouveau les filets de bœuf pendant 1 à 2 minutes (selon le goût désiré), le temps qu'ils se réchauffent et s'imprègnent de sauce. Disposer les filets de bœuf sur des assiettes de service, entourer de compotée de chou rouge, saupoudrer de persil plat.

2 unités POINTS
par personne

SOUPE DE POIS CASSÉS

ENTRÉE • PRÉPARATION : 20 MN
• CUISSON : 53 MN (AUTOCUISEUR DÉCONSEILLÉ, RISQUE DE DÉBORDEMENT)

4 personnes

- 100 g de pois cassés
- 1 carotte
- 1 oignon
- 1 poireau
- 1 brin de thym
- 1 demi-feuille de laurier
- 1 tablette de bouillon de volaille
- 50 g de baguette
- 3 gousses d'ail
- Sel, poivre

Verser 1 litre d'eau dans une grande cocotte. Ajouter les pois cassés et laisser bouillir 20 minutes à feu doux.

Éplucher et laver la carotte, l'oignon, le poireau. Les couper en petits morceaux et les verser dans la cocotte. Ajouter le thym, le laurier, la tablette de bouillon. Couvrir et laisser mijoter 30 minutes. Mixer le potage lorsque les légumes sont parfaitement cuits.

Au moment de servir, couper la baguette en 2, dans le sens de la longueur. Éplucher les gousses d'ail. Passer le pain 3 minutes au grille-pain. Frotter les tartines avec les gousses d'ail, puis les recouper en dés.

Servir le potage très chaud, avec les croûtons.

Les saisons de la minceur

SOUPE DE POIS CASSÉS

PAIN PERDU DU BOUCHER

ENTRÉE • PRÉPARATION : 15 MN • CUISSON : 3 MN AU GRILLE-PAIN

4 personnes

- 4 tranches de pain de campagne (100 g)
- 225 g de rosbif cuit très saignant
- 1 pot d'achards de légumes de 250 g
- 1 branche de persil plat
- 150 g de mesclun
- 1 CS d'huile de noisettes grillées
- 1 cc de vinaigre balsamique

Égoutter les achards. Couper le rosbif cuit en tranches très fines. Toaster légèrement le pain. Tartiner chaque tartine à chaud avec une cuillerée à soupe d'achards. Poser les tranches de viande dessus. Décorer d'une feuille de persil plat.

Couper les tartines en 4. Les servir avec la salade assaisonnée à l'huile de noisettes grillées.

PETITES BRIOCHES DE CREVETTES À LA SAUCE ROSE

ENTRÉE • PRÉPARATION : 25 MN • CUISSON : 5 MN

6 personnes

- 6 brioches non sucrées (240 g)
- 1 botte de cresson
- 200 g de crevettes grises décortiquées
- 1 CS de moutarde forte
- 1 CS de sauce tomate
- 1 cc de sauce soja
- 200 g de fromage blanc allégé lisse à 20 %
- 1/2 citron
- Sel, poivre

Couper le dessus des brioches. Garder le chapeau. À l'aide d'une petite cuillère, prélever la mie pour former un creux. La garder sur une assiette.

Équeuter, laver, essorer le cresson.

Dans un bol, mettre une grosse cuillerée à soupe de moutarde forte. Verser goutte à goutte l'huile en tournant vivement sans arrêt avec une cuillère en bois jusqu'à ce que le mélange ait une consistance crémeuse. Ajouter la sauce tomate, un filet de citron, la sauce soja. Émietter finement la mie de brioche pour l'intégrer à la préparation. Mélanger.

Ajouter les crevettes. Saler et poivrer.

Remplir chaque brioche, poser le chapeau dessus et servir avec des bouquets de cresson.

Les saisons de la minceur

PETITES BRIOCHES DE CREVETTES À LA SAUCE ROSE

VELOUTÉ DE TOPINAMBOURS AUX MOULES

1,5 unité POINTS® par personne

ENTRÉE • PRÉPARATION : 20 MN • CUISSON : 30 MN

4 personnes

- 600 g
  de topinambours
- 200 g de pommes
  de terre
- 1 côte de céleri
- 1,2 litre de moules
- 6 brins de cerfeuil
- Sel, poivre

Peler et laver les topinambours et les pommes de terre. Les couper en morceaux. Laver et couper la côte de céleri en tronçons.

Verser les légumes dans un litre d'eau bouillante et les faire cuire à couvert pendant 30 minutes.

Dans le même temps, préparer les moules. Les rincer et les gratter. Les faire s'ouvrir dans une casserole à feu vif, à couvert pendant 5 minutes. Les décoquiller.

Mixer les légumes. Servir chaud, avec les moules et parsemer de cerfeuil ciselé.

MULET AUX OIGNONS DOUX DES CÉVENNES

1,5 unité POINTS® par personne

PLAT • PRÉPARATION : 15 MN • CUISSON : 25 MN

4 personnes

- 1 mulet entier vidé
  (600 g)
- 1 branche de serpolet
  (ou de thym)
- 400 g d'oignons
  doux des Cévennes
- 15 cl de vin blanc sec
- 1 cc d'huile d'olive
- Sel, poivre

Préchauffer le four Th. 6 (200 °C).

Rincer le poisson. Saler et poivrer l'intérieur, y introduire la branche de serpolet (ou de thym). Avec la pointe d'un couteau, faire quelques incisions en forme de croix sur la peau.

Peler et émincer les oignons. Les mettre dans un plat antiadhésif, saler et poivrer puis arroser de vin blanc. Étaler le poisson par-dessus. Badigeonner la peau d'huile d'olive avec un pinceau.

Enfourner pour 20 minutes, retourner à mi-cuisson et arroser de temps en temps. Si besoin est, ajouter un peu de liquide.

Servir dans le plat : partager le poisson dans le sens de la longueur et disposer les deux moitiés côte à côte, enlever l'arête et la tête et couper en portions.

> On peut remplacer le mulet par du bar
> dont le goût est assez proche.

NOISETTES DE PORC AUX FRUITS SECS

PLAT • PRÉPARATION : 10 MN • CUISSON : 20 MN

3,5 unités POINTS®

par personne

Préchauffer le four Th. 7 (220 °C).

Couper le filet de porc en cubes de 3 centimètres. Les badigeonner de miel puis les saupoudrer de cannelle.

Peler et rincer les carottes, les détailler en fines lanières.

Mettre la viande et les carottes dans un tajine. Ajouter les figues coupées en 2, les abricots, les pruneaux et les raisins secs.

Diluer le cube de bouillon de volaille dans 10 centilitres d'eau chaude, ajouter le vin blanc. Verser le mélange dans le tajine et enfourner pour 20 minutes. Mélanger en cours de cuisson. Rectifier l'assaisonnement avec le sel et le poivre. Servir bien chaud.

> Accompagner éventuellement de semoule ou de tagliatelles (à comptabiliser).

4 personnes

- 360 g de filet mignon de porc
- 2 cc de miel liquide
- 1/2 cc de cannelle
- 300 g de carottes
- 2 figues sèches
- 4 abricots secs
- 6 pruneaux
- 2 CS de raisins blonds secs
- 1 cube de bouillon de volaille
- 5 cl de vin blanc sec
- Sel, poivre

TAGLIATELLES DE CONCOMBRE AUX CREVETTES

ENTRÉE • PRÉPARATION : 10 MN • CUISSON : 20 MN

4 unités POINTS®

par personne

Cuire les pommes de terre dans leur pelure, 20 minutes. Les écraser grossièrement à la fourchette.

Plonger les tomates quelques secondes dans de l'eau bouillante. Ôter la peau et les pépins. Émincer la pulpe.

Laver et épépiner le poivron. Le plonger dans de l'eau bouillante. L'enfermer 10 minutes dans un sac en plastique. Enlever la peau. L'émincer.

Éplucher le concombre, prélevez des lanières au couteau économe.

Dans un saladier, mêler les ingrédients, verser dessus l'huile et le vinaigre balsamique, parsemer de fleur de sel et poivrer de deux tours de moulin. Mélanger délicatement.

4 personnes

- 3 grosses pommes de terre charlotte
- 1 concombre
- 2 tomates
- 1 poivron vert
- 225 g de crevettes décortiquées
- 1 CS d'huile de noisettes grillées
- 1 cc de vinaigre balsamique
- Fleur de sel, poivre du moulin

0 unité POINTS®
par personne

SAUCE AU VIN ROUGE

SAUCE • PRÉPARATION : 15 MN • CUISSON : 26 MN

6 personnes

- 3 verres de vin rouge
- 1 échalote
- 1 petite carotte
- 1 gousse d'ail
- 1/2 côte de céleri
- 1 cube de bouillon de bœuf
- Thym
- Laurier
- 1 CS de Maïzena
- 2 cc de crème épaisse à 15 %
- Sel, poivre

Éplucher l'échalote, la carotte et la gousse d'ail. Laver les légumes ainsi que le céleri. Les couper en fine julienne. Verser les légumes dans une petite casserole, ajouter la tablette de bouillon, le thym et le laurier.

Mouiller avec le vin et deux verres d'eau. Poivrer et faire cuire à petit feu pendant 25 minutes. Filtrer à l'aide d'une passoire et verser à nouveau dans la casserole.

Porter à ébullition. Délayer la Maïzena dans un peu d'eau froide, verser dans la sauce bouillante. Laisser bouillir 1 minute et ôter du feu. Ajouter la crème, rectifier l'assaisonnement et servir, très chaud, avec une viande rouge rôtie, ou un gibier.

3,5 unités POINTS®
par personne

GNOCCHIS DE SEMOULE GRATINÉS

PLAT UNIQUE • PRÉPARATION : 30 MN • CUISSON : 32 MN

4 personnes

- 80 g de semoule fine de blé
- 60 cl de lait écrémé
- 1 pincée de muscade
- 30 g de gruyère râpé
- 1 oignon
- 1 gousse d'ail
- 2 cc d'huile d'olive
- 1 boîte de tomates pelées
- Quelques feuilles de basilic
- Sel, poivre

Préchauffer le four Th. 7 (220 °C). Porter le lait, additionné de 10 centilitres d'eau, à ébullition, et verser la semoule en pluie en mélangeant avec un fouet. Cuire 10 minutes à petit feu en remuant sans arrêt. Saler, poivrer, ajouter la muscade. Verser la semoule cuite sur une plaque à pâtisserie antiadhésive et l'étaler pour obtenir une épaisseur de 1 centimètre environ.

Lorsqu'elle est froide, la couper en losanges à l'aide d'un couteau ou en cercles à l'aide d'une petite tasse. Disposer les gnocchis dans un plat à gratin et saupoudrer de fromage râpé. Faire gratiner pendant 10 minutes au four, puis garder au chaud (four éteint).

Pendant ce temps, éplucher l'oignon et l'ail, les émincer finement. Faire chauffer l'huile dans une petite casserole, ajouter l'oignon et l'ail, faire revenir 2 minutes, puis verser les tomates pelées. Saler, poivrer, ajouter le basilic et laisser mijoter 10 minutes à découvert. Servir les gnocchis gratinés accompagnés du coulis de tomates.

GNOCCHIS DE SEMOULE GRATINÉS

CABILLAUD ET CHOU ROUGE CONFIT

4 unités POINTS par personne

PLAT • PRÉPARATION : 20 MN • REPOS : 12 H • CUISSON : 63 MN

4 personnes

- 4 pavés de cabillaud (de 120 g chacun)
- 1 chou rouge de 800 g
- 3 CS de vinaigre de vin
- 2 CS de sucre
- 1 oignon
- 1 tablette de bouillon de volaille
- 1 petit morceau de racine de gingembre frais
- 2 CS d'huile d'olive
- Sel, poivre

La veille : laver le chou et couper les feuilles en lanière. Les disposer dans un plat. Mélanger le vinaigre, le sucre et une pincée de sel. Verser sur le chou et mélanger. Laisser mariner au réfrigérateur toute la nuit.

Le lendemain, peler et émincer l'oignon. Découper le gingembre en fines lamelles. Égoutter le chou.

Préparer le bouillon de volaille en le diluant dans de l'eau très chaude.

Dans une cocotte, faire revenir l'oignon dans la moitié de l'huile. Ajouter le chou et le gingembre. Mouiller avec la moitié du bouillon. Faire cuire à feu couvert pendant 1 heure environ, en ajoutant du bouillon au fur et à mesure. Réserver.

Faire chauffer le restant de l'huile dans une poêle antiadhésive. Y faire revenir les pavés de cabillaud 3 minutes par face. Assaisonner.

Servir les pavés avec le chou rouge confit.

MOUCLADE À LA CARDAMOME

1,5 unité POINTS par personne

PLAT • PRÉPARATION : 15 MN • CUISSON : 10 MN

4 personnes

- 2 litres de moules
- 4 CS de crème fraîche allégée à 15 %
- 2 échalotes
- 1 gousse d'ail
- 4 gousses de cardamome
- 1/2 cc de curry en poudre
- 1 cc de Maïzena

Préparer les moules : les rincer et les gratter. Peler et hacher l'ail et les échalotes. Écraser les gousses de cardamome.

Faire s'ouvrir les moules dans une casserole à feu vif, en couvrant pendant 5 minutes. Les réserver au chaud dans un saladier en ôtant la moitié des coquilles.

Filtrer leur jus de cuisson. Le porter à ébullition avec les gousses de cardamome, l'ail et les échalotes. Ajouter la crème fraîche et le curry. À feu doux, mélanger bien en incorporant la Maïzena pour épaissir la sauce pendant 3 minutes environ. Assaisonner si nécessaire.

Servir les moules nappées de la sauce à la cardamome.

MOUCLADE À LA CARDAMOME

PAPILLOTE DE LAPIN À LA MOUSSE DE POIRES AUX ÉPINARDS

2,5
unités
POINTS®
par personne

PLAT • PRÉPARATION : 15 MN • CUISSON : 20 MN

4 personnes

- 4 cuisses de lapin (de 150 g chacune)
- 200 g de champignons de Paris
- 4 cc de moutarde
- 4 cc de crème fraîche à 15 %
- 200 g de poires
- 400 g d'épinards
- Le jus d'un citron
- Sel, poivre

Préchauffer le four Th. 7 (220 °C).

Couper le bout terreux des champignons. Les laver et les émincer. Badigeonner les cuisses de lapin avec la moutarde. Préparer 4 papillotes de papier sulfurisé : dans chacune, disposer le lapin, les champignons en lamelles, un peu de crème fraîche. Assaisonner.

Dans un plat à four, faire cuire 20 minutes. Pendant ce temps, éplucher les poires et les citronner. Les faire pocher 10 minutes dans l'eau bouillante.

Laver et équeuter les épinards. Les faire cuire 3 minutes dans l'eau bouillante. Passer sous l'eau froide et égoutter. Mixer ensemble les poires et les épinards. Assaisonner selon les goûts.

Servir les papillotes accompagnées de leur mousse de poire aux épinards.

OSSO BUCCO

5
unités
POINTS®
par personne

PLAT • PRÉPARATION : 30 MN • CUISSON : 63 MN

4 personnes

- 1 kg de jarret de veau (coupé en 4 petites tranches)
- 1 oignon
- 1 carotte
- 1 gousse d'ail
- 1 petite orange
- 4 cc d'huile d'olive
- 1/2 boîte de tomates pelées
- 1 verre de vin blanc
- 1 brin de romarin
- 1 botte de blettes
- 2 cc de persil haché
- Sel, poivre

Éplucher l'oignon, la carotte et l'ail. Les émincer finement. Prélever quelques lanières fines de zeste sur l'écorce de l'orange.

Faire chauffer 2 cuillerées à café d'huile dans une cocotte à fond épais. Ajouter la viande, la faire revenir 4 minutes sur chaque face, à feu vif. Ajouter les légumes émincés, les tomates pelées, le vin. Saler, poivrer, ajouter le romarin et couvrir. Laisser mijoter à feu doux pendant 40 minutes.

Pendant la cuisson de la viande, couper les côtes de blettes en tronçons (garder le vert pour une autre recette). Les passer rapidement sous l'eau fraîche. Les cuire à la vapeur pendant 15 minutes. Les verser dans un saladier, ajouter l'huile (2 cuillerées à café) et le persil. Saler et poivrer. Mélanger et réchauffer au four à micro-ondes, juste avant de servir. Servir l'osso bucco avec la sauce, accompagné des côtes de blette.

OSSO BUCCO

PAVÉ DE SAUMON, PURÉE DE BROCOLIS ET DE CHOU-FLEUR

PLAT • PRÉPARATION : 30 MN • CUISSON : 31 MN

4 personnes

- 4 pavés de saumon (de 120 g chacun)
- 1 citron
- 1 brin de thym
- 1 tomate
- 1 petit brocoli
- 1/2 chou-fleur
- 1 pomme de terre
- 4 cc de crème allégée à 8 %
- Cerfeuil haché
- Sel, poivre

Préchauffer le four Th. 6 (200 °C). Rincer les pavés de saumon sous l'eau fraîche, les éponger dans du papier absorbant. Les disposer dans un petit plat à four. Couper 4 rondelles de citron et 4 rondelles de tomate. Les poser sur les pavés. Saler, poivrer, saupoudrer de thym effeuillé. Cuire 25 minutes au four, puis garder au chaud.

Couper les choux en bouquets, éplucher la pomme de terre, la couper en dés. Cuire les légumes à la vapeur 6 minutes à l'autocuiseur, puis les égoutter parfaitement. Les passer au presse-purée ou au moulin à légume, saler, poivrer, ajouter la crème. Battre au fouet électrique pour rendre la purée très onctueuse. Verser dans un plat et placer au four pour garder chaud, avec le poisson.

Servir le saumon dans le plat de cuisson, accompagné de la purée très chaude, saupoudrée de cerfeuil.

RÔTI DE LOTTE ET CHOU BRAISÉ

PLAT • PRÉPARATION : 30 MN • CUISSON : 45 MN

4 personnes

- 1 queue de lotte (600 g)
- 1 oignon
- 1 gousse d'ail
- 1 carotte
- 1 petit chou vert
- 40 g de filet de bacon
- 5 cc d'huile de tournesol
- 1 brin de thym
- 1 feuille de laurier
- 1 pincée de mélange quatre-épices
- Sel, poivre

Faire préparer la queue de lotte en rôti (ficelée) par le poissonnier. Éplucher l'oignon, l'ail, la carotte, les laver et les émincer. Laver le chou, le couper en fines lanières. Couper le filet de bacon en dés.

Faire chauffer l'huile dans une cocotte. Ajouter le bacon, l'oignon, l'ail, la carotte. Faire revenir 5 minutes à feu doux en remuant. Ajouter le chou, le thym, le laurier, le mélange quatre-épices et un verre d'eau. Saler et poivrer. Couvrir et laisser mijoter 15 minutes.

Faire un creux au milieu des légumes pour y placer le poisson. Recouvrir le rôti de chou et fermer la cocotte. Laisser mijoter 25 minutes, à feu très doux. Servir très chaud.

HADDOCK AU VERT D'ANCHOIS

6 unités POINTS

par personne

PLAT • PRÉPARATION : 10 MN • CUISSON : 12 MN

Plonger les filets dans le lait froid. Porter à ébullition. Retirer la casserole du feu au premier bouillon et laisser pocher à couvert pendant 12 minutes.

Ciseler le persil finement.

Équeuter le cresson, le laver et l'essorer. Dans une poêle antiadhésive, le faire fondre dans une cuillerée à soupe d'huile chaude mais pas brûlante, en remuant avec une cuillère en bois. Après 3 minutes ajouter la crème et les feuilles de persil ciselées. Écraser les anchois, les intégrer à la sauce. Poivrer, saler si nécessaire.

Dresser le poisson sur un plat chaud. Les décorer d'une feuille de persil plat. Servir avec 2 pommes de terre épluchées, coupées en 4, cuites à la vapeur, la sauce à part.

4 personnes

- 400 g de filets de haddock
- 50 cl de lait écrémé
- 1 botte de cresson
- 2 pommes de terre
- 25 cl de crème fraîche allégée à 15 %
- 5 brins de persil plat
- 2 filets d'anchois à l'huile
- 1 CS d'huile de tournesol
- Sel, poivre

THON EN HABIT BASQUE

6,5 unités POINTS

par personne

PLAT • PRÉPARATION : 20 MN • CUISSON : 25 MN

Couper le chou rouge en lanières. Dans une sauteuse, à feu doux, le faire suer 5 minutes dans une cuillerée à soupe d'eau et une cuillerée à soupe de vin rouge, en remuant de temps à autre.

Dégraisser les tranches de jambon. Les couper en lanières.

Laver la mâche.

Dans une poêle antiadhésive, à feu vif, dans l'huile chaude, faire sauter les pavés de thon à la poêle. Ajouter le chou. Abaisser le feu et cuire à couvert 15 minutes en remuant de temps en temps. Ajouter un peu d'eau si la cuisson attache. Saler avec modération à la fin de la cuisson, poudrer de deux pincées de piment d'Espelette, et répartir autour du plat le jambon de Bayonne. Laisser les saveurs se mêler à feu doux pendant 5 minutes. Servir avec les bouquets de mâche nature.

4 personnes

- 4 pavés de thon (de 150 g chacun)
- 2 tranches de jambon de Bayonne (80 g)
- 350 g de chou rouge
- 1 CS de vin rouge
- 1 CS d'huile
- 2 pincées de piment d'Espelette
- 50 g de mâche
- Sel, poivre

BŒUF AUX PATATES DOUCES ET AU PIMENT

PLAT • PRÉPARATION : 40 MN • CUISSON : 62 MN

8 personnes

- 750 g de macreuse cru (de 150 g chacun)
- 240 g de patates douces
- 1 oignon
- 3 courgettes
- 2 navets
- 1/4 de chou
- 1 boîte de tomates pelées
- 1 petit piment sec
- 4 cc de beurre de cacahuètes
- 120 g de riz
- Sel, poivre

Couper la viande en petits morceaux. Éplucher la patate douce, la couper en dés. Éplucher l'oignon, l'émincer. Laver les courgettes, les navets et le chou. Couper les courgettes en rondelles, l'aubergine en dés. Émincer le chou.

Faire chauffer l'huile dans une grande cocotte. Ajouter la viande et l'oignon. Faire revenir 5 minutes à feu vif, en remuant. Ajouter les tomates pelées et un grand verre d'eau. Saler et poivrer. Laisser cuire 20 minutes. Ajouter tous les légumes découpés, le piment et le beurre de cacahuètes. Laisser mijoter pendant 25 minutes, à feu très doux, en remuant de temps en temps.

Cuire le riz à l'eau bouillante salée pendant 12 minutes, puis l'égoutter. Rectifier l'assaisonnement du bœuf et faire réduire la sauce, si nécessaire. Servir le bœuf très chaud, entouré des légumes et accompagné de riz. Napper de sauce et servir.

ROULÉ DE DINDE FARCE DU JARDIN

PLAT • PRÉPARATION : 15 MN • CUISSON : 40 MN

6 personnes

- 2 filets de dinde (800 g)
- 2 pommes de terre charlotte
- 6 brins de persil
- 2 branches d'estragon
- 1 oignon moyen
- 2 petites échalotes
- 1 gousse d'ail
- 1 CS d'huile d'olive
- 10 cl de muscat
- 300 g de riz basmati
- Sel, poivre

Cuire les pommes de terre, les écraser finement à la fourchette. Hacher les herbes, l'oignon, l'échalote, l'ail. Mélanger à la purée, saler poivrer.

Répartir la farce à l'intérieur des filets de dinde. Les réunir et les ficeler à la ficelle de cuisine.

Dans une cocotte, faire chauffer l'huile d'olive. Dorer le rôti de tous côtés. Saler et poivrer. Couvrir et laisser mitonner 40 minutes. À mi-cuisson, ajouter le muscat. Laisser caraméliser à feu moyen.

Verser le riz dans une casserole d'eau froide, porter à ébullition. Abaisser le feu et cuire 18 minutes. Égoutter et présenter le rôti entouré du riz arrosé du jus de cuisson.

> Ce plat est aussi délicieux chaud que froid, servi tranché fin avec une salade.

ROULÉ DE DINDE FARCE DU JARDIN

LENTILLES MIJOTÉES AU POULET

PLAT UNIQUE • PRÉPARATION : 25 MN • CUISSON : 40 MN

4 personnes

- 4 escalopes de poulet (de 160 g chacune)
- 160 g de lentilles vertes crues
- 1 oignon
- 1 carotte
- 1 côte de céleri
- 40 g de filet de bacon
- 3 cc d'huile de pépins de raisin
- 1 brin de thym
- 1 demi-feuille de laurier
- Sel, poivre

Couper les escalopes en gros dés. Éplucher l'oignon et la carotte. Les couper, ainsi que le céleri, en fine julienne. Émincer le filet de bacon en petits dés.

Faire chauffer l'huile dans une cocotte. Ajouter le poulet et le bacon. Faire revenir 5 minutes à feu vif, en remuant. Ajouter les légumes, le thym, le laurier et laisser mijoter 5 minutes en remuant. Verser en dernier les lentilles. Ajouter 1 litre d'eau, saler et poivrer.

Couvrir et laisser mijoter 30 minutes à feu doux. Servir chaud.

POT-AU-FEU DE DINDE AUX HERBES

PLAT UNIQUE • PRÉPARATION : 10 MN • CUISSON : 1 H 30

2 personnes

- 1 filet de dinde (400 g)
- 2 poireaux
- 2 carottes
- 2 navets
- 1 feuille de laurier
- 3 brins de persil
- 1 branche de sarriette (ou de thym)
- 1 petit oignon piqué d'un clou de girofle
- 1 litre d'eau
- 75 g de boulgour précuit
- Gros sel de Guérande, poivre

Éplucher et laver les légumes. Dans un faitout, les faire cuire 10 minutes dans 1 litre d'eau bouillante salée au gros sel. Ôter la peau du filet de dinde. L'ajouter à la cuisson.

Après 20 minutes prélever la dinde et les légumes. Garder au chaud.

Dans la moitié du bouillon verser en pluie le boulgour. Cuire 10 minutes.

À gros bouillonnements, réduire le reste du bouillon de moitié.

Dresser les tranches de pot-au-feu de dinde sur le boulgour, les légumes autour. Poivrer. Servir la sauce à part.

POT-AU-FEU DE DINDE AUX HERBES

RÂBLE DE LAPIN
AUX MARRONS GLACÉS

PLAT • PRÉPARATION : 15 MN • CUISSON : 30 MN

4 personnes

- 4 râbles de lapin (800 g)
- 2 marrons glacés
- 15 g de beurre
- 2 CS d'huile
- 3 échalotes
- 1/2 tablette de bouillon de volaille
- 10 cl de vin blanc
- 400 g de purée de céleri surgelée
- 1 CS de crème épaisse allégée à 15 %
- Sel, poivre

Dans une sauteuse, faire revenir à feu doux dans le beurre et l'huile chauds les râbles et les échalotes épluchées. Quand les morceaux sont dorés, ajouter le vin blanc, couvrir et laisser cuire 25 minutes.

Après 20 minutes de cuisson, plonger les marrons dans la sauce. Les laisser chauffer 5 minutes.

Dans une cocotte, faire fondre à feu très doux pendant 10 minutes la purée de céleri surgelée. Ajouter une cuillerée à soupe de crème épaisse allégée.

Faire fondre la tablette de bouillon de volaille dans 10 centilitres d'eau chaude.

Prélever les râbles. Les déposer sur un plat chaud. Déglacer la sauteuse avec le bouillon de volaille.

Présenter les râbles sur un plat, un demi-marron sur chacun d'eux, la purée de céleri à part.

PETIT PAIN AU CHÈVRE FRAIS
ET À LA POIRE

COLLATION • PRÉPARATION : 10 MN

4 personnes

- 2 petits pains individuels (de 50 g chacun)
- 1 poire Conférence
- Quelques brins de ciboulette
- 1 petit oignon doux
- 80 g de fromage de chèvre frais
- 1 CS de jus de citron
- Baies roses du moulin
- Poivre du moulin

Couper les petits pains en 2 de façon à obtenir 4 tartines. Les toaster légèrement au grille-pain pour les rendre croustillantes.

Ciseler la ciboulette, réserver 8 longs brins. Hacher l'oignon. Écraser le fromage de chèvre frais avec la ciboulette ciselée et l'oignon haché, poivrer et mélanger.

Peler et trancher la poire, enlever le cœur. La détailler en fines lamelles et les citronner.

Tartiner les tranches de pain de fromage de chèvre parfumé, recouvrir de lamelles de poire et saupoudrer de baies moulues. Décorer avec 2 brins de ciboulette disposés sur la longueur.

SAUCE VERTE À LA MOUTARDE

SAUCE • PRÉPARATION : 15 MN • RÉFRIGÉRATION : 15 MN

par personne

Éplucher et hacher l'échalote. Laver les feuilles d'estragon de persil et le cerfeuil. Ciseler finement le persil et le cerfeuil. Garder les feuilles d'estragon entières.

Dans un bol, à l'aide d'une cuillère en bois, monter la moutarde en versant l'huile goutte à goutte, comme pour une mayonnaise.

Finir en incorporant le vinaigre, puis l'échalote hachée, le persil et le cerfeuil, intégrer les feuilles d'estragon entières. Poivrer de 3 tours de moulin. Mettre au frais.

Servir une cuillerée à soupe de cette sauce pour 3 fines tranches de rôti.

8 personnes

- 3 CS de moutarde verte à l'estragon
- 1 dl d'huile de pépins de raisin
- 1 échalote
- 1 botte de persil plat
- 1 branche d'estragon
- 1 botte de cerfeuil
- 2 CS de vinaigre de Banyuls
- Poivre vert

DOUILLETTE DE POIRES AU CARAMEL

DESSERT • PRÉPARATION : LA PÂTE : 10 MN • LES POIRES : 10 MN
• CUISSON : LES POIRES : 10 MN • LE CARAMEL : 10 MN • LA « DOUILLETTE » : 20 MN

par personne

Éplucher les poires en conservant la queue. Dans une casserole à bord haut, mélanger 40 grammes de sucre et l'eau. Porter à ébullition. Plonger les poires 10 minutes. Les égoutter. Réserver le jus de cuisson.

Préchauffer le four Th. 4 (160 °C).

Mélanger la levure et la farine. Battre le sucre et l'œuf au bain-marie jusqu'à ce que le volume ait doublé. Hors du feu verser d'un coup la farine. Mélanger doucement pour ne pas faire retomber la mousse.

Poser les poires dans une tourtière. Verser la pâte dessus et mettre au four pendant 20 minutes.

Pendant ce temps, cuire le sirop à feu doux jusqu'à ce qu'il commence à former des petites bulles. Quand il est de couleur noisette, retirer du feu. Pour stopper la cuisson, mouiller avec une cuillerée à soupe d'eau chaude.

Verser le caramel à chaud sur la douillette. Servir tiède.

4 personnes

SIROP :
- 4 poires passe-crassane
- 40 g de sucre semoule
- 1 dl d'eau

DOUILLETTE :
- 75 g de sucre
- 1 œuf
- 100 g de farine
- 1 cc de levure chimique (1/2 sachet)
- Zeste de citron râpé

SAUCE À LA POMME

SAUCE • PRÉPARATION : 15 MN • CUISSON : 25 MN

4 personnes

- 400 g de pommes
  (3 à 4 pommes)
- 2 citrons
- 1 bâton de cannelle
- 1 tablette de bouillon
  de volaille
- 1 cc de sucre
- Sel, poivre

Éplucher un des deux citrons pour en prélever le zeste. Le hacher finement et le faire cuire 5 minutes à l'eau bouillante. Presser le jus des 2 citrons. Réserver. Éplucher les pommes et les couper en morceaux. Les faire cuire dans une casserole à couvert avec le jus des citrons et le bâton de cannelle pendant 20 minutes environ. Dissoudre la tablette de bouillon de volaille dans un fond d'eau. Quand les pommes sont cuites, ôter la cannelle et les passer au mixer avec le bouillon de volaille. Ajouter les zestes de citron et le sucre. Assaisonner selon les goûts. Servir chaud avec une volaille rôtie.

CURRY DE POULET À L'ANANAS, TIMBALES DE RIZ

PLAT UNIQUE • PRÉPARATION : 20 MN • CUISSON : 20 MN

4 personnes

- 400 g d'escalope
  de poulet
- 90 cl de bouillon
  de volaille
- 120 g de mélange
  de riz
- 1 oignon doux
- 1 gousse d'ail
- 1/2 mangue
- 1/3 d'ananas
- 1 cc d'huile
- 1 CS de curry
  en poudre
- 1/2 cc de curcuma
  en poudre
- 1/2 cc de gingembre
  en poudre
- 15 cl de bouillon
  de volaille
- 5 cl de lait concentré
  non sucré à 4 %
- 1 CS de coriandre
  ciselée
- Sel, poivre

Porter 75 centilitres de bouillon de volaille à ébullition. Y cuire le riz pendant 10 minutes. Égoutter et répartir dans 4 petites timbales en porcelaine d'une contenance de 10 centilitres (tasses à café). Tasser avec une petite cuillère, filmer et réserver.

Couper les escalopes de poulet en petites lanières, saler et poivrer. Détailler l'oignon en petits dés. Hacher l'ail. Détailler la mangue en dés. Trancher l'ananas en petits bâtonnets.

Huiler une poêle antiadhésive, y faire revenir l'oignon et l'ail pendant 1 minute sans cesser de remuer. Ajouter les dés de mangue, saupoudrer de curry, curcuma et gingembre, puis verser le bouillon de volaille et le lait concentré. Laisser mijoter à feu doux pendant 15 minutes tout en remuant de temps en temps.

Ajouter les lanières de viande et les bâtonnets d'ananas. Poursuivre la cuisson 5 minutes. Mélanger délicatement.

Répartir la préparation dans les assiettes de service. Y démouler les timbales de riz. Décorer de coriandre ciselée.

> Si nécessaire, faire réchauffer les timbales de riz avant de les démouler, 1 minute au four à micro-ondes (800 watts), puissance maximale.

CURRY DE POULET À L'ANANAS, TIMBALES DE RIZ

VINAIGRETTE ASIATIQUE (OU SAUCE AIGRE-DOUCE)

SAUCE • PRÉPARATION : 10 MN

4 personnes

- 1 petit piment rouge frais
- 1 cc de sucre en poudre blond
- 2 CS de jus de citron
- 1 CS de sauce soja
- 8 CS de sauce de poisson
- 2 cc d'huile de sésame
- 1 CS d'oignon rouge haché
- 1 CS de coriandre ciselée

Couper le piment en 2 dans le sens de la longueur, enlever les graines avec la pointe d'un couteau. Le rincer et le couper finement.

Dissoudre le sucre en poudre dans le jus de citron. Ajouter la sauce soja, la sauce de poisson, l'huile, le piment et l'oignon hachés. Bien mélanger. Incorporer la coriandre.

> Cette sauce peut assaisonner des crudités (carotte, soja…) ou une salade composée à base de poisson (crevette) ou de viande (poulet).
>
> On peut remplacer le piment frais par du piment en poudre (beaucoup plus fort) ou, pour les amateurs de saveurs douces, par une petite portion de poivron rouge.

POTÉE AU CABILLAUD

PLAT UNIQUE • PRÉPARATION : 15 MN • CUISSON : 40 MN

4 personnes

- 4 pavés de cabillaud (de 140 g chacun)
- 2 poireaux
- 4 carottes
- 1 petit chou vert
- 2 gousses d'ail
- 2 feuilles de laurier
- 1 verre de vin blanc (12,5 cl)
- 1 tablette de bouillon de volaille
- 6 brins de persil plat
- Sel, poivre

Couper le chou en lamelles assez larges. Les blanchir 5 minutes à l'eau bouillante. Les passer sous l'eau froide du robinet et réserver.

Laver les carottes et les poireaux. Couper les carottes en rondelles, les poireaux en tronçons en ne gardant qu'un peu de vert. Peler l'ail.

Dans une cocotte, verser le vin blanc et la même quantité d'eau. Diluer la tablette de bouillon. Ajouter les légumes, l'ail et le laurier. Faire cuire à couvert et à feu doux pendant 30 minutes environ.

Ajouter les pavés de cabillaud. Poursuivre la cuisson pendant 10 minutes.

Servir chaud, parsemé de persil plat ciselé.

POTÉE AU CABILLAUD

CROQUES DE LENTILLES
AUX ŒUFS DE CAILLE

PLAT • PRÉPARATION : 15 MN • CUISSON : 20 MN

4 personnes

- 240 g de lentilles cuites (en barquette)
- 4 tranches de pain de mie
- 4 œufs de caille
- 600 g de tomates
- 1 oignon
- 1 cœur de céleri branche + 1 tige
- 2 cc d'huile d'olive
- 8 cc de crème à 15 %
- 1 CS de persil plat ciselé
- Sel, poivre

Ébouillanter les tomates, les peler et les couper en dés. Émincer l'oignon puis le cœur de céleri. Effiler et couper la tige de céleri en 4 bâtonnets.

Faire revenir l'oignon dans une poêle antiadhésive avec une cuillerée à café d'huile. Ajouter les tomates concassées et le cœur de céleri émincé. Saler, poivrer et laisser cuire 15 minutes à feu moyen.

Mettre les lentilles dans un plat en verre culinaire, y mélanger la crème, couvrir et faire réchauffer 2 minutes au four à micro-ondes (800 watts), puissance maximale.

Toaster les tranches de pain de mie au grille-pain pendant 1 minute pour les faire durcir un peu.

Répartir la sauce tomate chaude sur les assiettes de service. Disposer une tranche de pain de mie grillée au centre de chaque assiette. Les recouvrir de 2 grosses cuillerées à soupe de lentilles chaudes.

Faire chauffer la cuillerée d'huile restante dans une poêle antiadhésive. Y faire cuire les œufs de caille deux par deux sans les mélanger. Saler et poivrer. Les disposer au fur et à mesure sur les canapés de lentille.

Décorer de persil plat, accompagner d'un bâtonnet de céleri.

La préparation aux lentilles peut être mixée avant de l'étaler sur les tranches de pain.

CROQUES DE LENTILLES AUX ŒUFS DE CAILLE

TARTINES GRATINÉES
À LA RACLETTE

COLLATION • PRÉPARATION : 10 MN • CUISSON : 5 MN

2 personnes

- 100 g de pain complet coupé en 4 tranches
- 2 petites tomates
- 30 g de raclette
- 30 g de jambon cru de montagne
- 2 cc de moutarde
- 1 pincée de cumin
- Poivre

Préchauffer le gril du four.

Laver et couper la tomate en fines rondelles, puis en petits dés. Presser entre les mains pour éliminer le surplus de jus. Couper la raclette en petits dés et le jambon en lanières.

Disposer le pain sur le plan de travail. Tartiner de moutarde. Répartir les dés de tomate, le jambon et le fromage. Saupoudrer de cumin, poivrer et passer sous le gril environ 5 minutes, ou jusqu'à ce que le fromage soit bien doré. Déguster chaud.

MOUSSELINE DE POIRES
AU PAIN D'ÉPICE

DESSERT • PRÉPARATION : 15 MN • CUISSON : 3 MN • RÉFRIGÉRATION : 15 MN

4 personnes

- 4 poires
- 15 cl de lait concentré non sucré à 4 %
- 1 CS de jus de citron
- 2 tranches de pain d'épice au miel (40 g)
- 1 blanc d'œuf
- 3 CS d'édulcorant
- Sel

Mettre le lait concentré dans un bol et réserver au congélateur 10 minutes pour le refroidir.

Pendant ce temps, peler les poires, enlever le cœur puis les couper en morceaux. Les mettre dans un plat en verre culinaire avec le jus de citron, couvrir et cuire 3 minutes au micro-ondes (800 watts), puissance maximale. Égoutter.

Toaster une tranche de pain d'épice 2 minutes au grille-pain pour la faire durcir puis l'émietter.

Mixer les poires égouttées avec les miettes de pain d'épice.

Battre le blanc d'œuf en neige avec une pincée de sel, continuer de battre en incorporant une cuillerée à soupe d'édulcorant. Fouetter le lait concentré avec 2 cuillerées à soupe d'édulcorant. Incorporer les 2 préparations délicatement à la purée de poire.

Répartir la mousseline de poire dans 4 coupelles et réserver au frais 15 minutes.

Au moment de servir, couper la tranche de pain d'épice restante en 4 bâtonnets et les plonger dans les coupelles.

Les saisons de la minceur

PETITS PAINS AU THÉ, GOÛT RUSSE

COLLATION • PRÉPARATION : 15 MN LA VEILLE + 15 MN LE JOUR DE LA CUISSON • REPOS : 30 MN PUIS 12 H • CUISSON : 15 MN

par petit pain

Faire infuser le thé 10 minutes dans le lait bouillant.

Mélanger la farine et le sel. Délayer la levure dans un peu du mélange au thé tiède. Verser sur la farine. Mélanger du bout des doigts en versant le reste du lait, peu à peu. Pétrir délicatement. La pâte doit être homogène. La laisser reposer 30 minutes, couverte d'un linge.

Poser la pâte sur le plan de travail, la casser pour éliminer le gaz carbonique et la laisser reposer 12 heures au frais.

Le lendemain, préchauffer le four Th. 7 (220 °C).

Diviser la pâte. Former les petits pains. Les poser sur une plaque farinée. Laisser reposer 30 minutes.

Battre l'œuf, dorer les petits pains au pinceau et mettre au four chaud pendant 15 minutes. Piquer avec la lame d'un couteau pour vérifier la cuisson. Elle doit ressortir sèche.

12 petits pains
(80 g environ)

- 500 g de farine de froment
- 15 g de levure de boulanger
- 1/4 litre de lait tiède
- 2 CS de thé goût russe
- 1 œuf
- 1 pincée de sel

TIRAMISU AUX POIRES

DESSERT • PRÉPARATION : 15 MN • RÉFRIGÉRATION : 12 H

par personne

Séparer les blancs des jaunes. Monter les blancs en neige avec le sucre.

Faire ramollir la gélatine dans un peu d'eau froide. Essorer puis la faire fondre dans un récipient au bain-marie.

Incorporer la liqueur de poire au fromage blanc. Ajouter la gélatine fondue. Fouetter la crème pour qu'elle devienne mousseuse et l'ajouter au fromage blanc à la poire. Incorporer délicatement les blancs en neige.

Répartir dans des ramequins, saupoudrer de cacao et laisser au réfrigérateur pendant 12 heures.

Au moment de servir, décorer avec de fines lamelles de poire.

4 personnes

- 50 g de fromage blanc à 0 %
- 10 cl de crème liquide légère
- 4 blancs d'œufs
- 1 feuille de gélatine
- 5 cl de liqueur de poire
- 2 cc de sucre en poudre
- 1 CS de cacao non sucré
- 1 poire

KAKIS À LA MOUSSE DE CANNELLE

DESSERT • PRÉPARATION : 10 MN • RÉFRIGÉRATION : 15 MN

4 personnes

- 4 kakis
- 4 yaourts nature à 0 %
- 4 cc d'édulcorant
- 1 cc de cannelle en poudre
- 1 blanc d'œuf
- 4 bâtonnets de cannelle

Battre les yaourts avec l'édulcorant et la cannelle.

Monter le blanc d'œuf en neige ferme. L'incorporer délicatement à la préparation précédente. Filmer et réserver au réfrigérateur au moins 15 minutes.

Au moment de servir, équeuter et peler les kakis. Les émincer en fines rondelles puis en quartiers.

Répartir la mousse de cannelle dans 4 coupelles et disposer les quartiers de kaki en éventail. Décorer avec un bâtonnet de cannelle.

CRÊPES AUX CLÉMENTINES, SAUCE ORANGE

DESSERT • PRÉPARATION : 20 MN • CUISSON : 11 MN • RÉFRIGÉRATION : 30 MN

4 personnes

- 1 œuf
- 60 g de farine
- 20 cl de lait écrémé
- 2 cc de matière grasse à 40 %
- 1 cc de rhum
- 2 oranges
- 2 cc de fécule
- 4 clémentines
- 1 cc d'huile
- 4 cc d'édulcorant

Dans un récipient, fouetter l'œuf avec la farine et ajouter progressivement le lait jusqu'à obtention d'une pâte lisse et fluide. Incorporer la margarine fondue et le rhum, mélanger à nouveau. Laisser reposer.

Presser les oranges et récupérer 15 centilitres de jus. Le filtrer et le faire chauffer dans une petite casserole.

Délayer la fécule dans une cuillerée à soupe d'eau froide. La verser dans le jus d'orange chaud et faire épaissir à feu doux tout en remuant. Réserver au frais 30 minutes.

Peler les clémentines, détacher les quartiers et enlever les membranes blanches.

Huiler une poêle antiadhésive et y faire cuire 4 crêpes. Sur chaque assiette de service, disposer une crêpe, étaler un peu de sauce à l'orange, recouvrir de quelques quartiers de clémentine et saupoudrer d'une cuillerée à café d'édulcorant. Replier en 4.

> Le rhum peut être remplacé par de l'eau de fleur d'oranger.

CRÊPES AUX CLÉMENTINES, SAUCE ORANGE

CAKE AU JAMBON

COLLATION • PRÉPARATION : 10 MN • CUISSON : 35 MN

4 personnes

- 100 g de jambon blanc coupé épais
- 20 olives vertes dénoyautées
- 2 œufs
- 160 g de farine
- 1 sachet de levure
- 1 yaourt à 0 %
- 1 CS d'huile d'olive
- 2 cc de thym émietté
- Sel, poivre

Préchauffer le four Th. 6 (200 °C). Dans un saladier, mélanger la farine avec les œufs, la levure, le yaourt et l'huile jusqu'à ce que le mélange soit homogène. Assaisonner. Couper le jambon en dés, les olives en rondelles. Les ajouter à la préparation, ainsi que le thym.

Verser la pâte dans un moule à cake tapissé de papier sulfurisé. Faire cuire 30 à 35 minutes environ : piquer dedans la lame du couteau, qui doit ressortir sèche.

Servir tiède ou froid.

CROUSTILLANTS D'ANANAS

DESSERT • PRÉPARATION : 15 MN • CUISSON : 8 MN

4 personnes

- 1 ananas
- 200 g de framboises surgelées
- 1/2 jus de citron
- 3 CS d'édulcorant
- 4 petites feuilles de riz
- 2 sachets de sucre vanillé
- 4 cc de semoule (30 g)
- 2 cc de margarine à 60 %
- Un gros bouquet de menthe fraîche

Préchauffer le four Th. 5 (180 °C). Trancher et peler l'ananas. Le couper en tranches (enlever le cœur) puis en petits dés. Les mettre à égoutter dans une passoire.

Décongeler les framboises 2 minutes au four à micro-ondes (position décongélation). Les mixer avec le jus de citron et l'édulcorant. Tamiser le coulis obtenu au chinois. Humidifier les feuilles de riz une à une dans une assiette contenant un peu d'eau. Les étaler séparément sur un linge, puis les éponger.

Étaler une portion de dés d'ananas sur le bord de chaque feuille. Saupoudrer de sucre vanillé puis de semoule. Relier les bords et refermer en rouleau. Faire chauffer la margarine dans une poêle anti-adhésive. Y faire dorer les rouleaux de toutes parts pendant 2 minutes, puis les disposer sur une grille et enfourner pour 6 minutes.

Disposer les croustillants chauds ou tièdes sur des assiettes de service. Accompagner d'une portion de coulis de framboises bien froid et d'un petit tas de menthe fraîche.

Un ananas bien mûr doit être parfumé, d'une belle couleur dorée, lourd en main, avec un plumet bien vert : si on tire légèrement sur une feuille, elle doit se détacher facilement.

CROUSTILLANTS D'ANANAS

SOUFFLÉ LÉGER AU CAFÉ

2 unités POINTS® par personne

DESSERT • PRÉPARATION : 15 MN • CUISSON : 10 MN

6 personnes

- 2 cc de café décaféiné
- 2 cc d'eau
- 6 morceaux de sucre
- 3 jaunes d'œufs
- 5 blancs d'œufs
- 2 cc de beurre
- 1 cc de farine
- 2 cc de chocolat noir à pâtisser (15 g)

Préchauffer le four Th. 7 (220 °C).

Dans une casserole, faire chauffer le café, l'eau et le sucre jusqu'à ébullition. Mélanger, puis laisser refroidir.

Verser la préparation au café dans un saladier. Ajouter les jaunes d'œufs.

Monter les blancs en neige. Les incorporer délicatement à la préparation au café.

Beurrer un moule à café et le fariner pour que le soufflé monte bien. Verser la préparation dans le moule et faire cuire 8 à 10 minutes.

Servir chaud, décoré de copeaux de chocolat noir prélevés au couteau.

TARTE FINE AUX FRUITS EXOTIQUES

3 unités POINTS® par personne

DESSERT • PRÉPARATION : 40 MN • CUISSON : 20 MN

4 personnes

- 4 CS de farine (80 g)
- 1 pincée de levure chimique
- 2 petits-suisses à 0 %
- 4 cc de beurre allégé à 40 %
- 1 cc de rhum de cuisine
- 150 g d'ananas frais
- 200 g de mangue
- 1 kiwi
- 1 banane
- 1 citron
- 1 sachet de nappage pour tarte
- 2 CS d'édulcorant
- Sel

Préchauffer le four Th. 6 (200 °C). Verser la farine dans un saladier. Ajouter la levure, une pincée de sel, les petits-suisses, le beurre mou et le rhum. Travailler la pâte rapidement du bout des doigts et former une boule. Réserver au frais pendant le découpage des fruits.

Éplucher tous les fruits. Couper l'ananas en fines tranches, la mangue en petits dés, le kiwi et la banane en rondelles. Arroser de quelques gouttes de jus de citron, placer les fruits dans une passoire.

Étaler finement la pâte, en garnir un petit moule de 22 centimètres de diamètre. Piquer la pâte avec une fourchette. Couvrir de haricots secs et faire cuire à blanc pendant 20 minutes. Ôter les haricots et disposer la pâte cuite sur le plat de service. Répartir les fruits en jouant sur les différentes couleurs. Préparer le nappage, ajouter l'édulcorant et l'étaler sur les fruits. Servir à température ambiante.

GELÉE DE FRUITS DORÉS

DESSERT • PRÉPARATION : 15 MN • CUISSON : 10 MN • RÉFRIGÉRATION : 4 H

3 unités POINTS

par personne

Peler la mangue et les bananes, les couper en cubes, tout comme les tranches d'ananas. Arroser de citron pour éviter que les bananes noircissent.

Presser l'orange et réserver le jus.

Ramollir les feuilles de gélatine dans de l'eau froide. Égoutter et réserver.

Dans une petite casserole, porter à ébullition 25 centilitres d'eau avec le sucre. Ajouter la gélatine et la faire dissoudre, puis le jus d'orange. Mélanger et laisser refroidir.

Dans un moule à cake, verser la moitié du liquide obtenu et faire prendre 10 minutes au réfrigérateur.

Couvrir de fruits et verser la gelée restante. Garder au moins 4 heures au réfrigérateur ou mieux, toute une nuit.

4 personnes

- 1 mangue
- 3 bananes
- 3 tranches d'ananas
- 1/2 citron
- 1 orange à jus
- 2 feuilles de gélatine
- 25 cl d'eau
- 4 CS de sucre

OMELETTE AUX POMMES

DESSERT • PRÉPARATION : 10 MN • CUISSON : 15 MN

5 unités POINTS

par personne

Préchauffer le four Th. 6 (200 °C).

Casser les œufs et séparer les blancs des jaunes.

Battre les jaunes d'œufs avec le lait. Ajouter le jus de citron, la farine en mélangeant bien pour ne pas faire de grumeaux et le sucre.

Battre les blancs en neige ferme. Les ajouter à la préparation.

Éplucher les pommes et les couper en lamelles.

Beurrer un moule. Ajouter la préparation. Décorer sur le dessus avec les lamelles de pomme et saupoudrer de cannelle.

Faire cuire au four pendant 15 à 20 minutes. Servir chaud.

4 personnes

- 200 g de pommes (environ 2 pommes)
- 6 œufs
- 15 cl de lait écrémé
- 1 CS de jus de citron
- 1 cc de beurre
- 1 CS de farine
- 1 CS de sucre en poudre
- 1 cc de cannelle en poudre

GÂTEAU AUX DEUX POMMES

DESSERT • PRÉPARATION : 25 MN • CUISSON : 25 MN

4 personnes

- 1 pomme type melrose
- 1 pomme type reinette du Canada
- 1/2 citron
- 2 CS de farine
- 1 sachet de levure chimique
- 200 g de fromage blanc à 0 %
- 4 cc de beurre allégé
- 2 sachets de sucre vanillé
- 1 œuf
- 1 CS de rhum
- 1 pincée de cannelle
- Édulcorant en poudre (facultatif)
- Sel

Préchauffer le four Th. 5 (180 °C). Éplucher les pommes, ôter le centre et les couper en dés. Presser le citron, verser le jus sur les pommes.

Mélanger la farine et la levure, le fromage blanc, le beurre fondu, le sucre, le rhum et l'œuf. Ajouter une pincée de sel. Travailler à la spatule pour obtenir une pâte homogène. Ajouter les dés de pomme citronnés.

Verser le mélange dans un moule à manqué de 20 centimètres de diamètre, antiadhésif. Saupoudrer de cannelle et faire cuire au four pendant 25 minutes. Servir tiède, décoré d'un voile d'édulcorant (démoulé ou non).

MOUSSE AUX ORANGES SANGUINES

DESSERT • PRÉPARATION : 30 MN • CUISSON : 1 MN • RÉFRIGÉRATION : 1 H

4 personnes

- 4 oranges sanguines
- 2 œufs
- 1 CS de Maïzena
- 1 sachet de sucre vanillé
- 1 cc de beurre allégé
- Édulcorant
- 20 g d'orangettes (zestes d'orange couverts de chocolat noir)
- Sel

Laver 1 orange sous l'eau chaude. Râper le zeste pour en obtenir environ une cuillerée à café. Presser les 4 oranges. Verser dans le verre mesureur et ajouter de l'eau pour obtenir 20 centilitres. Séparer les jaunes d'œufs des blancs.

Ajouter dans le jus la Maïzena, le sucre vanillé, le zeste et les jaunes d'œufs. Mélanger et porter à ébullition en remuant à l'aide d'un fouet à main. Faire bouillir 1 minute. Ajouter hors du feu le beurre allégé et une cuillerée à soupe d'édulcorant. Laisser tiédir.

Monter les blancs d'œufs, additionnés d'une pincée de sel, en neige très ferme. Incorporer délicatement les blancs dans la crème à l'orange, et verser dans quatre ramequins individuels. Couvrir de film étirable et placer au frais pendant au moins 1 heure avant de consommer. Décorer avec les orangettes.

MOUSSE AUX ORANGES SANGUINES

AUTHENTIQUE LINZERTORTE

DESSERT • PRÉPARATION : 20 MN • REPOS : 1 H • CUISSON : 30 MN

8 personnes

- 2 œufs durs
- 100 g de margarine pour cuisson à 60 %
- 1 CS d'huile de pépins de raisin
- 50 g d'amandes en poudre
- 50 g de sucre semoule
- 1 cc de cannelle
- 200 g de farine
- 1/2 sachet de levure chimique
- 1 pot de confiture de framboises allégée en sucre (310 g)
- 1 pincée de sel

Écraser le jaune des œufs durs. Mélanger la farine et la levure. Dans un saladier, travailler à la cuillère en bois, le beurre (ou la margarine) ramolli (mais pas fondu), coupé en petits morceaux, la cuillerée à soupe d'huile, le sucre. Quand le mélange est homogène, verser la poudre d'amandes, le sel, la cannelle puis le mélange farine-levure.

Mêler les ingrédients du bout des doigts, sans trop travailler la pâte. Former une boule. Laisser reposer 1 heure.

Après ce temps, préchauffer le four Th. 5 (180 °C), poser la boule de pâte sur une surface farinée pour l'étaler au rouleau à 2 ou 3 centimètres d'épaisseur. Cette épaisseur est nécessaire pour poser cette pâte fragile dans un moule de 24 centimètres de diamètre, à fond mobile. Couper la pâte au bord du moule. Avec les chutes de pâte former une boule et l'abaisser pour former des lanières.

Couvrir le fond de pâte de confiture de framboises. Avec les lanières, former des croisillons. Mettre au four pour 30 minutes. Déguster tiède ou froid.

ŒUFS À LA NEIGE AU CHOCOLAT

DESSERT • PRÉPARATION : 20 MN • CUISSON : 6 MN

4 personnes

- 40 cl de lait écrémé
- 2 CS de Maïzena
- 2 blancs d'œufs
- 1 sachet de sucre vanillé
- 4 cc de cacao non sucré
- Édulcorant en poudre
- 15 g de copeaux de chocolat

Verser le lait dans une casserole. Ajouter la Maïzena, le sucre, et le cacao. Mélanger à l'aide d'un fouet et porter à ébullition en remuant sans arrêt. Laisser bouillir 1 minute. Ajouter l'édulcorant (2 cuillerées à soupe environ) et verser dans 4 coupes assez larges. Couvrir à l'aide d'un film étirable et placer au réfrigérateur.

Battre les blancs d'œufs en neige très ferme, additionnés d'une pincée de sel. Porter 1 litre d'eau à ébullition. Cuire les blancs 2 minutes, dans l'eau frémissante, en les déposant délicatement à l'aide de 2 cuillères (former 8 petites îles). Dès qu'ils sont cuits, les déposer sur du papier absorbant.

Les disposer sur la crème froide, dans chaque coupe. Garder au frais jusqu'au moment de servir. Décorer avec les copeaux de chocolat.

ŒUFS À LA NEIGE AU CHOCOLAT

POMMES PANÉES
À LA BOHÉMIENNE DE FRUITS

DESSERT • PRÉPARATION : 15 MN • CUISSON : 20 MN

4 personnes

- 5 pommes golden
- 2 CS de raisins de Smyrne (blonds)
- 3 tranches de pain d'épice
- 25 g de beurre
- 2 cc d'huile
- 1 poire
- 1 pamplemousse
- 1 coing

Faire gonfler les raisins dans de l'eau chaude. Griller les tranches de pain d'épice au grille-pain. Quand elles sont froides, en faire une chapelure.

Éplucher et épépiner les pommes, la poire et le coing. Peler le pamplemousse, avec un couteau bien aiguisé prélever la pulpe des quartiers.

Couper 4 pommes en quartiers. Dans une sauteuse antiadhésive, faire sauter les quartiers de pomme dans la moitié de l'huile et la moitié du beurre chauds 3 minutes. Poudrer de chapelure de pain d'épice. Cuire encore à feu moyen 3 minutes. Réserver sur un papier absorbant.

Couper les fruits restant en morceaux moyens. Dans la sauteuse, les faire revenir 10 minutes dans le reste du beurre et de l'huile chauds en commençant par le coing, puis la pomme, puis la poire et enfin les quartiers de pamplemousse coupés en 2. À la fin de la cuisson, ajouter les raisins. Laisser refroidir.

Disposer les pommes panées sur un plat, la bohémienne de fruits autour. Servir tiède.

Les saisons de la minceur

CRUDITÉS EN BARQUETTES D'ENDIVES

ENTRÉE • PRÉPARATION : 20 MN • RÉFRIGÉRATION : 30 MN

2,5 unités **POINTS**

par personne

Effeuiller les endives, les rincer et les essorer. Réserver 12 grandes feuilles (conserver les autres dans une boîte hermétique au réfrigérateur, pour un usage ultérieur). Les étaler sur un plan de travail.

Fouetter le fromage frais avec le petit-suisse, l'échalote, la ciboulette, le sel et le poivre. Étaler la préparation sur les feuilles d'endive.

Peler et rincer la carotte et le radis noir, les râper séparément avec une grosse grille.

Rincer et détailler le chou rouge en fines lamelles. Mettre les légumes dans 3 bols différents.

Enlever la membrane des quartiers d'orange, les couper en dés et les incorporer aux carottes avec les pistaches concassées. Peler et détailler la tomate en dés, les ajouter dans le radis noir. Râper les brocolis au-dessus du chou rouge.

Dans chaque bol, ajouter une cuillerée à café d'huile de noix et une cuillerée à café de jus de citron, saler, poivrer et mélanger délicatement.

Répartir les préparations en monticule dans les feuilles d'endive : réaliser 4 barquettes avec chaque préparation.

Couper les tranches de jambon en fines lanières et les répartir harmonieusement sur les barquettes (jambon de volaille avec la carotte et le chou rouge, jambon cru avec le radis).

Sur chaque assiette de service, disposer une barquette de chaque crudité. Décorer avec des feuilles de persil plat. Servir bien frais.

4 personnes

- 2 endives
- 100 g de fromage frais à 0 %
- 1 petit-suisse à 0 %
- 1 CS d'échalote hachée
- 1 CS de ciboulette ciselée
- 1 carotte
- 1 tronçon de radis noir (100 g)
- 1 quartier de chou rouge
- 4 quartiers d'orange
- 8 pistaches
- 1 tomate cocktail
- 1 bouquet de brocolis
- 3 cc d'huile de noix
- 3 cc de jus de citron
- 1 fine tranche de jambon cru de montagne (20 g)
- 1 tranche de jambon de volaille (30 g)
- 1 gros bouquet de persil plat
- Sel, poivre du moulin

LES SAISONS
DE LA MINCEUR

PRINTEMPS

« D'avril, les ondées
font les fleurs de mai »

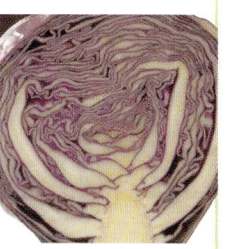

• FRUITS ET LÉGUMES

Avec le printemps, les végétaux sortent de terre et nous amènent des légumes nouveaux et tendres. Sachez en profiter au maximum.

DEUX BONNES RAISONS : les fruits et légumes de saison sont souvent meilleur marché et, en plus, ils vont vous apporter les vitamines et minéraux dont votre corps a besoin pour se revitaliser après les longs mois d'hiver. Il est recommandé de consommer au moins 500 grammes de fruits et légumes par jour (par exemple : deux fruits, une tomate moyenne, une portion de salade, une portion de haricots verts).

• Côté fruits apparaissent les fraises, fruit magique en matière de régime car il est peu calorique, riche en vitamine C avec un taux de calcium et de potassium supérieur à la moyenne. C'est un fruit qui se prête à toutes les gourmandises : légère avec un peu de sucre ou d'aspartame, plus consistante mélangée avec du fromage blanc ou très gourmande en tarte ou fraisier ; les cerises suivront, symbole des jours ensoleillés, mais ce fruit délicieux est souvent synonyme de piège, car il se « grignote » facilement et il a quand même un petit défaut : son taux de sucre qui en fait un fruit relativement calorique, donc à déguster avec modération. Ces petites boules rouges sont néanmoins de bons fournisseurs de vitamines et minéraux.

• Côté légumes, profitez des asperges, carottes, céleri, chou, fenouil, laitue, à consommer crus ou cuits ; sans oublier tous les fruits et légumes venus d'ailleurs pour lesquels c'est la pleine saison dans leurs pays d'origine.

Les saisons de la minceur

UNE JOURNÉE VITAMINÉE

20 unités POINTS®

par jour

Petit déjeuner

4,5 unités POINTS®

- 1/2 pamplemousse
- 50 g de pain viennois
- 2 cc de confiture
- 1 yaourt nature ou aux fruits à 0 %
- Thé ou café

Déjeuner

6 unités POINTS®

- Salade composée (salade + concombre + betterave)
- Vinaigrette avec 2 cc d'huile
- 1 blanc de poulet au safran (cuit au four)
- Tomates poêlées persillées
- 4 CS de riz complet
- 1 orange à la cannelle (couper l'orange en fines lamelles, parsemer de cannelle, déguster très frais)

Collation

2 unités POINTS®

- 2 tranches de pain d'épice
- 1 poire

Dîner

7,5 unités POINTS®

- 1 tournedos dans le filet de bœuf (120 g) grillé
  + 2 cc de crème fraîche à 8 %
- Haricots verts + ail et persil + 1 cc de matière grasse
- 50 g de pain
- 30 g de camembert allégé

Une semaine de menus
Saison : Printemps

20 unités POINTS®
par jour

LUNDI

Petit déjeuner
3,5 unités POINTS®

- 2 barquettes de fromage blanc à 0 % + 1 poire en morceau
- 2 tranches de pain d'épice
- Thé ou café

Déjeuner
7 unités POINTS®

- Asperges vertes + 2 cc de vinaigrette allégée
- 1 petit maquereau (100 g) en papillote aux fines herbes (persil, cerfeuil, estragon) sur un lit de julienne de légumes + 1 cc d'huile
- 1 riz au lait

Collation
1,5 unités POINTS®

- 1 barquette de fromage blanc à 0 % + 1 orange en quartier + 2 boudoirs

Dîner
8 unités POINTS®

- 1 œuf dur farci à l'oseille fondu dans 1 cc de margarine à 40 %
- 3 CS de sauce béchamel
- Taboulé (4 CS de semoule cuite, radis, oignons, tomates, menthe) + 2 cc de vinaigrette allégée
- 1 pomme au four + 1 cc de miel

MARDI

Petit déjeuner
4,5 unités POINTS®

- 1 petit pain au lait (30 g) + 1 cc de confiture + 1 yaourt nature
- 1/2 pamplemousse
- Thé ou café

Déjeuner
7 unités POINTS®

- 1 blanc de dinde (130 g) au citron + 1 cc de beurre
- Tomates provençales (ail, persil, 1 CS de chapelure)
- 1 part de pomme de terre boulangère (100 g)
- 3 CS de fromage blanc à 0 %
- 1/4 ananas

Collation
2 unités POINTS®

- 1 petite crêpe (30 g) + 2 carrés de chocolat noir fondu (10 g)

Dîner
6,5 unités POINTS®

- 1 assiette de velouté à la tomate + persil et menthe ciselée + 1 CS de crème fraîche 15 %
- 4 CS de pâtes + 1 cc de sauce basilic à l'huile (pistou) + 2 cc de parmesan
- 2 tranches de jambon de volaille
- 1 papillote de banane (3 cl de rhum, 1 CS de jus d'orange, 1 pincée de gingembre)

MERCREDI

Petit déjeuner
3 unités POINTS®

- 3 biscottes + 2 petits St Môret léger + 1 orange
- Thé ou café

Déjeuner
7,5 unités POINTS®

- 1 part de lapin grillé (150 g)
- Chou-fleur avec 3 CS de béchamel
- 4 CS de riz
- 1 boule de sorbet abricot

Collation
2 unités POINTS®

- 1 CS de flocon d'avoine (15 g) + 1 yaourt à 0 % à la noix de coco
- 1 poire

Dîner
7,5 unités POINTS®

- Salade de chèvre chaud (1 cc d'huile, 30 g de chèvre frais + 25 g de pain)
- Tomates farcies avec 1 steak haché 5 %, herbes, oignon et 2 CS de riz
- 1 pomme saupoudrée de cannelle avec un biscuit à la cuiller

JEUDI

Petit déjeuner 3,5 unités POINTS
- 1/5 de baguette (50 g)
  + 1 cc de confiture
- 1 yaourt nature
- 1/2 pamplemousse
- Thé ou café

Déjeuner 6,5 unités POINTS
- Carottes râpées
  + 1 cc de vinaigrette allégée
- 1 sole grillée + 1 cc de beurre
  + citron
- 4 CS de pâtes + 2 CS
  de crème fraîche à 8 %
- Salade de fruits frais (fraises,
  kiwis) + 1 CS de chantilly

Collation 2 unités POINTS
- 3 biscuits à la cuiller
- 1 barquette de fromage blanc
  à 0 %

Dîner 8 unités POINTS
- Fèves fraîches crues (100 g)
  + 2 cc de vinaigrette allégée
- 1 croque-monsieur :
  2 petites tranches de pain de
  mie, 1 tranche de jambon blanc
  dégraissé, 3 CS de béchamel,
  15 g de gruyère râpé
- 1 poire gratinée au four
  + 1 cc de miel et du gingembre

VENDREDI

Petit déjeuner 4 unités POINTS
- 1 verre de jus de fruit (20 cl)
  + 2 toasts briochés (25 g)
  + 1 petit-suisse à 0 %
- Thé ou café

Déjeuner 6 unités POINTS
- Céleri rémoulade avec
  1 cc de mayonnaise
- Dorade (140 g) cuisinée
  avec des oignons, citron vert,
  coriandre.
- 200 g d'épinards à la crème
  légère à 8 % (2 CS)
- 1 gâteau de semoule
- 1 banane

Collation 2 unités POINTS
- 1 crêpe + 1 cc de sucre
- 1 yaourt à 0 % à la vanille

Dîner 8 unités POINTS
- Gambas (120 g décortiquées)
  revenues dans de l'échalote
  + 2 cc de margarine allégée
  + persil haché, sel, poivre
- 4 CS de riz nature + 2 CS
  de crème fraîche à 15 %
- 1 poire recouverte
  de 2 carrés de chocolat fondus

SAMEDI

Petit déjeuner 4 unités POINTS
- 9 CS de corn flakes
- 1 bol de lait écrémé
- 1/2 pamplemousse
  + 1 cc de sucre
- Thé ou café

Déjeuner 6 unités POINTS
- Taboulé (4 CS de semoule,
  poivron, tomate, menthe ciselée,
  échalote)
  + 2 cc de vinaigrette allégée
- 1 saucisse de Strasbourg
- Navets vapeur + 2 CS
  de crème légère à 8 %
- 1 pomme

Collation 1,5 unités POINTS
- 1 barre de céréales aux fruits

Dîner 8,5 unités POINTS
- 2 tranches de truite fumée (60 g)
- Haricots verts surgelés avec ail,
  basilic et 1 cc d'huile d'olive
- 50 g de pain
- 1/8 de camembert
- 1 compote sans sucre

DIMANCHE

Petit déjeuner 4 unités POINTS
- 2 tranches de pain grillé
  + 2 cc de margarine allégée
- 1 orange pressée
- 1 yaourt nature
- Thé ou café

Déjeuner 6 unités POINTS
- 2 tomates farcies :
  4 CS de riz
  + 1 boîte de thon au naturel
  + 2 cc de mayonnaise allégée

- Salade de mesclun
  + 2 cc de vinaigrette allégée
- Salade de fruits frais (100 g)
  (pomme, poire)

Collation 2 unités POINTS
- 1 riz au lait

Dîner 8 unités POINTS
- Concombre (sauce au yaourt,
  moutarde, ciboulette)
- Omelette de jambon à l'oseille
  (1 petit œuf battu, 50 g de dés
  de jambon, oseille cuite,
  ciboulette, sel, poivre)
- Ratatouille + 1 cc d'huile
- 50 g de pain
- 1 part de saint-paulin
- 2 kiwis

UN MENU DE PÂQUES

Tartare de saumon et de concombre

Gigot d'agneau, purée d'ail, asperges vertes à la crème

Petites corbeilles de fruits

2 unités POINTS®
par personne

TARTARE DE SAUMON ET DE CONCOMBRE

ENTRÉE • PRÉPARATION : 40 MN • RÉFRIGÉRATION : 1 H MINIMUM

4 personnes

- 60 g de saumon fumé
- 120 g de filet de truite de mer fraîche
- 1 citron vert
- 1 cc d'aneth haché
- 600 g de concombre
- 2 cc d'huile d'olive
- 2 cc de vinaigre balsamique
- 2 cc de persil haché
- 4 petites tomates
- Sel, poivre

Hacher très finement les poissons (débarrassés de la peau et des arêtes), en conservant une demi-tranche de saumon. Verser dans un bol. Ajouter le jus du citron, l'aneth, du sel et du poivre. Mélanger et couvrir d'un film étirable. Garder au frais.

Éplucher le concombre et le râper très finement à l'aide d'un robot. Saler légèrement et faire égoutter la pulpe obtenue dans une passoire, en pressant avec la main pour extraire le surplus d'eau. Verser dans un bol, ajouter l'huile d'olive, le vinaigre, le persil. Poivrer.

Disposer 4 petits ramequins de 12 centimètres de diamètre sur le plan de travail. Les garnir de film étirable. Couper la demi-tranche de saumon restante en 4 morceaux. Disposer un morceau au fond de chaque ramequin, puis répartir la préparation au poisson, et terminer par le concombre. Tasser et couvrir de film étirable. Placer au frais pendant environ 1 heure.

Pour servir : démouler chaque ramequin sur une assiette de service et entourer des tomates, coupées en minuscules dés.

GIGOT D'AGNEAU, PURÉE D'AIL, ASPERGES VERTES À LA CRÈME

PLAT • PRÉPARATION : 15 MN • CUISSON : 40 MN

4 unités POINTS®

par personne

Éplucher les gousses d'ail. Les disposer dans une petite casserole. Couvrir de vin blanc, ajouter le thym et l'estragon. Saler et poivrer. Couvrir et faire cuire à petit feu pendant 15 minutes. Si besoin, ajouter une ou 2 cuillerées d'eau en cours de cuisson. Quand les gousses sont tendres, ôter le thym et l'estragon. Travailler à la spatule pour obtenir une purée homogène, en y ajoutant le fromage blanc et réserver dans un petit bol.

Cuire les asperges à la vapeur pendant 10 à 15 minutes. Les maintenir au chaud dans le cuit-vapeur. Mélanger la crème et la ciboulette ciselée. Saler et poivrer.

Au moment de servir, cuire les tranches de gigot sur un gril en fonte bien chaud (3 à 5 minutes sur chaque face, selon le degré de cuisson désiré). Saler et poivrer en fin de cuisson. Faire tiédir au four à micro-ondes la purée d'ail et la sauce à la crème.

Montage des assiettes : sur des assiettes chaudes, disposer les tranches de viande, entourer d'un cordon de purée d'ail et garnir avec les asperges. Verser la crème sur la base des asperges et servir rapidement.

4 personnes

- 4 petites tranches de gigot (480 g)
- 1 tête d'ail
- 1 petit verre de vin blanc sec
- 1 brin de thym
- 1 brin d'estragon
- 1 CS de fromage blanc 0 %
- 800 g d'asperges vertes surgelées
- 8 cc de crème allégée à 8 %
- 5 à 10 brins de ciboulette
- Sel, poivre

PETITES CORBEILLES DE FRUITS

4 personnes

- 600 à 800 g
  de petites fraises
  parfumées (type Mara)
- 4 feuilles de brick
- 20 cl de lait écrémé
  + 2 CS
- 1 cc de Maïzena
- 5 gouttes d'extrait
  de vanille liquide
- 1 jaune d'œuf
- Édulcorant en poudre
- 1 brin de menthe
  fraîche
- 1 cc de vermicelles
  en sucre colorés

Préchauffer le four Th. 5 (180 °C). Rincer les fraises très rapidement sous l'eau fraîche. Ôter le pédoncule, et les disposer délicatement sur une assiette. Les garder au frais jusqu'au moment du repas.

Étaler les feuilles de brick sur le plan de travail. Les badigeonner très légèrement de lait, à l'aide d'un pinceau (sans les détremper). Garnir 4 petits plats à gratin avec les feuilles de brick, en roulant les côtés pour réaliser de petites corbeilles. Passer les corbeilles 6 minutes au four, puis les laisser refroidir.

Mélanger le lait, la Maïzena, l'extrait de vanille et le jaune d'œuf dans une petite casserole. Porter à ébullition en remuant et laisser cuire 1 minute. Verser dans un bol, ajouter 3 cuillerées à soupe d'édulcorant et laisser refroidir.

Montage : juste avant de servir, disposer les corbeilles sur les assiettes à dessert. Répartir la crème bien froide et ajouter les fraises. Saupoudrer d'édulcorant, décorer avec la menthe et les vermicelles. Servir aussitôt.

MENU DE PÂQUES

6 unités POINTS®
par personne

SALADE D'ARTICHAUTS ET TOMATES SÉCHÉES

ENTRÉE • PRÉPARATION : 15 MN • CUISSON : 20 MN • RÉFRIGÉRATION : 2 H

4 personnes

- 1 kg de petits artichauts violets
- 150 g de tomates séchées
- 120 g de parmesan
- 2 citrons
- 2 gousses d'ail
- 4 CS d'huile d'olive
- 4 brins de basilic
- Sel, poivre

Faire gonfler les tomates séchées dans un bol d'eau tiède pendant 30 minutes.

Faire cuire les artichauts 20 minutes à l'eau bouillante salée additionnée d'un jus de citron.

Prélever le zeste de l'autre citron. Le faire blanchir 1 minute.

Peler et hacher l'ail. Le mélanger avec l'huile d'olive, le jus du second citron et le zeste blanchi. Assaisonner.

Égoutter les artichauts. Prélever les feuilles extérieures les plus dures. Les couper en 4 en ôtant les parties dures et les disposer dans un plat creux.

Égoutter les tomates et les couper en morceaux. Les disposer sur les artichauts. Ajouter le parmesan découpé en fines lamelles. Arroser avec la sauce. Laisser mariner au réfrigérateur 2 heures en les retournant pour que les légumes s'imprègnent bien.

Servir avec du basilic ciselé et des tranches de pain de campagne grillé.

5,5 unités POINTS®
par personne

SALADE DE POUSSES D'ÉPINARD ET D'AVOCATS

ENTRÉE • PRÉPARATION : 15 MN

4 personnes

- 500 g de petites pousses d'épinard
- 1 avocat
- 8 bâtonnets de surimi (140 g)
- 2 CS d'huile d'olive
- 1 CS de jus de citron
- Sel, poivre

Laver et essorer les pousses d'épinard.

Peler et couper les avocats en dés.

Préparer la vinaigrette.

Mélanger les pousses d'épinard et les avocats. Ajouter le surimi. Verser la vinaigrette et mélanger. Saler et poivrer.

SALADE DE POUSSES D'ÉPINARD ET D'AVOCATS

TARTE AUX NAVETS
ET AU CUMIN

ENTRÉE • PRÉPARATION : 20 MN • CUISSON : 35 MN

4 personnes

- 150 g de pâte brisée
- 8 petits navets
- 1 betterave
- 4 CS de crème fraîche allégée à 15 %
- 1 cc de cumin en poudre
- 1 cc de graines de cumin
- Sel, poivre

Mettre le four à préchauffer Th. 6 (200 °C).

Garnir un moule à tarte avec la pâte. Piquer le fond avec une fourchette. Réserver au frais.

Peler et émincer la betterave.

Faire chauffer de l'eau dans une grande casserole. Y plonger les lanières de betterave, puis les navets. Les faire cuire à couvert pendant 20 minutes environ. Hors du feu, laisser refroidir dans l'eau de cuisson. Émincer les navets en rondelles.

Mélanger la crème et le cumin. Assaisonner.

Étaler la crème sur le fond de tarte. Disposer les rondelles de navets. Saupoudrer de graines de cumin.

Passer au four pendant 15 minutes environ en recouvrant d'une feuille de papier cuisson pour éviter que les navets ne se dessèchent. Servir chaud.

TARTARE DE COURGETTES
AUX TOMATES

ENTRÉE • PRÉPARATION : 15 MN • REPOS : 30 MN

4 personnes

- 4 petites courgettes
- 100 g de tomates séchées
- 1 CS de jus de citron
- 1 gousse d'ail
- 1 pincée de paprika
- 1 pincée de piment d'Espelette
- Thym
- 4 pitas
- Sel, poivre

Faire gonfler les tomates séchées dans un bol d'eau tiède pendant 30 minutes.

Laver et peler les courgettes. Les couper en petits dés ou les passer au hachoir électrique. Les citronner. Réserver.

Émincer les tomates séchées. Hacher l'ail.

Assaisonner les courgettes avec le paprika, le piment et le hachis d'ail. Ajouter les tomates et bien mélanger. Parfumer de thym, saler et poivrer. Servir sur des pitas.

TARTARE DE COURGETTES AUX TOMATES

PASTILLA DE SAUMON À LA CIBOULETTE

ENTRÉE • PRÉPARATION : 15 MN • CUISSON : 15 MN

4 personnes

- 4 feuilles de brick
- 500 g de saumon frais
- 25 cl de crème fraîche allégée à 5 %
- 1 botte de ciboulette
- 10 g de beurre
- Sel, poivre

Couper dans le saumon des cubes de 3 x 3 centimètres.

Couper la ciboulette dans la crème allégée en gardant 4 brins. Faire fondre le beurre.

Préchauffer le four Th. 5 (180 °C).

Poser 2 feuilles de brick sur le fond d'une tourtière de 22 centimètres de diamètre. Répartir les cubes de saumon, verser une cuillerée à soupe de crème à la ciboulette dessus. Saler et poivrer.

Faire fondre le beurre. Il ne doit pas roussir.

Fermer la pastilla en posant une feuille de brick sur le poisson. Puis une seconde feuille froissée. Avec un pinceau, badigeonner de beurre fondu. Mettre au four pour 15 minutes.

PIZZA DE POISSON À LA MEXICAINE

ENTRÉE • PRÉPARATION : 20 MN • CUISSON : 42 MN

4 personnes

- 1 pâte à pizza prête à l'emploi (200 g)
- 400 g de filets de dorade
- 2 tomates
- 1 poivron vert,
- 1 poivron rouge
- 1 gros oignon
- 10 gouttes de Tabasco

Préchauffer le four Th. 5 (180 °C). Cuire la pâte à pizza 12 minutes.

Émincer l'oignon et les poivrons. Les faire revenir ensemble. Quand l'oignon est translucide ajouter les tomates pelées et épépinées. Saler et poivrer. Laisser cuire encore 10 minutes.

Dans une marmite à vapeur, faire raidir les filets de dorade 10 minutes.

Étaler les légumes sur la pâte à pizza mi-cuite. Poser les filets de dorade en étoile. Répartir le Tabasco.

Remettre au four 10 minutes. Couvrir avec un papier sulfurisé. Après 5 minutes, retirer le papier, laisser dorer les poissons.

Déguster la pizza chaude accompagnée d'une salade.

PIZZA DE POISSON À LA MEXICAINE

BAYADÈRE DE LÉGUMES

ENTRÉE • PRÉPARATION : 25 MN • REPOS : 1 H

6 personnes

- 1 boîte de miettes de crabe de 225 g
- 2 avocats
- Le jus d'1/2 citron
- 1 gousse d'ail
- 1 bouquet de persil plat
- 2 tomates
- 1 cc de sauce soja
- 100 g de fromage frais allégé
- 4 coupes
- 4 brins de thym frais
- Sel, poivre

Peler et épépiner les tomates. Les couper en tout petits morceaux. Les laisser mariner dans un bol avec le soja.

Égoutter le crabe.

Éplucher les avocats. Passer la chair au mixeur avec la gousse d'ail et le jus de citron. Saler et poivrer.

Laver, sécher les feuilles de persil. Gardez-en quelques-unes pour la présentation. Mixer le reste.

Mélanger la tomate marinée à la moitié du fromage frais, mélanger l'autre moitié du fromage au persil mixé.

Dans les coupes, alterner une cuillerée à soupe de miettes de crabe, une cuillerée à soupe de crème de persil, une cuillerée à soupe de miettes de crabe, 2 cuillerées à soupe de purée d'avocats, une cuillerée à soupe de fromage à la tomate, planter une feuille de persil plat. Mettre au frais pour 1 heure.

Servir avec une longue cuillère qu'il faut plonger au fond et remonter pour recueillir toutes les saveurs de la préparation.

SALADE DE PRINTEMPS

ENTRÉE • PRÉPARATION : 25 MN • CUISSON : 3 MN

4 personnes

- 150 g de jeunes pousses d'épinards
- 1 pomme acidulée (granny-smith)
- 1 demi-citron
- 4 tomates « cocktail »
- 80 g de bresaola (ou viande des grisons)
- 4 cc d'huile d'olive
- 4 cc de vinaigre de vin
- 2 cc de moutarde
- 1 gousse d'ail
- 10 g de pignon
- Sel, poivre

Rincer les épinards puis les essorer soigneusement. Les étaler sur le plat de service. Laver la pomme, la couper en bâtonnets, sans l'éplucher. Arroser de jus de citron. Disposer les bâtonnets de pomme sur les épinards. Laver les tomates, les couper en quartiers et les ajouter sur le plat de service.

Couper la bresaola en lamelles, les disposer sur les légumes. Mélanger l'huile, le vinaigre, la moutarde, saler et poivrer. Ajouter l'ail épluché et écrasé.

Au moment de servir, verser la sauce sur le plat. Faire griller 3 minutes, à feu très doux, les pignons et les disposer sur le plat. Servir rapidement.

SALADE DE POMMES DES CHAMPS AU VIN BLANC

ENTRÉE • PRÉPARATION : 25 MN • CUISSON : 22 MN

3,5 unités POINTS

par personne

Cuire les pommes de terre 20 minutes à l'eau bouillante salée. Les égoutter, les éplucher, les couper en rondelles épaisses. Les disposer sur le saladier de service et les arroser de vin blanc. Couvrir et laisser en attente.

Éplucher les oignons et l'ail, les émincer finement. Laver le persil, l'essorer et le hacher. Verser dans un bol : le persil, les oignons, l'ail, le vinaigre, la moutarde et l'huile. Mélanger, saler et poivrer.

Couper le munster en minuscules dés. Faire tiédir les pommes de terre (si besoin) 2 minutes au four à micro-ondes. Verser la sauce et mélanger. Ajouter le cumin, le fromage et servir aussitôt. Déguster tiède.

4 personnes

- 800 g de pommes de terre à chair ferme (ratte)
- 1 petit verre de vin blanc d'Alsace
- 3 petits oignons blancs
- 1 gousse d'ail
- Quelques brins de persil plat
- 1 cc de vinaigre de vin
- 2 cc de moutarde forte
- 4 cc d'huile de colza
- 30 g de munster fermier pas trop fait
- 1 pincée de cumin
- Sel, poivre

AUMÔNIÈRES À LA RICOTTA ET À LA TOMATE

ENTRÉE • PRÉPARATION : 40 MN • CUISSON : 10 MN

3 unités POINTS

par personne

Préchauffer le four Th. 6 (200 °C)

Mélanger dans un bol, la ricotta, le parmesan, le basilic ciselé et l'ail épluché et émincé. Couper les tomates en petits dés. Les presser entre les mains pour en extraire le jus. Les ajouter à la préparation au fromage. Saler et poivrer.

Étaler les feuilles de brick sur le plan de travail, répartir la préparation au fromage au centre, puis replier les feuilles en forme d'aumônière en les maintenant avec de la ficelle de cuisine. Les disposer dans un moule ou sur une plaque et les passer 10 minutes au four.

Pendant ce temps, laver la salade et l'essorer. La répartir sur 4 assiettes de service. Saler et poivrer, arroser d'un filet d'olive. Disposer les aumônières chaudes sur les assiettes et déguster.

4 personnes

- 120 g de ricotta
- 4 cc de parmesan
- 8 feuilles de basilic
- 1 gousse d'ail
- 8 tomates cerises
- 4 feuilles de brick
- 150 g de mesclun
- 4 cc d'huile d'olive
- Sel, poivre

POTAGE AUX HERBES FRAÎCHES

ENTRÉE • PRÉPARATION : 20 MN • CUISSON : 35 MN

4 personnes

- 1 petite botte de cerfeuil
- 1 petite botte de ciboulette
- 1/2 botte de cresson
- 3 feuilles de blettes
- 2 belles pommes de terre
- 1 échalote
- 1 tablette de bouillon de volaille
- 4 portions de fromage frais allégé (70 g)
- Sel, poivre

Laver les herbes puis les essorer. Les émincer en ôtant, si besoin, les tiges trop dures. Éplucher les pommes de terre, les passer sous l'eau et les couper en cubes. Éplucher l'échalote et la couper en 4.

Porter à ébullition 1 litre d'eau, assaisonné de la tablette de bouillon et de poivre noir. Ajouter tous les légumes et cuire 35 minutes à feu moyen, couvert (ou 10 minutes en autocuiseur).

Ajouter le fromage, rectifier l'assaisonnement et mixer. Servir chaud.

TARTE DE CAROTTES À L'ORANGE CONFITE

ENTRÉE • PRÉPARATION : 40 MN • CUISSON : 35 MN

6 personnes

- 1 pâte brisée non sucrée légère prête à dérouler (180 g)
- 700 g de carottes
- 2 oranges
- 3 CS de crème fraîche allégée à 15 %
- 1 œuf
- 1 cm de gingembre frais
- 2 CS d'édulcorant en poudre
- 2 CS de vin doux naturel

Gratter, laver et couper les carottes en rondelles. Les cuire à l'eau 20 minutes et les réduire en purée.

Ajouter à la purée : la crème, l'œuf battu, l'édulcorant. Réserver.

Laver les oranges. Prélever le zeste de l'une avec un couteau économe. Le couper en minces bâtonnets. Couper la pulpe des 2 oranges en petits morceaux en ôtant la peau intérieure et les pépins. Couper le gingembre en 4.

Préchauffer le four Th. 7 (210 °C).

Mettre le vin doux naturel, le zeste et la pulpe d'orange, et le gingembre dans une casserole. Laisser réduire à feu doux. Il ne doit pas rester de vin. À la fin de la cuisson, retirer le gingembre.

Poser la pâte brisée dans un moule de 24 centimètres. Répartir dessus la purée de carotte, mettre au four pour 35 minutes.

Quand la tarte est cuite, répartir dessus l'orange confite. Servir chaude ou tiède.

Les saisons de la minceur

TARTE DE CAROTTES À L'ORANGE CONFITE

5,5 unités **POINTS**

par personne

BLANQUETTE DE LIMANDE AUX LÉGUMES DU PRINTEMPS

PLAT UNIQUE • PRÉPARATION : 35 MN • CUISSON : 30 MN

4 personnes

- 4 filets de limande (de 120 g chacun)
- 2 carottes
- 8 petits navets
- 8 pommes de terre nouvelles
- 1 botte d'oignons grelots
- 2 cc de beurre à 41 %
- 25 cl de vin blanc sec
- 1 sachet de court-bouillon
- 4 cc de farine
- 8 cc de crème fraîche à 15 %
- 1 jaune d'œuf
- Le jus d'un citron
- 1 bouquet de ciboulette

Préparer les légumes : les laver, peler les pommes de terre et les oignons, laisser les carottes et les navets entiers. Les faire cuire à l'eau bouillante salée : 15 minutes pour les navets et pommes de terre, 10 minutes pour les carottes et 5 minutes pour les oignons. Égoutter.

Faire revenir les oignons dans une sauteuse, puis ajouter les autres légumes et laisser étuver à feu doux.

Dans le même temps, rouler les filets de limande et les maintenir avec des piques en bois.

Faire bouillir le court-bouillon avec 50 centilitres d'eau et le vin. Y plonger les filets de limande pendant 5 minutes. Égoutter. Filtrer le bouillon et réserver.

Prélever une louche de bouillon et diluer la farine. Verser dans la sauteuse et faire épaissir à petits bouillons. Assaisonner. Ajouter les filets de poisson et les légumes. Réchauffer 3 minutes.

Dans un bol, battre la crème avec le jaune d'œuf et le jus de citron. Incorporer ce mélange dans la sauteuse hors du feu. Parsemer de ciboulette ciselée et servir chaud.

5,5 unités **POINTS**

par personne

GÂTEAU D'OLIVES

COLLATION • PRÉPARATION : 10 MN • CUISSON : 25 MN

6 personnes

- 24 olives noires dénoyautées
- 4 œufs
- 160 g de farine
- 4 cc d'huile d'olive
- 60 g d'emmenthal allégé
- Sel, poivre

Préchauffer le four Th. 6 (200 °C).

Couper les olives en rondelles.

Dans un saladier, mélanger bien les œufs, la farine et l'huile d'olive. Quand la pâte est homogène, ajouter le fromage et les olives. Assaisonner selon les goûts.

Verser le mélange dans un moule à cake tapissé de papier sulfurisé. Faire cuire 25 minutes environ, jusqu'à ce que la lame du couteau ressorte intacte.

Servir tiède.

GÂTEAU D'OLIVES

BOULETTES DE BŒUF À LA TUNISIENNE

PLAT • PRÉPARATION : 15 MN • CUISSON : 30 MN

4 personnes

- 500 g de steak haché à 15 %
- 1 bouquet de menthe
- 1 bouquet de coriandre
- 2 CS de concentré de tomates
- 1 oignon
- 1 gousse d'ail
- 20 g de câpres
- 1 CS d'huile d'olive
- Sel, poivre

Laver et ciseler les herbes. Peler et hacher l'ail et l'oignon.

Préparer la viande : incorporer la menthe hachée, la moitié de la coriandre, assaisonner et former des boulettes à la main.

Dans une sauteuse antiadhésive, faire revenir à feu doux l'ail et l'oignon. Ajouter le concentré de tomates avec le reste de la coriandre. Mouiller avec un verre d'eau. Quand la préparation est frémissante, ajouter les boulettes de viande et faire cuire à couvert pendant 30 minutes environ. Ajouter de l'eau si nécessaire.

Servir chaud.

5,5
unités
POINTS ®

par personne

DORADE AU CITRON CONFIT ET SEMOULE À LA CORIANDRE

PLAT • PRÉPARATION : 15 MN • CUISSON : 35 MN

4 personnes

- 1 belle dorade d'1,5 kg (ou 2 de 750 g)
- 400 g de pommes de terre
- 1 bouquet de coriandre
- 1 bouquet de persil plat
- 2 gousses d'ail
- 2 citrons confits
- 1 CS d'huile d'olive
- 8 CS de semoule moyenne
- Sel, poivre

Préchauffer le four Th. 7 (220 °C).

Peler les gousses d'ail. Hacher grossièrement le persil, la coriandre (en garder quelques brins pour la semoule), l'ail et 1/4 d'un citron confit. Ajouter l'huile d'olive. Garnir l'intérieur de la dorade avec le hachis.

Couper les citrons en tranches fines. Inciser la peau de la dorade avec un couteau effilé et y glisser les tranches de citron.

Disposer le poisson dans un plat à four sur des rondelles de pommes de terre (pour éviter qu'il n'accroche). Faire cuire 25 minutes.

Pendant ce temps, préparer la semoule. Porter à ébullition un verre d'eau salée. Hors du feu, ajouter la semoule. Laisser gonfler 5 minutes. Égrener à la fourchette.

Servir la dorade accompagnée de semoule parfumée à la coriandre ciselée.

ROULEAUX DE LAITUE

2 unités POINTS

par personne

ENTRÉE • PRÉPARATION : 15 MN • RÉFRIGÉRATION : 30 MN

Rincer et essorer les feuilles de laitue. Réserver.

Dans un bol, mélanger le yaourt avec le jus de citron, la cibou-le hachée et la menthe ciselée. Saler et poivrer. Réserver au frais.

Rincer le concombre. Prélever 4 longues lanières de peau avec un couteau économe, les recouper en 2 et les réserver. Râper le concombre et le mettre dans une passoire avec une pincée de sel pour que le jus s'égoutte.

Mélanger le concombre râpé, le râpé de la mer et les crevettes avec le fromage frais. Poivrer.

Répartir la préparation au bord des feuilles de salade et refermer en rouleau. Égaliser les bords avec des ciseaux et ligoter avec des lanières de concombre.

Dans chaque assiette de service, disposer un rouleau de laitue et une petite mare de sauce bien fraîche. Décorer avec un bouquet de menthe.

- 4 grandes feuilles de laitue
- 1 yaourt nature à 0 %
- 1 CS de jus de citron
- 1 cc de ciboule hachée
- 1 CS de menthe fraîche ciselée
- 1 petit concombre
- 100 g de râpé de la mer
- 125 g de crevettes décortiquées
- 65 g de fromage frais à 0 %
- 4 bouquets de menthe
- Sel, poivre

CAILLES À LA CITRONNELLE

3,5 unités POINTS

par personne

PLAT • PRÉPARATION : 15 MN • REPOS : 30 MN • CUISSON : 20 MN

Couper les cailles en 2 le long de la colonne vertébrale, puis recouper chaque demi-caille à nouveau en 2 de manière à séparer l'aile et la cuisse. Piquer la peau avec une fourchette. Dans un plat creux, disposer les morceaux de caille côté peau en dessous.

Dans un bol, délayer le miel avec la sauce soja et l'huile. Ajouter les brins de citronnelle coupés en morceaux, le thym, saler et poivrer. Verser ce mélange sur les cailles. Réserver au réfrigérateur pendant 30 minutes.

Égoutter les morceaux de caille. Les faire revenir dans une cocotte avec le beurre, puis poursuivre la cuisson à couvert pendant 10 minutes environ. Retourner les morceaux de manière qu'ils soient uniformément tendres. Réserver au chaud.

Filtrer la marinade. La verser dans la cocotte pour la faire réduire. Au dernier moment, ajouter les morceaux de caille et servir chaud.

4 personnes

- 4 cailles (de 160 g chacune)
- 4 brins de citronnelle (épiceries asiatiques)
- 1 CS de miel
- 3 CS de sauce soja
- 1 CS d'huile d'olive
- 4 brins de thym
- 1 CS de beurre
- Sel, poivre

GAMBAS À LA VAPEUR
ET MARMELADE DE COURGETTES

PLAT • PRÉPARATION : 15 MN • CUISSON : 15 MN

4 personnes

- 16 gambas (1 kg)
- 1 kg de petites courgettes
- 1 oignon
- 1 gousse d'ail
- 6 brins d'aneth
- 6 brins de coriandre
- 2 CS d'huile d'olive
- Sel, poivre

Laver les courgettes et les couper en fines rondelles. Éplucher et hacher l'ail et l'oignon.

Dans une poêle antiadhésive, faire revenir dans l'huile d'olive les rondelles de courgettes avec l'ail et l'oignon hachés pendant 10 minutes environ. Saler et poivrer. Quand elles sont cuites, les réduire en purée au mixeur. Parsemer de coriandre ciselée. Réserver.

Pendant ce temps, retirer la tête des gambas et décortiquer les queues. Les faire cuire dans la partie perforée d'une marmite à vapeur pendant 5 minutes avec les brins d'aneth.

Servir les gambas accompagnées de leur marmelade de courgettes.

4,5 unités POINTS®

par personne

TARAMA LÉGER

COLLATION • PRÉPARATION : 10 MN • RÉFRIGÉRATION : 1 H

6 personnes

- 100 g d'œufs de poisson (cabillaud)
- 100 g de fromage blanc à 0 %
- Le jus d'1/2 citron
- 3 pincées de paprika
- 1 paquet de pain de seigle germé
- 100 g de saumon fumé
- 100 g de flétan fumé
- 1 petit concombre
- 1 bouquet d'aneth
- Fleur de sel, poivre du moulin

Retirer la pellicule qui entoure la poche d'œufs de cabillaud.

Égoutter le fromage blanc. Saler légèrement à la fleur de sel. Poivrer d'un tour de moulin, poudrer de paprika.

Mélanger à la fourchette le fromage blanc et les œufs. Mouiller avec le jus du demi-citron. Mettre au réfrigérateur pour 1 heure.

Laver et essorer l'aneth. Rincer et sécher le concombre. Il est inutile de l'éplucher. Le couper en tranches très fines. Couper les tranches de saumon de flétan en lanières de 3 centimètres de large.

Tartiner les tranches de pain de seigle de tarama. Répartir dessus les lanières de saumon ou de flétan, poser les fines tranches de concombre en écaille et, pour décorer, quelques brins d'aneth.

TARAMA LÉGER

6 unités POINTS®

par personne

PETITES AUMÔNIÈRES D'AGNEAU

4 personnes

- 4 feuilles de brick
- 500 g d'épaule d'agneau
- 1 oignon
- 2 gousses d'ail nouveau
- 1 bouquet de fines herbes
- 4 feuilles de menthe fraîche
- 1 pincée de quatre-épices
- 3 CS de crème fraîche allégée épaisse à 15 %
- 10 g de beurre
- Sel, poivre

Préchauffer le four Th. 7 (220 °C).

Hacher l'agneau au couteau. Le hachis ne doit pas être trop fin.

Hacher l'oignon et l'ail, ciseler la menthe et la ciboulette en gardant 8 brins. Les intégrer à la crème fraîche, parsemer d'une pincée de quatre-épices. Saler et poivrer.

Mélanger avec l'agneau haché. Au milieu de chaque feuille de brick poser 1/4 du mélange. Fermer par une double lanière de ciboulette.

Badigeonner les aumônières de beurre fondu à l'aide d'un pinceau. Enfourner pour 10 minutes.

1,5 unité POINTS®

par personne

PANZANELLA

4 personnes

- 2 tranches de pain de campagne (50 g)
- 6 tomates olivettes
- 1 branche de céleri
- 1/2 concombre
- 1 oignon rouge
- 1 cc d'ail haché
- 2 CS de câpres
- 4 cc d'huile d'olive
- 1 cc de vinaigre de vin rouge
- 1 CS de basilic ciselé
- Sel, poivre

Toaster les tranches de pain 2 minutes au grille-pain pour les faire durcir. Les casser en petits morceaux. Verser dans un saladier.

Rincer les tomates, les couper en quartiers et les mettre dans le saladier avec leur jus. Saler et poivrer.

Rincer et effiler le céleri. Le détailler en petits dés, ciseler finement quelques feuilles. Rincer et peler le concombre, le détailler en petits cubes. Émincer l'oignon en fines rondelles. Ajouter les légumes dans le saladier avec l'ail et les câpres.

Asperger d'huile d'olive et de vinaigre, parsemer de basilic. Remuer le tout délicatement. Réserver au frais 15 minutes avant de servir.

PANZANELLA

COQUES DE FENOUILS AU CRABE

ENTRÉE • PRÉPARATION : 20 MN • CUISSON : 20 MN • RÉFRIGÉRATION : 2 H

4 personnes

- 3 litres
  de court-bouillon
- 1 tourteau vivant
  d'environ 600 g
  (240 g de chair)
- 4 petits fenouils
  bien bombés
- 8 brins de ciboulette
  assez longs
- 4 feuilles de laitue

SAUCE

- 4 petits-suisses à 0 %
- 2 cc d'huile d'olive
- 2 cc de moutarde
  à l'ancienne
- 2 cc de curry
- Sel, poivre

Dans une grande marmite, porter le court-bouillon à ébullition. Plonger le tourteau vivant et laisser cuire à petit frémissement pendant 15 minutes. Vider l'eau et laisser tiédir.

Couper la base et les tiges des fenouils (réserver quelques feuilles pour la décoration). Les cuire à la vapeur en autocuiseur : compter 5 minutes à partir de la mise en rotation de la soupape.

Couper les fenouils en 2 dans le sens de la longueur. Enlever le cœur et réserver les coques.

Décortiquer le tourteau pour récupérer la chair. L'effilocher et la mélanger avec un peu de cœur de fenouil.

Farcir 4 coques de fenouil de la préparation, les recoiffer et ficeler avec 2 brins de ciboulette préalablement ébouillantés. Réserver au réfrigérateur pour environ 2 heures.

Fouetter les petits-suisses avec l'huile, la moutarde, le curry, saler et poivrer. Filmer et réserver au frais.

Au moment de servir, disposer dans chaque assiette une coque de fenouil sur une feuille de laitue. Accompagner d'une portion de sauce et décorer d'un plumet de fenouil.

> Pour décortiquer le tourteau, casser la languette ventrale, ôter les pinces et les pattes. Soulever et séparer le corps de la carapace, détacher les parties crémeuses à la petite cuillère, retirer les branchies et, avec un couteau, couper le corps en 2 dans le sens de la longueur puis en morceaux, récupérer la chair.

COQUES DE FENOUILS AU CRABE

CROQUEMITOUFLES AU JAMBON

PLAT • PRÉPARATION : 5 MN • CUISSON : 12 MN

4 personnes

- 2 escalopes épaisses de dinde (de 115 g chacune)
- 2 tranches jambon de Paris dégraissé
- 4 tranches de cheddar (40 g)
- 4 feuilles de sauge
- 2 CS d'huile d'olive
- 15 cl de Monbazillac
- Sel, poivre

Couper les escalopes en 2. Les ouvrir avec la pointe d'un couteau pour former une poche. À l'intérieur, glisser le jambon, le fromage et la feuille de sauge.

Dans une poêle antiadhésive, faire chauffer l'huile. Cuire les escalopes à feu moyen 5 minutes de chaque côté. Saler et poivrer.

À la fin de la cuisson, les prélever et les poser sur un plat chaud.

Déglacer au Monbazillac. Laisser chauffer en grattant les sucs de cuisson avec une cuillère en bois. Arroser les croquemitoufles de quelques gouttes de sauce.

CROQUETTES FOURRÉES AUX HERBES

PLAT • PRÉPARATION : 35 MN • CUISSON : 15 MN

4 personnes

- 4 blancs de poulet pochés (320 g)
- 150 g de jambon dégraissé
- 1 jaune d'œuf
- 50 g de pain
- 40 g de matière grasse à cuire à 40 %
- 6 brins de persil plat
- 2 branches d'estragon
- 4 CS de chapelure
- 3 CS d'huile
- 1/2 cc de beurre
- 12 poireaux nantais primeur
- Sel, poivre

Éplucher et laver les poireaux. Ôter la partie verte. Couper des tronçons de 2 centimètres.

Tremper le pain dans de l'eau. Préparer le beurre aux herbes. Hacher les herbes, les intégrer à la margarine à l'aide d'une fourchette, saler et poivrer.

Hacher les viandes au mixeur. Ajouter le pain essoré et le jaune d'œuf. Bien mélanger.

Former des croquettes plates. Poser un morceau de beurre aux herbes au centre. Refermer, passer à la chapelure et faire sauter dans 2 cuillerées à soupe d'huile chaude, 4 minutes de chaque côté.

Dans une sauteuse, faire chauffer l'huile et la noisette de beurre. Braiser à couvert les tronçons de poireaux, à petit feu en remuant de temps en temps. Ajouter une cuillerée à soupe d'eau, si nécessaire, en cours de cuisson.

Après 15 minutes, dresser les croquettes sur un plat chaud, la fondue de poireaux autour.

ASSIETTE DU JARDINIER

ENTRÉE • PRÉPARATION : 20 MN • CUISSON : 28 MN

3 unités POINTS®

par personne

4 personnes

- 12 asperges vertes
- 2 CS de jus de citron
- 8 brins de ciboulette
- 4 bouquets
  de chou romanesco
- 4 gros artichauts
- 1 CS de vinaigre
  blanc d'alcool
- 4 œufs
- 4 cc d'œufs
  de lump rouges
- 4 tomates cerises
- 1 CS de vinaigre
  balsamique
- Sel, poivre

Rincer et couper le bout des asperges. Les lier. Porter une grande quantité d'eau salée à ébullition avec une cuillerée à soupe de jus de citron. Y plonger la botte d'asperges, pointes vers le haut, cuire à petits frémissements pendant 5 minutes. Rafraîchir dans de l'eau glacée, éponger sur un papier absorbant. Enlever la ficelle et réaliser 4 petites bottes liées avec des brins de ciboulette préalablement ébouillantés.

Cuire les bouquets de romanesco pendant 5 minutes. Les rafraîchir dans de l'eau glacée et laisser égoutter sur un papier absorbant.

Rincer les artichauts, couper les feuilles aux trois quarts de leur hauteur et citronner les cœurs. Les faire cuire en autocuiseur, cœur vers le bas, pendant 10 minutes. Enlever le foin, dégager les fonds et laisser tiédir.

Porter une grande quantité d'eau à ébullition avec le vinaigre d'alcool (sans sel). Y casser les œufs un par un et les cuire pendant 2 minutes en rabattant le blanc sur le jaune à l'aide d'une écumoire. Les égoutter sur un papier absorbant, puis les disposer sur les fonds d'artichauts. Parsemer d'œufs de lump.

Sur chaque assiette de service, disposer une petite botte d'asperges, un bouquet de romanesco et un fond d'artichaut recouvert d'un œuf en meurette. Décorer avec les tomates cerises. Verser un trait de vinaigre balsamique sur le bord de l'assiette.

RIZ FROU-FROU

PLAT UNIQUE • PRÉPARATION : 30 MN • CUISSON : 40 MN

11,5 unités POINTS®
par personne

4 personnes

- 700 g de rôti de porc (filet)
- 250 g de riz à cuisson rapide
- 1 poivron vert
- 1 poivron rouge
- 500 g d'ananas en tranches
- 30 g de raisins de Corinthe (noirs)
- 1 cc de Tabasco vert
- 1 CS d'huile
- Sel

Couper le rôti de porc en gros cubes. Dans une cocotte, faire chauffer l'huile et rôtir les cubes de viande. Quand ils sont dorés de tous côtés, les poser sur un papier absorbant.

Dans la même cocotte, verser le riz dans l'huile chaude. Couvrir d'eau, saler. Porter à ébullition, puis cuire à feu doux 10 minutes.

Épépiner les poivrons. Les jeter dans 1 litre d'eau bouillante. Les retirer à la reprise de l'ébullition, les passer sous l'eau courante froide et les couper en lanières puis en confettis. Les intégrer à la préparation. Répartir les raisins de Corinthe.

Couper les tranches d'ananas en morceaux. Les ajouter à la préparation. Bien mélanger.

Remettre les cubes de rôti de porc, verser le Tabasco, mélanger, couvrir et laisser les saveurs s'entremêler pendant 10 minutes.

SAUTÉ DE BŒUF AUX CAROTTES NOUVELLES

PLAT • PRÉPARATION : 20 MN • CUISSON : 65 MN

6,5 unités POINTS®
par personne

4 personnes

- 450 g de macreuse
- 2 oignons
- 1 gousse d'ail
- 800 g de carottes nouvelles
- 2 cc d'huile de pépins de raisin
- 1 tablette de bouillon de légumes
- 1 cc de sauce soja
- 400 g de petites pommes de terre
- 4 brins de coriandre fraîche
- Sel, poivre

Émincer la viande en fines lanières. Éplucher l'oignon et l'ail, les émincer. Gratter les carottes nouvelles, les rincer et les couper en tronçons de 2 à 3 centimètres.

Faire chauffer l'huile dans une large sauteuse. Ajouter la viande, faire revenir à feu vif, en remuant, pendant 5 minutes. Ajouter l'oignon, faire revenir encore 5 minutes. Verser les carottes, remuer et baisser le feu.

Ajouter le bouillon de légumes émietté, la sauce soja et un demi-verre d'eau. Poivrer et couvrir. Laisser mijoter 35 minutes.

Laver les pommes de terre, les cuire 20 minutes à la vapeur ou à l'eau salée, puis les éplucher.

Saupoudrer le plat de coriandre fraîche et servir bien chaud, accompagné des pommes de terre.

SAUTÉ DE BŒUF AUX CAROTTES NOUVELLES

2 unités POINTS®
par personne

LE VRAI BEURRE BLANC TRÈS ALLÉGÉ

SAUCE • PRÉPARATION : 5 MN • CUISSON : 15 MN

6 personnes

- 2 échalotes hachées
- 5 cl verre de vinaigre de vin blanc
- 10 cl de vin blanc sec
- 100 g de matière grasse allégée à 40 % pour cuisson
- Sel, poivre

Éplucher et hacher finement les échalotes.

Dans une casserole, mettre une noix de margarine et faire revenir les échalotes hachées pendant 1 minute. Saler et poivrer, verser le vinaigre et le vin. Porter à ébullition et laisser réduire jusqu'à ce qu'il ne reste plus qu'une cuillerée à soupe de liquide. Passer la réduction dans une passoire.

Mettre la casserole au bain-marie et intégrer en fouettant la margarine allégée coupée en cubes. Servir aussitôt.

4,5 unités POINTS®
par personne

GRATIN DE JULIENNE, ÉPINARDS À LA CRÈME

PLAT • PRÉPARATION : 25 MN • CUISSON : 50 MN

4 personnes

- 1 beau filet de julienne (560 g)
- 4 cc de persil haché, frais ou surgelé
- 2 gousses d'ail
- 4 CS de chapelure
- 4 cc de margarine
- 1 tablette de bouillon de volaille
- 1 citron
- 1,2 kg d'épinards frais (ou 800 g d'épinards en branches, surgelés)
- 4 CS de crème allégée à 15 %
- Sel, poivre

Préchauffer le four Th. 7 (220 °C). Rincer le poisson sous l'eau fraîche, puis l'éponger soigneusement. Disposer le filet dans un plat de cuisson, juste à sa dimension.

Mélanger dans un bol le persil haché, l'ail émincé, la chapelure, la margarine fondue et le bouillon émietté. Arroser d'un filet de jus de citron, poivrer. Étaler ce mélange sur le filet et cuire au four environ 35 minutes.

Pendant la cuisson du poisson, laver les épinards, les égoutter. Les faire réduire à feu doux dans une sauteuse antiadhésive, en remuant, pendant 10 minutes. Saler, poivrer, ajouter la crème et laisser mijoter encore 5 minutes.

Servir le poisson dans le plat de cuisson, la chapelure bien dorée. Accompagner avec les épinards à la crème.

GRATIN DE JULIENNE, ÉPINARDS À LA CRÈME

ÎLOTS DE CERISES AU COULIS DE FRUITS ROUGES IRISÉ

DESSERT • PRÉPARATION : 30 MN • CUISSON : 6 MN • RÉFRIGÉRATION : 30 MN

4 PERSONNES

COULIS DE FRUITS ROUGES :
- 300 g de fruits rouges (framboises, groseilles, fraises des bois)
- 1/2 jus de citron
- 1 cc de kirsch (facultatif)
- 3 CS d'édulcorant

CRÈME ANGLAISE :
- 10 cl de lait écrémé
- 1 jaune d'œuf
- 2 CS d'édulcorant
- 1 cc de Maïzena

BOULES DE NEIGE AUX CERISES :
- 5 blancs d'œufs
- 4 CS d'édulcorant
- 200 g de cerises
- Sel

Préparer le coulis : rincer et équeuter les fruits rouges, les mixer avec le jus du citron, le kirsch et l'édulcorant. Tamiser et réserver au frais.

Préparer la crème anglaise : faire chauffer le lait. Fouetter les jaunes avec l'édulcorant. Diluer la fécule dans une cuillerée à soupe d'eau. Mettre le mélange au jaune d'œuf dans une petite casserole, ajouter le lait chaud et la fécule diluée tout en fouettant vivement. Faire épaissir à feu doux tout en remuant avec une cuillère en bois. Filmer et laisser tiédir.

Préparer les boules de neige. Porter une grande quantité d'eau à frémissement dans une casserole. Monter les blancs d'œufs en neige avec une pincée de sel. Quand ils sont fermes, incorporer l'édulcorant et continuer de fouetter jusqu'à obtenir une neige ferme et serrée.

Former des boules avec une grande cuillère. Les faire glisser 2 par 2 dans l'eau frémissante. Faire pocher 1 minute sur la première face et 30 secondes sur l'autre. Les mettre sur un papier absorbant puis les répartir dans 4 coupelles. Réserver au frais 30 minutes.

Au moment de servir, rincer, équeuter et dénoyauter les cerises. Les enfoncer délicatement dans les boules de neige. Répartir le coulis de fruits rouges au fond des coupelles et verser la crème anglaise en filet.

SAUCE À LA CRÈME D'AIL

SAUCE • PRÉPARATION : 15 MN • CUISSON : 20 MN

4 personnes

- 12 gousses d'ail
- 100 g de champignons de Paris
- 1 CS de lait écrémé en poudre
- 6 brins de persil
- 1 pincée de muscade
- Sel, poivre

Peler les gousses d'ail et les ébouillanter trois fois pour ôter l'amertume. Laver et éplucher les champignons de Paris, les couper en morceaux. Laver et ciseler le persil.

Dans une casserole à feu doux, mélanger le lait et 25 centilitres d'eau. Ajouter les gousses d'ail, les champignons, le persil ciselé, la muscade. Assaisonner et mélanger vigoureusement. Poursuivre la cuisson pendant 20 minutes.

Passer la préparation au mixer jusqu'à obtention d'une consistance homogène. Servir chaud avec des côtelettes d'agneau grillées.

PAVÉS DE THON
AUX PETITS NAVETS ET ÉPINARDS

PLAT • PRÉPARATION : 15 MN • CUISSON : 24 MN

3,5 unités POINTS® *par personne*

4 personnes

- 1 grosse tranche de thon rouge frais (400 g)
- 5 tomates
- 1 échalote
- 1 botte de petits navets
- 400 g de jeunes pousses d'épinards
- 2 cc d'huile d'olive
- 1 cc de paprika
- Sel, poivre du moulin

Saler et poivrer le thon sur les 2 faces.

Ébouillanter, peler et couper les tomates en petits dés. Hacher l'échalote. Parer et rincer les petits navets sans les peler. Rincer et équeuter les épinards.

Faire chauffer l'huile dans une sauteuse antiadhésive. Lorsqu'elle est bien chaude, y saisir la tranche de thon 2 minutes de chaque côté. Ajouter l'échalote puis les dés de tomates et le paprika. Laisser cuire 10 minutes, à feu moyen, en retournant à mi-cuisson. Prélever le poisson avec une spatule et le réserver au chaud sous une feuille de papier aluminium.

Cuire les petits navets à la vapeur, en autocuiseur, pendant 8 minutes. Les plonger dans de l'eau glacée, puis les égoutter.

Mettre à nouveau la sauteuse à feu moyen. Lorsque la sauce tomate est chaude, verser les épinards et faire fondre 2 minutes tout en remuant avec une spatule en bois. Ajouter les petits navets et poursuivre la cuisson 2 minutes.

Partager la tranche de thon en 4. Dans chaque assiette de service, disposer un pavé de thon et entourer de petits navets à la tomate et aux épinards.

SAUCE MARAÎCHÈRE

SAUCE • PRÉPARATION : 10 MN • RÉFRIGÉRATION : 30 MN

0,5 unité POINTS® *par personne*

4 personnes

- 4 carrés frais à 0 % (de 25 g chacun)
- 1 petit-suisse à 0 %
- 1 CS de jus de citron
- 1 tomate bien mûre
- 1 cc d'ail haché
- 1 CS d'échalote hachée
- 1 CS de ciboulette ciselée
- 1 CS de cerfeuil ciselé
- Sel, poivre du moulin

Écraser les carrés frais avec le petit-suisse et le jus de citron.

Rincer et équeuter la tomate, puis la couper en morceaux. Les mixer et passer le jus obtenu au chinois pour enlever les pépins.

Incorporer le jus de tomate, l'ail, l'échalote et les herbes à la préparation au fromage frais. Rectifier l'assaisonnement avec le sel et le poivre. Bien mélanger.

Filmer et réserver au frais 30 minutes avant de servir avec des crudités.

3 unités **POINTS**®

par personne

POTÉE DE PRINTEMPS

PLAT UNIQUE • PRÉPARATION : 30 MN • CUISSON : 40 MN

4 personnes

- 480 g de filet de porc fumé ou de jarret salé totalement dégraissé
- 4 carottes nouvelles
- 4 navets nouveaux
- 300 g de pois gourmands
- 8 petits oignons blancs
- 2 cœurs de céleri
- 1 brin de thym
- 1 feuille de laurier
- 4 CS de fromage blanc à 0 %
- 2 cc de câpres
- 3 cc de persil haché
- Sel, poivre

Éplucher les carottes et les navets en les laissant entiers. Équeuter les pois gourmands, couper la partie verte des oignons. Couper les branches des céleris, couper les cœurs en 2, dans le sens de la hauteur. Rincer sous l'eau fraîche tous les légumes et les égoutter.

Porter à ébullition 2 litres d'eau, ajouter le thym, le laurier, poivrer. Ne pas saler. Lorsque l'eau bout, ajouter la viande et laisser cuire à feu moyen pendant 10 minutes. Ajouter ensuite tous les légumes et laisser mijoter à feu doux pendant 30 minutes.

Mélanger le fromage blanc, les câpres et le persil. Saler et poivrer. Servir la viande en tranches très fines, accompagnée des légumes bien égouttés, la petite sauce à part.

4 unités **POINTS**®

par personne

FILET MIGNON AUX ÉPICES, ENDIVES CARAMÉLISÉES

PLAT • PRÉPARATION : 20 MN • CUISSON : 70 MN

4 personnes

- 520 g de filet mignon
- 1 kg d'endives
- Le jus d'un citron
- 2 oignons
- 4 cc d'huile de maïs
- 2 cc de mélange quatre-épices
- 4 cc de sucre en poudre
- Sel, poivre

Rincer les endives sous l'eau fraîche, les couper en 2 dans le sens de la longueur. Les cuire 25 minutes à la vapeur, arrosées de jus de citron (8 minutes en autocuiseur).

Éplucher les oignons puis les émincer. Faire chauffer 2 cuillerées à café d'huile dans une cocotte antiadhésive. Ajouter les oignons et le filet de porc. Faire revenir à feu vif pendant 5 minutes. Saler, poivrer, saupoudrer du mélange d'épices et laisser mijoter 30 minutes à feu doux (en ajoutant éventuellement un peu d'eau en cours de cuisson).

Faire chauffer 2 cuillerées à café d'huile dans une sauteuse, ajouter les endives bien égouttées. Les faire dorer, à feu très doux, en les retournant délicatement, pendant 5 minutes. Saupoudrer de sucre et laisser caraméliser (5 à 10 minutes). Servir la viande tranchée, avec son jus de cuisson, accompagnée des endives.

FILET MIGNON AUX ÉPICES, ENDIVES CARAMÉLISÉES

8,5 unités **POINTS**®
par personne

POULET AU CITRON VERT

PLAT • PRÉPARATION : 15 MN • CUISSON : 55 MN

4 personnes

- 4 cuisses de poulet (960 g)
- 2 poireaux
- 4 carottes
- 2 navets
- 25 cl de vin blanc
- Bouquet garni
- 1/2 citron vert
- 1/2 botte de ciboulette
- 20 cl de crème fraîche allégée
- 250 g de riz long grain à cuisson rapide
- Sel, poivre

Éplucher les légumes. Couper les poireaux en 2. Dans une marmite, faites bouillir l'eau, le vin blanc, le bouquet garni et les légumes. Après 1/4 d'heure intégrer les cuisses de poulet. Laisser bouillonner 20 minutes.

Prélever le poulet. Le garder au chaud. Passer le bouillon. Réserver 1/4 de litre pour la sauce. Dans le reste faire cuire le riz 10 minutes.

Dans le bouillon réservé, verser la crème, les fines herbes, le jus du demi-citron. Bien mélanger. Rectifier l'assaisonnement. Servir avec le riz, en saucière.

2,5 unités **POINTS**®
par personne

BROCHETTES DE DINDE AUX POIS GOURMANDS ET AUX TOMATES CERISES

PLAT • PRÉPARATION : 15 MN • CUISSON : 10 MN • MARINADE : 2 H

4 personnes

- 520 g de filet de dinde
- 1/2 yaourt à 0 %
- 1 cc d'huile d'olive
- 1 cc d'ail haché
- 1 citron
- 200 g de pois gourmands
- 1 petite barquette de tomates cerises
- 1 CS de romarin frais
- Sel, poivre du moulin

Couper le filet de dinde en cubes de 3 centimètres.

Dans un plat creux, mélanger le yaourt avec une cuillerée à café d'huile, l'ail et le jus du citron. Verser les cubes de viande. Saler, poivrer, mélanger et filmer. Laisser mariner au frais pendant 2 heures.

Quelques minutes avant le repas, préchauffer le four, position gril.

Rincer et équeuter les pois gourmands. Les faire pocher 1 minute dans de l'eau bouillante salée. Les éponger sur un papier absorbant.

Égoutter les cubes de viande, les entourer de pois gourmands et les enfiler sur 4 brochettes en intercalant avec des tomates cerises. Saler, poivrer et saupoudrer de romarin.

Enfourner les brochettes sur un papier aluminium, sous le gril du four. Laisser cuire 10 minutes en retournant à mi-cuisson.

BROCHETTES DE DINDE AUX POIS GOURMANDS ET AUX TOMATES CERISES

RIZ AU LAIT, COMPOTE DE MANGUES

COLLATION • PRÉPARATION : 15 MN • CUISSON : 35 MN • RÉFRIGÉRATION : 1 H

4 personnes

- 2 mangues bien mûres
- 60 g de riz rond cru
- 20 cl de lait écrémé
- 2 sachets de sucre vanillé
- 1 pincée de cannelle
- 1 cc d'eau de fleur d'oranger
- Feuilles de menthe fraîche

Porter à ébullition un demi-litre d'eau. Ajouter le riz et faire cuire 10 minutes à feu doux. Égoutter. Faire chauffer le lait additionné du sucre vanillé et d'un demi-verre d'eau. Verser le riz et couvrir. Laisser cuire pendant 10 à 15 minutes sans remuer, en ajoutant un peu d'eau, si besoin. Répartir le riz en couronne, dans 4 ramequins, couvrir de film étirable et laisser tiédir. Placer au réfrigérateur environ 1 heure.

Éplucher les mangues, les couper en dés. Verser les morceaux dans une petite casserole, ajouter la cannelle et la fleur d'oranger. Cuire 10 minutes à feu doux, en remuant de temps en temps.

Servir le riz froid, la compote tiède au centre. Décorer avec des feuilles de menthe.

PENNES ET JULIENNE AU VERT

PLAT • PRÉPARATION : 15 MN • CUISSON : 20 MN

4 personnes

- 140 g de pennes
- 1 grand filet de julienne (200 g)
- 2 CS de jus de citron
- 800 g de brocolis
- 1 cc d'huile d'olive
- 1 CS d'échalote hachée
- 15 cl de bouillon de volaille
- 8 cc de crème fraîche à 8 %
- 2 CS de câpres
- 12 pistaches (10 g)
- 4 cc de parmesan râpé (15 g)
- Sel, poivre du moulin

Faire cuire les pâtes dans l'eau bouillante salée pendant 8 minutes. Égoutter et réserver au chaud.

Mettre le filet de julienne dans un plat en verre culinaire avec une cuillerée à soupe de jus de citron et une cuillerée à soupe d'eau. Saler, poivrer, couvrir et cuire 3 minutes au four à micro-ondes (800 W), puissance maximale. Égoutter, émietté et réserver au chaud.

Détacher les florettes des bouquets de brocolis. Les faire pocher 4 minutes dans une grande quantité d'eau bouillante salée et citronnée. Les rafraîchir rapidement dans de l'eau glacée, égoutter. Écraser 4 cuillerées à soupe de florettes de brocolis avec une fourchette.

Faire chauffer l'huile dans une poêle antiadhésive. Y faire revenir l'échalote hachée. Ajouter les brocolis écrasés, puis verser le bouillon de volaille et la crème fraîche. Cuire 3 minutes à feu doux tout en remuant.

Ajouter les pennes, mélanger pour les enrober de sauce puis incorporer le poisson émietté, les câpres et les florettes de brocolis réservées. Faire réchauffer 2 minutes.

Au moment de servir, saupoudrer de parmesan et de pistaches concassées. Donner un tour de moulin à poivre.

PENNES ET JULIENNE AU VERT

5 unités POINTS®

par personne

ROULADE DE VEAU EN PAPILLOTES ET LÉGUMES GRILLÉS

PLAT • PRÉPARATION : 20 MN • CUISSON : 15 MN

2 personnes

- 2 escalopes de veau (de 100 g chacune)
- 2 champignons de Paris
- 4 cc de crème fraîche épaisse à 15 %
- 2 tranchettes de gruyère doux à 17 % (30 g)
- 2 feuilles d'estragon
- 2 CS de vin blanc
- 4 petites pommes de terre nouvelles (100 g)
- 4 carottes nouvelles
- 2 petits navets nouveaux
- 1 oignon rouge
- 1 cc d'huile d'olive
- 1 cc de paprika
- Sel, poivre

Préchauffer le four Th. 6 (200 °C).

Saler et poivrer les escalopes : si nécessaire, les aplatir. Couper et rincer les champignons, les détailler en lamelles.

Étaler chaque escalope sur une grande feuille de papier aluminium. Badigeonner l'intérieur de 2 cuillerées à café de crème, recouvrir de lamelles de champignons puis d'une tranchette de fromage et d'une feuille d'estragon. Rouler les escalopes, les asperger d'une cuillerée à soupe de vin blanc et replier les feuilles d'aluminium de façon à former des papillotes bien hermétiques.

Peler ou gratter les légumes. Les rincer, les sécher puis les couper en 2. Les verser dans un saladier, arroser d'huile, saupoudrer de paprika et d'une pincée de sel. Bien mélanger du bout des doigts.

Étaler les légumes sur une plaque antiadhésive. Disposer les papillotes sur le côté et enfourner pour 15 minutes en retournant les légumes à mi-cuisson. Laisser les papillotes au chaud pendant 5 minutes avant de les ouvrir.

Servir les papillotes entrouvertes avec une portion de légumes grillés.

3 unités POINTS®

par personne

GRATIN DE CERISES

DESSERT • PRÉPARATION : 30 MN • CUISSON : 20 MN

4 personnes

- 400 g de cerises
- 200 g de fraises
- 1 jaune d'œuf
- 20 cl de lait écrémé
- 4 cc de crème allégée à 15 %
- 2 cc de Maïzena
- 1 sachet de sucre vanillé
- 4 galettes bretonnes

Préchauffer le four Th. 6 (200 °C). Laver les cerises et les fraises, ôter les queues, les noyaux et les couper en 2. Les disposer dans 4 plats individuels à gratin.

Mélanger le jaune d'œuf, le lait, la crème, la Maïzena et le sucre vanillé dans un bol. Quand la crème est homogène, la répartir sur les fruits. Faire cuire 15 minutes au four.

Émietter les biscuits. Lorsque les gratins sont cuits, les sortir du four. Allumer le gril du four.

Répartir les miettes de biscuit dans chaque petit plat, et remettre 5 minutes pour dorer. Servir tiède.

PANNACOTTA AUX KIWIS, SAUCE CHOCOLAT

DESSERT • PRÉPARATION : 15 MN • CUISSON : 4 MN • RÉFRIGÉRATION : 3 H

2,5 unités POINTS®

par personne

4 personnes

- 20 cl de lait concentré non sucré à 4 %
- 30 cl de lait 1/2 écrémé
- 1 gousse de vanille
- 5 feuilles de gélatine (10 g)
- 2 CS de cacao non sucré en poudre (30 g)
- 4 CS d'édulcorant
- 4 kiwis
- 1 CS de menthe ciselée

Verser le lait concentré et 20 centilitres de lait demi-écrémé dans une casserole. Ajouter la gousse de vanille fendue et grattée, et faire chauffer à feu doux jusqu'aux premiers frémissements. Couvrir et laisser infuser 10 minutes. Faire ramollir les feuilles de gélatine dans un bol d'eau froide.

Faire chauffer les 10 centilitres de lait écrémé restant. Incorporer le cacao tout en fouettant. Ajouter une cuillerée à soupe d'édulcorant et mélanger. Laisser tiédir.

Enlever la gousse de vanille. Réchauffer la préparation aux 2 laits à feu doux sans laisser bouillir. Incorporer la gélatine essorée et la faire dissoudre. Ajouter 3 cuillerées à soupe d'édulcorant et mélanger à nouveau. Répartir la préparation dans 4 petits ramequins individuels (d'une contenance de 10 centilitres). Laisser tiédir et réserver au réfrigérateur pour 3 heures.

Au moment de servir, répartir la sauce au chocolat dans des assiettes de service. Démouler les pannacottas par-dessus. Peler et détailler les kiwis en rondelles, en disposer une sur chaque pannacotta. Couper les autres rondelles en petits dés, les répartir autour des pannacottas. Parsemer de menthe ciselée.

CRÉMETS AUX FRAISES, COULIS DE MANGUE

DESSERT • PRÉPARATION : 20 MN • RÉFRIGÉRATION : 15 MN

1,5 unité POINTS®

par personne

4 personnes

- 400 g de fromage blanc nature à 0 %
- 8 cc de crème fraîche à 8 %
- 4 CS d'édulcorant
- 250 g de fraises
- 3 CS de jus de citron
- 1 grosse mangue (300 g)
- 4 petits bouquets de basilic

Dans un récipient, fouetter le fromage frais avec la crème et 2 cuillerées à soupe d'édulcorant. Répartir le mélange dans 4 petits moules en silicone et faire prendre 15 minutes au congélateur (ou 30 minutes au réfrigérateur).

Pendant ce temps, rincer et équeuter les fraises, les couper en lamelles et les asperger d'une cuillerée à soupe de jus de citron. Peler et dénoyauter la mangue, la couper en morceaux. Mixer avec 5 centilitres d'eau, 2 cuillerées à soupe de jus de citron et 2 cuillerées à soupe d'édulcorant.

Démouler les crémets dans 4 coupelles. Entourer de lamelles de fraises et napper de coulis de mangue. Décorer d'un petit bouquet de basilic.

Pour faire plus joli, utiliser des petits moules en forme de cœur.

DIPLOMATE DU MATIN

2 unités POINTS®
par personne

PETIT DÉJEUNER • PRÉPARATION : 15 MN • RÉFRIGÉRATION : 15 MN

4 personnes

- 4 biscuits roses de Reims
- 1 yaourt aux fruits à 0 % (abricot-pêche)
- 2 pommes vertes
- 4 cc de jus de citron
- 200 g de fraises
- 20 cl de jus d'orange
- 4 petits-suisses à 0 %
- 2 cc de miel d'acacia
- 4 feuilles de menthe

Émietter un biscuit au fond de chaque verre. Répartir le yaourt aux fruits.

Rincer les pommes sans les peler, enlever le cœur. Les couper en grosses tranches puis en petits dés. Les ajouter en couche dans les verres et asperger de jus de citron.

Rincer et équeuter les fraises, les couper en lamelles et les répartir dans les verres. Arroser de jus d'orange.

Pour finir, dérouler les petits-suisses dans les verres et verser le miel en filet. Piquer une feuille de menthe sur le petit-suisse pour décorer. Réserver au frais 15 minutes avant de servir avec une petite cuillère.

GIBELOTTE DE LAPIN AU ROMARIN

4,5 unités POINTS®
par personne

PLAT • PRÉPARATION : 20 MN • CUISSON : 29 MN

4 personnes

- 4 gigolettes (épaule + haut d'épaule) de lapin (300 g poids cru avec os)
- 200 g de champignons de Paris
- 500 g de petits pois à écosser (200 g net)
- 500 g de rattes
- 1 oignon
- 1 cc d'huile d'olive
- 1 cc de farine
- 15 cl de bouillon de volaille
- 15 cl de vin blanc sec
- 1 branche de romarin
- 12 cc de crème fraîche à 8 %
- 1 cc de persil haché
- Sel, poivre

Rincer et couper le pied des champignons, les détailler en lamelles. Écosser les petits pois. Gratter et rincer les rattes, les garder dans de l'eau froide. Peler et émincer l'oignon.

Faire chauffer l'huile dans une sauteuse antiadhésive. Y faire revenir l'oignon et les gigolettes de lapin pendant 1 minute. Saupoudrer de farine, mélanger et ajouter progressivement le bouillon de volaille puis le vin blanc tout en continuant de remuer. Incorporer les champignons et la branche de romarin. Faire cuire à feu moyen pendant 15 minutes.

Pendant ce temps, mettre les pommes de terre dans un plat en verre culinaire avec 3 cuillerées à soupe d'eau, couvrir et cuire 8 minutes au four à micro-ondes, puissance maximale 800 W.

Égoutter les pommes de terre, les ajouter dans la sauteuse avec les petits pois et la crème. Mélanger et poursuivre la cuisson 5 minutes.

Rectifier l'assaisonnement avec le sel et le poivre. Saupoudrer de persil.

Les saisons de la minceur

GIBELOTTE DE LAPIN AU ROMARIN

PETIT SOUFFLÉ GLACÉ AU CITRON

4 personnes

- 4 citrons non traités
- 4 feuilles de gélatine (8 g)
- 2 œufs + 1 blanc
- 6 CS d'édulcorant
- 15 cl de lait écrémé
- 100 g de fromage blanc à 0 %
- 4 petits fruits (framboises ou cassis)
- 8 feuilles de menthe fraîche
- Sel

Découper 4 bandes de papier sulfurisé et les fixer à l'aide d'un ruban adhésif à l'extérieur de 4 petits moules (les faire dépasser de 2 à 3 centimètres).

Faire tremper les feuilles de gélatine dans un bol d'eau froide.

Séparer les jaunes des blancs d'œufs. Battre les 2 jaunes avec 2 cuillerées à soupe d'édulcorant jusqu'à ce que le mélange blanchisse. Monter les 3 blancs en neige ferme avec une pincée de sel.

Rincer les citrons, prélever le zeste d'un citron avec un zesteur, le hacher finement et l'incorporer à la préparation à base de jaune.

Presser les 4 citrons, filtrer le jus, le faire chauffer et y dissoudre la gélatine essorée.

Verser le mélange à base de jaunes dans un récipient placé dans un bain-marie d'eau chaude. Ajouter le lait peu à peu et mélanger à feu doux jusqu'à épaississement de la crème (environ 10 minutes). Hors du feu, ajouter le jus de citron à la gélatine et 4 cuillerées à soupe d'édulcorant. Mélanger à nouveau.

Rafraîchir le récipient dans un peu d'eau glacée. Fouetter la préparation puis incorporer le fromage blanc et les blancs battus en neige en soulevant délicatement la masse.

Remplir les moules à soufflé à ras bord, égaliser à la spatule et faire prendre au congélateur pendant 3 heures.

Au moment de servir, enlever le papier sulfurisé. Décorer avec une framboise ou un grain de cassis et 2 feuilles de menthe.

Sortir les soufflés du congélateur 1 heure avant de les consommer.

PETIT SOUFFLÉ GLACÉ AU CITRON

3,5 unités POINTS®
par personne

TIAN DE FRAISES

DESSERT • PRÉPARATION : 20 MN • CUISSON : 10 MN

4 personnes

- 800 g de fraises
- 1 cc de beurre
- 3 jaunes d'œufs
- 3 CS de sucre
  en poudre
- 1 cc de Maïzena
- 25 cl de lait
- 8 feuilles de menthe

Préchauffer le four Th. 8 (240 °C).

Équeuter les fraises et les couper en 2.

En faire revenir 500 grammes dans une poêle antiadhésive avec le beurre à feu doux pendant 2 minutes. Égoutter et déposer dans un plat à gratin. Parsemer avec la moitié de la menthe ciselée.

Dans une terrine, mélanger les jaunes d'œufs et le sucre, puis ajouter la Maïzena.

Faire bouillir le lait et l'ajouter à la préparation. Faire épaissir 1 minute à feu doux en remuant.

Verser la préparation sur les fraises et passer 5 minutes au four.

Servir tiède, décoré avec les fraises réservées et le restant de la menthe.

4,5 unités POINTS®
par personne

QUATRE-QUARTS À LA RHUBARBE

DESSERT • PRÉPARATION : 20 MN • CUISSON : 50 MN

4 personnes

- 400 g de rhubarbe
- 1 gousse de vanille
- 5 CS de farine
- 2 œufs
- 5 CS rases de sucre
- 1 yaourt 0 %

Faire préchauffer le four Th. 6 (200 °C).

Éplucher les tiges de rhubarbe et les couper en bâtonnets. Les faire cuire avec la vanille et le sucre dans une casserole à fond épais jusqu'à ce qu'ils deviennent fondants (20 minutes environ). Ôter la vanille et laisser refroidir.

Séparer les jaunes des blancs. Monter les blancs en neige ferme.

Fouetter les jaunes avec le sucre jusqu'à ce qu'ils blanchissent. Incorporer la farine et le yaourt. Bien mélanger.

Ajouter la rhubarbe refroidie et les blancs d'œufs en neige.

Verser le tout dans un moule à manqué et faire cuire pendant 30 à 40 minutes.

Les saisons de la minceur

FRAISES PROVENÇALES
À LA CRÈME DE YAOURT

DESSERT • PRÉPARATION : 25 MN • REPOS : 1 H

par personne

Laver et équeuter les fraises. Les poser sur un papier absorbant.

Les mettre dans une jatte, les arroser de vinaigre balsamique. Mélanger. Laisser reposer 1 heure.

Préparer la mousse de yaourt. Dans un bol, fouetter le yaourt.

Incorporer peu à peu la crème fraîche, le coulis, l'édulcorant et le poivre moulu ou concassé très fin.

Répartir les fraises dans 4 coupes. Parsemer l'origan et répartir la crème.

4 personnes

- 500 g de fraises
- 1 CS de vinaigre balsamique
- 1 cc d'origan séché
- 1 yaourt à 0 %
- 20 cl de crème fraîche allégée à 15 %
- 2 cc d'édulcorant
- 4 CS de coulis de framboises
- Poivre de Penja (Cameroun)

FRUITS EN TARTINES CARAMÉLISÉES

DESSERT • PRÉPARATION : LA VEILLE ET LE LENDEMAIN : 10 MN • REPOS : 1 H
• CUISSON : LA VEILLE : 40 MN + 10 MN • CRÈME : 15 MN

par personne

La veille, laver et évider les pommes. Les mettre au four Th. 4 (160 °C) pendant 30 minutes.

Peler l'orange à vif. Prélever les quartiers du fruit. Les laisser macérer dans le kirsch.

Le lendemain, préchauffer le four Th. 4 (160 °C).

Égoutter les quartiers d'orange. Réserver le kirsch.

Séparer les blancs des jaunes d'œufs. Mettre les jaunes dans un récipient. Les battre au fouet. Faire chauffer le lait. Quand il est chaud, ajouter un zeste d'orange et l'édulcorant. Verser le lait peu à peu en battant. Mettre au bain-marie et tourner jusqu'à ce que le mélange ait épaissi. Il ne doit pas bouillir. Laisser tiédir avant d'intégrer le kirsch à l'orange.

Préchauffer le four Th. 5 (180°). Toaster les tranches de pain. Les beurrer à chaud. Prélever la pulpe des pommes à l'aide d'une petite cuillère et la répartir sur le pain. Poser les tartines sur la plaque du four. Saupoudrer de sucre vanillé. Cuire 10 minutes.

Couper les quartiers d'orange en morceaux. Au sortir du four, les poser sur les tartines caramélisées. Servir avec la crème à l'orange.

2 personnes

- 3 pommes golden
- 2 grandes tranches de pain au levain (100 g)
- 30 g de margarine allégée à 60 %
- 3 sachets de sucre vanillé
- 1 orange
- 2 cl de kirsch

POUR LA CRÈME
À L'ORANGE :

- 2 jaunes d'œufs
- 1/4 de litre de lait écrémé
- 60 g d'édulcorant
- 1 zeste d'orange

RAMEQUINS DE FRAISES À LA CRÈME DE CITRON

3 unités POINTS par personne

DESSERT • PRÉPARATION : 20 MN • CUISSON : 15 MN • RÉFRIGÉRATION : 2 H

4 personnes

- 500 g de fraises
- 2 citrons
- 2 CS de sucre en poudre
- 2 feuilles de gélatine
- 12 cl de crème liquide légère à 8 %
- 2 œufs
- 8 feuilles de menthe

Laver les fraises, les équeuter et les couper en 2. En garnir les bords de petits ramequins.

Laver les citrons et prélever les zestes. Les faire bouillir dans 20 centilitres d'eau. Égoutter et réserver. Poursuivre la cuisson en ajoutant le jus des citrons et le sucre jusqu'à réduire de moitié la préparation. Mettre hors du feu.

Séparer les blancs des jaunes. Monter les blancs en neige.

Faire ramollir la gélatine dans un peu d'eau froide. Égoutter et incorporer à la préparation au citron. Ajouter les zestes, la crème et les jaunes d'œufs. Mélanger. Incorporer en dernier les blancs d'œufs battus.

Verser la préparation dans les petits ramequins et mettre au réfrigérateur pendant 2 heures. Servir froid, décorer de feuilles de menthe.

CHARLOTTE AUX MANGUES

4,5 unités POINTS par personne

DESSERT • PRÉPARATION : 20 MN • CUISSON : 3 MN • RÉFRIGÉRATION : 12 H

6 personnes

- 24 biscuits à la cuiller
- 3 petites mangues (450 g)
- 6 feuilles de gélatine
- 120 g de sucre en poudre
- 25 cl de crème fraîche liquide à 8 %
- 100 g de framboises

Couper les mangues en 2 le long du noyau, inciser la chair en croisillons et retourner les moitiés de mangue comme un gan : détacher les dés de mangue ainsi formés. Les passer au mixeur pour en faire une purée.

Faire tremper les feuilles de gélatine dans de l'eau froide.

Dans une casserole, faire fondre le sucre dans 10 centilitres d'eau. Porter à ébullition jusqu'à obtention d'un sirop léger.

Égoutter la gélatine. Les ajouter dans la casserole hors du feu et remuer pour les faire fondre.

Fouetter la crème en chantilly. Ajouter la purée de mangue au sirop, puis la crème chantilly.

Garnir le fond et les bords d'un moule avec les biscuits. Verser la préparation. Laisser au réfrigérateur toute la nuit.

Servir le lendemain, décoré de framboises.

CHARLOTTE AUX MANGUES

7,5
unités
POINTS®

par personne

RAVIOLIS DE RHUBARBE À LA BANANE

DESSERT • PRÉPARATION : 25 MN • CUISSON : 35 MN

4 personnes

- 2 rouleaux de pâte brisée légère prête à dérouler
- 500 g de rhubarbe
- 30 g de beurre à 40 %
- 3 CS d'édulcorant
- 1 banane
- 1 CS de sucre semoule rase
- 1 CS de rhum
- 1 jaune d'œuf

Éplucher la rhubarbe en enlevant les filaments et la pellicule qui recouvre les tiges. La couper en tronçons.

Dans une casserole, faire fondre la moitié du beurre. Verser 15 centilitres d'eau et les tronçons de rhubarbe. Laisser cuire à feu doux 15 minutes en tournant régulièrement pour que se forme une purée. À la fin de la cuisson intégrer l'édulcorant.

Préchauffer le four Th. 5 (180 °C).

Couper la banane en rondelles d'1/2 centimètre. Les saupoudrer de sucre et, dans le reste du beurre juste fondu, les faire dorer de chaque côté. Après 5 minutes, arroser avec le rhum.

Avec un récipient de 10 à 12 centimètres de diamètre, découper dans la pâte brisée 8 ronds de pâte. Au centre de 4 d'entre eux déposer une cuillerée à soupe de compote de rhubarbe et 2 rondelles de banane. Refermer les raviolis en mouillant le bord. Pincer le tour. Badigeonner au pinceau avec l'œuf battu additionné d'un peu d'eau et mettre au four pour 15 minutes.

6
unités
POINTS®

par personne

COUPE DE CAKE AUX FRUITS

DESSERT • PRÉPARATION : 25 MN • CUISSON : 20 MN

4 personnes

- 8 tranches de cake un peu rassis (200 g)
- 6 CS d'édulcorant
- 2 CS de rhum
- 2 kiwis
- 2 tranches d'ananas frais
- 1/2 boîte de pêches au sirop léger

CRÈME ANGLAISE :
- 2 jaunes d'œufs
- 1/4 de litre de lait écrémé
- 1 sachet de sucre vanillé (7,5 g)

Couper le cake en tranches très fines

Porter l'eau à ébullition. Au premier bouillon ajouter 2 cuillerées à soupe d'édulcorant et le rhum.

Égoutter les pêches. Les couper en lamelles. Peler les kiwis. Les couper en rondelles. Hacher grossièrement les tranches d'ananas.

Préparer la crème anglaise. Séparer les blancs des jaunes d'œufs. Mettre les jaunes dans un récipient. Les battre au fouet. Faire chauffer le lait. Quand il est chaud, ajouter le sucre vanillé et l'édulcorant. Verser le lait peu à peu en battant. Mettre au bain-marie et tourner jusqu'à ce que le mélange ait épaissi. Il ne doit pas bouillir. Laisser refroidir.

Tapisser le fond d'une terrine en verre de tranches de cake. Mouiller d'une cuillerée à soupe de sirop au rhum. Répartir les fruits. Couvrir de tranches de cake. Verser le reste du rhum puis la crème anglaise.

COUPE DE CAKE AUX FRUITS

CHAUD-FROID D'AGRUMES, PALETS AUX ÉPICES

DESSERT • PRÉPARATION : 35 MN • CUISSON : 13 MN

4 personnes

- 2 CS de farine (40 g)
- 4 cc de beurre
- 20 g de sucre
- 1 blanc d'œuf
- 1 pincée de cannelle
- 1 pincée gingembre
- 1 pomelo rose
- 1 orange
- 2 kiwis
- 4 boules de sorbet
  à la framboise
- 1 sachet
  de sucre vanillé

Préchauffer le four Th. 5 (180 °C). Mélanger la farine, le beurre, le blanc d'œuf et une pincée de sel. Ajouter les épices et travailler rapidement la pâte.

Répartir la pâte en 12 petites boules sur une plaque à pâtisserie antiadhésive, à l'aide d'une cuillère à café. Faire cuire 8 minutes, puis sortir les palets encore chauds du four. Les disposer sur une grille à pâtisserie et les laisser refroidir.

Peler l'orange et le pomelo à vif, puis couper les fruits en quartiers, en ôtant la pellicule qui entoure les quartiers. Éplucher les kiwis et les couper en dés. Disposer les fruits des plats à gratin. Saupoudrer de sucre vanillé. Former 4 boules de sorbet, les disposer sur une assiette et placer au congélateur.

Au moment de servir : préchauffer le gril du four. Faire dorer les fruits pendant 5 minutes environ. Sortir les plats du four, ajouter une boule de sorbet et décorer avec les palets. Servir aussitôt.

CRÈME AU CAFÉ MERINGUÉE

DESSERT • PRÉPARATION : 20 MN • CUISSON : 19 MN • RÉFRIGÉRATION : 2 H

4 personnes

- 2 blancs d'œufs
- 1 pincée de sel
- 1 CS de sucre
  en poudre
- 30 cl de lait écrémé
- 1 CS de Maïzena
- 2 cc de café soluble
- 1 CS d'édulcorant
  en poudre
- 20 g de grains
  de café en sucre

Verser le lait, la Maïzena et le café dans une casserole. Porter à ébullition en remuant à l'aide d'un fouet et faire cuire 1 minute. Ajouter l'édulcorant et mélanger, laisser tiédir 10 minutes, puis placer au réfrigérateur.

Verser les blancs d'œufs dans une jatte. Ajouter le sucre et le sel. Disposer la jatte sur une petite casserole remplie d'eau. Mettre l'ensemble à feu moyen et battre les œufs en neige très ferme à l'aide d'un fouet électrique. Lorsque la meringue est bien prise (environ 5 à 8 minutes), ôter la jatte du bain-marie et laisser tiédir.

Incorporer délicatement la meringue dans la crème au café froide. Verser dans des coupes, couvrir de film étirable et placer au frais pendant au moins 2 heures.

Décorer avec les grains de café et servir très frais.

BAVAROIS AUX FRUITS ROUGES

par personne

Faire décongeler les fruits. Pour les fruits frais : rincer rapidement sous l'eau fraîche, équeuter et verser dans un petit saladier. Arroser de quelques gouttes de jus de citron (une cuillerée à café environ), saupoudrer de sucre vanillé et de 2 cuillerées à soupe d'édulcorant. Verser dans une passoire, au-dessus d'un saladier. Laisser égoutter en récupérant le jus.

Faire tremper les feuilles de gélatine dans de l'eau froide, pendant 5 minutes. Pendant ce temps, verser le fromage blanc dans un saladier, ajouter 2 cuillerées à soupe d'édulcorant et battre à l'aide d'un fouet à main. Monter les blancs d'œufs, additionnés d'une pincée de sel, en neige très ferme.

Essorer la gélatine, la dissoudre dans 2 cuillerées à soupe d'eau bouillante, dans un petit bol. Ajouter la gélatine dans le fromage blanc. Battre pour mélanger, puis verser les fruits bien égouttés. Ajouter enfin les blancs en neige, en mélangeant délicatement. Verser dans des petits moules cannelés, couvrir de film étirable et laisser prendre au réfrigérateur pendant au moins 2 heures.

Mélanger le jus des fruits avec la Maïzena, porter à ébullition et laisser refroidir.

Servir les bavarois démoulés sur des assiettes à dessert, entourés du coulis.

4 personnes

- 400 g de fruits rouges mélangés frais ou surgelés (fraises, framboises, cassis, groseilles,…)
- 1/2 citron
- 4 CS d'édulcorant
- 1 sachet de sucre vanillé
- 4 feuilles de gélatine
- 400 g de fromage blanc à 0 %
- 2 blancs d'œufs très frais
- 1 pincée de Maïzena

LES SAISONS
DE LA MINCEUR

ÉTÉ

« Août mûrit les fruits,
septembre les cueille »

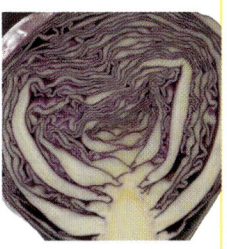

LES MODES DE CUISSON PEU CALORIQUES

Quel mode de cuisson choisir ? Cela n'est pas simple…
Selon la méthode de cuisson choisie, les saveurs seront
très différentes et chacun, selon son envie ou selon la saison, privilégiera
un mode de cuisson plutôt qu'un autre.

- La cuisson vapeur est diététique : elle préserve
les vitamines, élimine les graisses, les acides et les toxines.
Elle est aussi pratique, économique et d'une simplicité incroyable.
Idéale pour les cuisinières surchargées qui n'ont pas besoin
de s'en occuper. Pour compléter ce mode de cuisson, il suffit
de disposer sur la table différentes sauces et chacun pourra
ainsi « personnaliser » son assiette selon ses goûts.

- La cuisson au barbecue fait ressortir toutes les saveurs
des aliments, les grillades sont toujours appétissantes : viandes, poissons
et légumes cuits ainsi seront très appréciés des gourmets et les cuisiniers
seront ravis d'être en plein air !

- La cuisson en papillote est subtile et permet aux mets d'entremêler
toutes leurs saveurs. Une papillote de poisson
et de julienne de légumes va toujours réussir le juste équilibre
du plaisir gourmand. Rien de plus simple : elles se préparent
à l'avance, laissent ainsi tout loisir à la maîtresse de maison,
et elles ne sont jamais trop cuites.

Il ne faut pas oublier que l'on peut se régaler sans cuisson !
Les salades, soupes glacées, tarama ou tartare de légumes seront
particulièrement appréciés en été et les vitamines seront préservées si
elles sont consommées rapidement.

UNE JOURNÉE BARBECUE CHEZ WEIGHT WATCHERS

par jour

Petit déjeuner

- 1/2 pamplemousse
- 2 barquettes de fromage blanc à 0 % (200 g)
- 1 cc de sucre ou de confiture
- 25 g de pain
- 1 cc de beurre ou margarine
- 1 poire
- Thé ou café

Déjeuner

- 1 filet de sole en papillote sur le barbecue : déposer courgette, tomate, poivron, carotte (coupés en julienne) sur une feuille de papier aluminium recouverte d'une feuille de cuisson, mettre aussi 1 CS de citron, sel et poivre, déposer le filet de poisson et fermer la papillote. Poser la papillote sur le barbecue en position haute et faire cuire 20 minutes.
- 1 cuisse de poulet à la mexicaine : ôter la peau, rouler la viande dans un mélange d'épices mexicaines et laisser macérer au frais 1 nuit. Faire cuire au barbecue.
- 1 pomme de terre moyenne vapeur servie coupée en 2 + 1 cc de crème fraîche à 15 % + de la ciboulette ciselée
- 1 citron givré

Collation

- 1 yaourt nature + 1 cc rase de sucre ou d'édulcorant
- 1 tranche de pain d'épice
- ou 4 biscuits à la cuillère

Dîner

- Taboulé de mâche (30 g de semoule + tomate, concombre, mâche, oignon blanc, menthe, 1 cc d'huile d'olive et citron)
- 1 saucisse de volaille (30 g) + 1 merguez de volaille (30 g) grillées au barbecue
- 1 salade de fruits frais (composée de morceaux de pomme, poire, nectarine, fraises, framboises, groseilles ou cassis)

Une semaine de menus
Saison : Été

20 unités **POINTS**®
par jour

LUNDI

Petit déjeuner
5 unités POINTS

- 3 petites tranches de pain de mie + 2 portions de fromage fondu allégé
- 1 verre de jus de pamplemousse 20 cl
- Thé ou café

Déjeuner
5,5 unités POINTS

- Salade de concombre + 2 CS de crème légère à 8 % + piment
- Papillote de colin (140 g), citron, persil
- Ratatouille à volonté + 1cc d'huile
- 4 CS de riz
- Salade de fraises + 2 cc de sucre roux en poudre

Collation
1,5 unités POINTS

- 1 compote sans sucre + 2 biscuits à la cuillère

Dîner
8 unités POINTS

- 1 assiette de soupe au pistou + 1 cc de beurre
- Purée d'aubergines recouverte d'1 œuf + 1 CS de crème légère 15 % passé au four
- 50 g de pain
- 4 CS de fromage blanc à 0 %
- 1 poignée de cerises

MARDI

Petit déjeuner
4 unités POINTS

- 2 tranches de pain de campagne 50 g + 1 tranche de jambon dégraissé + 1 yaourt nature
- Nectarine
- Thé ou café

Déjeuner
8,5 unités POINTS

- 1 fond d'artichaut farci avec 30 g de fromage de chèvre frais + 1 cc d'huile d'olive + fines herbes
- 1 blanc de poulet cuit froid (120 g)
- 4 CS de taboulé à la menthe + oignons
- Billes de melon glacé

Collation
2 unités POINTS

- 1 barre de céréales

Dîner
5,5 unités POINTS

- Thon au four (120 g) avec un coulis de tomates, oignons, basilic.
- Haricots verts + 1 cc d'huile
- 2 petites pommes de terre
- 1 petit-suisse à 0 % + myrtilles

MERCREDI

Petit déjeuner
4,5 unités POINTS

- 6 CS de corn flakes (30 g) avec 1 yaourt nature + fruits rouges
- 1 verre de jus multivitaminé
- Thé ou café

Déjeuner
7 unités POINTS

- Radis nature
- 1 tranche d'épaule de veau (60 g)
- Julienne de légumes variés + 1 cc d'huile
- 4 CS de purée de pommes de terre
- Soupe de pêche / melon avec 1 cc de sucre + menthe + jus d'1/2 orange

Collation
2,5 unités POINTS

- 1 yaourt à la vanille + framboises + 1 madeleine

Dîner
6 unités POINTS

- Tomates et salade verte + 2 cc de vinaigrette allégée
- 1 portion de moules marinières (oignons, vin blanc, persil)
- 50 g de pain
- 1/8 de camembert
- 1 tranche de pastèque

JEUDI

Petit déjeuner
- 3 biscottes + 2 cc de confiture
- 1 bol de lait écrémé ou
  1 yaourt nature
  + 2 cc de cacao non sucré
- 1 orange
- Thé ou café

Déjeuner
- 1 blanc de dinde (130 g)
  nappé d'1 CS de moutarde
  + 1 tranche de lard maigre
  (15 g) + 2 CS de crème
  allégée à 8 %
  + herbes de Provence
- Purée de haricots verts
- Pommes de terre sautées
  persillées + 1 cc d'huile
- 10 à 15 cerises

Collation
- 1 tranche de brioche
- 1 compote d'abricots sans sucre

Dîner
- Salade de tomates
  + mozzarella (30 g) + basilic
  + 1 cc d'huile
- 3 CS de polenta nature
  + 1 cc de beurre
- Poivrons grillés à volonté
- 3 CS de fromage blanc à 0 %
- 1 nectarine

Petit déjeuner
- 1 petite brioche au sucre
- 1 yaourt
- 1 pêche
- Thé ou café

Déjeuner
- 1 salade avec 1 cc d'huile
- 2 œufs sur le plat
- 25 g de pain
- 1/2 melon

VENDREDI

Petit déjeuner
- 1 café au lait
  (1 tasse de lait écrémé)
- 1 petit œuf coque
- 50 g de pain blanc
- 1 kiwi

Déjeuner
- 2 brochettes réalisées avec
  3 crevettes + 2 morceaux
  de lotte (70 g) chacune
  + des quartiers de citron arrosé
  d'1 cc huile de sésame
- Salade de carottes et courgettes
  cuites + oignons rouges, ail,
  estragon + 1 cc d'huile d'olive
- 25 g de pain + bresse bleu
  Ligne et Plaisir
- 3 reines claude

Collation
- 1 pot de flan vanille nappé
  de caramel

Dîner
- 2 tomates farcies : tomate mixée
  + 1 steak haché à 5 % (100 g)
  + 4 CS de riz + 1 oignon
  haché, basilic, herbes.
- 1 salade verte, oignons,
  poivrons
  + 1 CS de vinaigrette allégée
- Fraises

Collation
- 1 riz au lait

SAMEDI

Petit déjeuner
- 3 CS de muesli (45 g) non
  sucré + 1 bol de lait écrémé
- 1 salade de fruits frais
- Thé ou café

Déjeuner
- 2 côtelettes d'agneau à la
  menthe marinées dans 1 cc
  d'huile d'olive + 1 CS de vin
  blanc + 1 cc de menthe fraîche
- 4 CS de flageolets
- Quartiers d'abricots dans 6 CS
  de fromage blanc 0 %

Collation
- 1 yaourt nature
  + 1 cc de miel + 1/2 pomme
  coupée en morceaux

Dîner
- Salade de pâtes (50 g)
  avec des dés de poivrons
  et de tomates + 1 cc d'huile
- 1 escalope de dinde (130 g)
  avec 2 CS de coulis de tomate
  cuisiné
- Haricots verts à volonté
- 1 chocolat liégeois

Dîner
- Brochettes de légumes
  et de bœuf (150 g)
  + 1 CS de sauce au yaourt
  aux herbes (citron, menthe,
  aneth, cumin.)
- Pommes de terre nouvelles
  vapeur + 1cc de beurre
- 3 CS de fromage blanc à 0 %
  + des fruits rouges
  + 1 cc de sucre

DIMANCHE

UN MENU
PIQUE-NIQUE

Calamars aux poivrons confits
•
Tortilla de tomates
•
Taboulé aux fruits d'été
•
Thé glacé aux épices

2,5 unités POINTS®
par personne

CALAMARS
AUX POIVRONS CONFITS

ENTRÉE • PRÉPARATION : 45 MN

4 personnes

- 500 g de calamars
- 2 poivrons rouges
- 2 citrons non traités
- 2 CS d'huile d'olive
- 1 cc de vinaigre balsamique
- 1 bouquet de persil
- 1 pincée de piment d'Espelette en poudre
- Sel, poivre

Peler les poivrons (les griller sur toutes leurs faces et les laisser refroidir pour que la peau se décolle facilement), les détailler en lanières.

Nettoyer les calamars, les couper en rondelles. Couper les citrons en rondelles. Faire revenir 10 minutes dans une poêle antiadhésive dans 2 cuillerées à soupe d'huile d'olive les poivrons et les rondelles de citron, les réserver.

Faire sauter 2 minutes à feu vif les calamars dans l'huile des poivrons. Saler et poivrer. Laisser refroidir. Mélanger tous les ingrédients, arroser de vinaigre balsamique, parsemer de persil ciselé et d'une pointe de piment d'Espelette. Servir aussitôt.

TORTILLA DE TOMATES

PLAT • PRÉPARATION : 30 MN • CUISSON : 20 MN

5 unités POINTS®
par personne

Laver et essuyer les tomates, les couper en quartiers, les faire cuire 25 minutes dans une cuillerée à soupe d'huile d'olive, saler et poivrer. Réserver. Battre les œufs en omelette, ajouter la crème et le piment d'Espelette, saler et poivrer. Mélanger les œufs et les tomates, verser une cuillerée à soupe d'huile dans une poêle antiadhésive à bord haut, cuire 15 minutes à feu doux et à couvert. Monter le feu, cuire 3 minutes encore. Retourner et dorer 2 minutes l'autre côté.

Servir froid ou tiède parsemé de persil haché.

4 personnes
- 400 g de tomates
- 1 CS d'huile d'olive
- 8 œufs
- 1 CS de crème fraîche épaisse allégée à 15 %
- 1 cc de piment d'Espelette
- 1 bouquet de persil plat
- Sel, poivre

TABOULÉ AUX FRUITS D'ÉTÉ

2 unités **POINTS**®
par personne

DESSERT • PRÉPARATION : 20 MN • REPOS : 1 H

4 personnes

- 4 CS de semoule moyenne précuite
- 2 oranges
- 1 citron
- 1 cc d'eau de fleur d'oranger
- 2 pêches jaunes
- 2 brugnons blancs
- 3 abricots
- 1 gros bouquet de menthe
- 1 gousse de vanille
- 1 cc de cannelle en poudre
- 1 CS de sucre semoule
- 1 dizaine d'amandes fraîches

Ouvrir les oranges et le citron, les presser. Verser le jus d'orange, le jus de citron, l'eau de fleur d'oranger et 10 cl d'eau bouillante sur la semoule, laisser gonfler au moins 1 heure.

Peler les pêches, brosser délicatement les brugnons et les abricots sous l'eau pour les nettoyer, les essuyer. Couper tous les fruits en petits cubes de même taille.

Laver, égoutter, effeuiller et hacher la menthe, la mélanger à la semoule. Fendre la gousse de vanille en 2 dans la longueur, récupérer les grains de la pointe d'un petit couteau pointu et les ajouter aux fruits, saupoudrer de cannelle et de sucre. Mélanger les cubes de fruits à la semoule délicatement pour ne pas écraser les fruits.

Ouvrir les amandes, retirer la peau et les concasser grossièrement au couteau, en parsemer le taboulé. Servir bien frais.

THÉ GLACÉ AUX ÉPICES

0 unité **POINTS**®
par personne

BOISSON • PRÉPARATION : 10 MN

4 personnes

- 2 sachets de thé vert
- 2 fleurs de badiane
- 2 clous de girofle
- 1 bâton de cannelle
- 1 gousse de vanille
- 1/2 bouquet de menthe fraîche

Infuser les sachets de thé vert dans 25 centilitres d'eau bouillante avec les fleurs de badiane, les clous de girofle, le bâton de cannelle, la gousse de vanille fendue en 2 dans la longueur et le 1/2 bouquet de menthe fraîche pendant 10 minutes environ.

Retirer les sachets, ajouter des glaçons et 50 centilitres d'eau froide. Consommer glacé.

CARPACCIO
À LA MODE ASIATIQUE

ENTRÉE • PRÉPARATION : 30 MN • CUISSON : 20 MN

2 personnes

- 250 g de carpaccio tout prêt sous vide
- 400 g de pommes de terre nouvelles
- 3 tomates
- 1/2 concombre
- 2 échalotes
- 2 tiges de ciboule (magasins exotiques) ou 2 petits oignons blancs
- 2 tiges de citronnelle fraîches ou 1/4 de botte de ciboulette
- 1/4 de botte de menthe
- 1/4 de botte de coriandre

POUR LA SAUCE :
- 1 petit piment frais
- 2 gousses d'ail
- Le jus d'1/2 citron vert
- 3 CS de nuoc-mâm
- Sel

Peler les tomates après les avoir plongées 1 minute dans l'eau bouillante. Enlever les graines, couper la chair en petits morceaux. Peler le concombre, le couper dans la longueur, enlever les graines, couper en petits morceaux. Hacher les échalotes. Ciseler la ciboule (ou couper les oignons avec leur tige verte) ainsi que la citronnelle (ou la ciboulette). Ciseler la menthe et la coriandre. Mélanger le tout.

Préparer la sauce : sous l'eau froide (pour éviter les brûlures) ouvrir le piment, enlever les graines de la pointe du couteau. Couper finement. Ajouter l'ail haché le jus de citron vert et le nuoc-mâm, saler légèrement, mélanger en battant à la fourchette, arroser de cette sauce la préparation précédente. Réserver au frais le temps de la cuisson des pommes de terre.

Peler les pommes de terre ; les faire cuire à la vapeur.

Servir le carpaccio bien frais, agrémenté de son hachis pimenté, accompagné de pommes de terre chaudes.

FLAN DE COURGETTES
À LA MENTHE

ENTRÉE • PRÉPARATION : 30 MN • CUISSON : 30 MN

6 personnes

- 4 petites courgettes
- 4 petits œufs
- 4 oignons nouveaux
- 2 CS d'huile d'olive
- 1 bouquet de menthe
- Sel, poivre

Rincer et essuyer les courgettes. Sans les peler, les couper en 4 dans la longueur, puis les détailler en petits dés. Peler et émincer les oignons. Faire revenir le tout à la poêle dans une cuillerée à soupe d'huile d'olive. Saler et poivrer.

Préchauffer le four Th. 6 (210 °C). Y faire chauffer un moule huilé.

Battre les œufs en omelette. Incorporer les oignons et les courgettes. Saler et poivrer. Parfumer de menthe ciselée. Verser dans le moule très chaud. Faire cuire 20 minutes au four. Servir le flan tiède coupé en parts. Accompagner d'un coulis de tomates pimenté.

FLAN DE COURGETTES À LA MENTHE

CAILLES
EN COQUE DE POIVRON

PLAT • PRÉPARATION : 15 MN • CUISSON : 30 MN

4 personnes

- 4 cailles prêtes
  à cuire
  (de 160 g chacune)
- 4 gros poivrons
  rouges
- 4 gousses d'ail
- 2 CS d'huile d'olive
- Sel, poivre

Préchauffer le four Th. 6 (210 °C).

Couper un chapeau sur chaque poivron. Retirer les graines et les cloisons par cette ouverture. Saler et poivrer l'intérieur.

Saler et poivrer l'intérieur des cailles. Glisser une gousse d'ail non pelée à l'intérieur de chacune. Introduire une caille dans chaque poivron. Recoiffer chacun de son chapeau. Les déposer dans un plat à four huilé. Arroser d'un filet d'huile d'olive. Faire cuire 30 minutes au four. Servir bien chaud.

LÉGUMES GRILLÉS
À LA PARMESANE

ENTRÉE • PRÉPARATION : 20 MN • CUISSON : 25 MN • REPOS : 30 MN

5 personnes

- 2 oignons
- 2 aubergines
- 2 courgettes
- 2 poivrons
  (1 rouge et 1 jaune)
- 4 tomates
- 3 artichauts violets
- 3 CS d'huile d'olive
- 1 citron
- 2 CS de parmesan
- 2 brins d'origan
- Sel, poivre

Faire cuire les oignons entiers 10 minutes à l'eau bouillante. Les égoutter, les peler et les couper en quartiers.

Couper les aubergines et les courgettes en tranches. Ouvrir les poivrons. Éliminer les graines et les cloisons. Les détailler en larges lanières. Couper les tomates en quartiers. Couper les artichauts en 2. Arroser ces légumes de 2 cuillerées à soupe d'huile d'olive. Parsemer d'origan. Bien mélanger. Laisser mariner 30 minutes.

Égoutter soigneusement les légumes, puis les faire griller 10 à 15 minutes soit au barbecue, soit sous le gril du four en les retournant.

Laisser tiédir, puis retirer la peau des tomates et des poivrons. Réunir tous les légumes dans un plat creux. Saler et poivrer. Arroser du jus du citron et d'un filet d'huile d'olive. Parsemer de copeaux de parmesan faits avec un couteau économe. Servir à température ambiante.

LÉGUMES GRILLÉS À LA PARMESANE

0 unité POINTS®

par personne

SOUPE DE CONCOMBRE GLACÉE À L'ANETH

ENTRÉE • PRÉPARATION : 20 MN • REPOS : 30 MN • RÉFRIGÉRATION : 2 H

6 personnes

- 3 concombres moyens
- 1 CS de crème fraîche à 15 %
- 1 bouquet d'aneth
- Sel, poivre

Éplucher et émincer les concombres. Les mettre dans une passoire. Les saupoudrer de sel. Laisser dégorger 30 minutes.

Au bout de ce temps, les égoutter en les pressant légèrement dans les mains. Les passer au mixer avec la crème. Saler et poivrer. La préparation doit être bien relevée. Ajouter l'aneth ciselé. Réserver 2 heures au réfrigérateur. Déguster très frais dans des tasses.

3,5 unités POINTS®

par personne

TOMATES FARCIES À LA RAIE

ENTRÉE • PRÉPARATION : 30 MN • CUISSON : 10 MN

4 personnes

- 1 morceau de raie de 800 g
- 8 tomates grappes
- 8 olives noires dénoyautées
- 8 grosses câpres
- Le zeste d'un citron
- 1 cc de vinaigre balsamique
- 1 CS d'huile d'olive
- Sel, poivre

Cuire la raie 10 minutes dans de l'eau bouillante salée et vinaigrée, l'égoutter, retirer la peau des deux côtés, l'effeuiller.

Laver et essuyer les tomates, les évider. Hacher grossièrement les olives au couteau. Farcir les tomates de morceaux de raie et d'olive, ajouter dans chacune une câpre et un zeste de citron.

Préparer une vinaigrette avec l'huile d'olive et le vinaigre balsamique. Saler et poivrer. Verser une cuillerée à café dans chaque tomate.

Servir tiède ou frais.

TOMATES FARCIES À LA RAIE

SARDINES MARINÉES

ENTRÉE • PRÉPARATION : 40 MN • REPOS : 2 H

4 personnes

- 8 sardines crues moyennes (600 g)
- 1/2 poivron vert
- 1 branche de céleri
- 3 oignons nouveaux
- 2 citrons verts
- 2 CS d'huile d'olive
- 1 bouquet de coriandre fraîche
- Sel, poivre

Passer les sardines une par une sous l'eau et les essuyer du bout des doigts pour enlever les écailles, les sécher, ôter la tête et la queue. Inciser le ventre, les vider et retirer délicatement l'arête. Les passer sous l'eau de nouveau. Les essuyer et les découper en bandes de 2 centimètres environ.

Laver et essuyer le poivron, le céleri et les citrons. Peler les oignons, les couper en lanières avec le céleri et le poivron, couper le citron vert en rondelles.

Déposer tous les ingrédients dans un petit saladier, saler et poivrer, couvrir d'huile d'olive. Laisser mariner au moins 2 heures. Égoutter les sardines et les légumes en les passant sur du papier absorbant.

Servir après avoir ajouté de la coriandre ciselée.

FLAN DE COURGETTES AUX PALOURDES

ENTRÉE • PRÉPARATION : 20 MN • CUISSON : 40 MN

4 personnes

- 300 g de courgettes
- 20 palourdes
- 4 feuilles de gélatine
- 3 CS de crème fraîche allégée à 8 %
- 1/2 botte de cerfeuil
- 1/2 botte de persil plat
- 2 gousses d'ail
- Sel, poivre

Faire tremper les feuilles de gélatine dans de l'eau froide.

Préchauffer le four Th. 5 (180 °C).

Laver les courgettes, les couper en grosses rondelles, les faire cuire 10 minutes à l'eau salée. Les égoutter et les mixer.

Faire chauffer la crème. Essorer les feuilles de gélatine entre la paume des mains. Les ajouter à la crème chaude pour les faire fondre, puis mélanger avec les courgettes, saler et poivrer. Verser cette préparation dans 4 moules à revêtement antiadhésif. Mettre à cuire au bain-marie pour 30 minutes.

Pendant ce temps, laver les palourdes, les faire ouvrir dans une casserole. Dès qu'elles sont ouvertes, les ôter de la coquille, filtrer le jus de cuisson.

Laver les herbes, les ciseler finement, les délayer avec le jus de cuisson des palourdes. Présenter les flans démoulés en assiette, entourés de 5 palourdes, décorer avec la sauce verte.

Les saisons de la minceur

SALADE DE POURPIER AUX ŒUFS MOLLETS

ENTRÉE • PRÉPARATION : 15 MN • CUISSON : 10 MN

3,5 unités POINTS®

par personne

4 personnes

- 1 botte de pourpier (200 g)
- 4 petits œufs
- 4 tomates olivettes
- 2 oignons blancs
- 1 botte de fines herbes
- 2 CS d'huile d'olive
- 1 CS de vinaigre de vin blanc
- Sel, poivre

Éplucher le pourpier, le laver dans deux eaux, l'essorer dans un torchon, faire attention aux feuilles qui sont très fragiles et cassantes. Laver les tomates les couper en 4 ou 6 selon leur grosseur.

Faire cuire les œufs 10 minutes dans une eau bouillante salée, les rafraîchir sous l'eau froide puis les écaler.

Rincer les fines herbes, les ciseler.

Éplucher les oignons blancs, les couper en très fines lamelles.

Dans un saladier, verser le vinaigre, y mélanger le sel et le poivre, ajouter l'huile d'olive.

Ajouter le pourpier, les tomates, les œufs écalés coupés en 4, parsemer de fines herbes finement hachées.

BISQUE DE LANGOUSTINES

ENTRÉE • PRÉPARATION : 30 MN • CUISSON : 60 MN

3,5 unités POINTS®

par personne

4 personnes

- 16 langoustines (1 kg)
- 2 oignons
- 1 gousse d'ail
- 2 carottes
- 4 tomates
- 4 branches de persil
- 1 bouquet garni
- 1 CS de concentré de tomate
- 4 CS de crème fraîche allégée à 15 %
- 2 cc de matière grasse allégée
- Sel, poivre

Décortiquer les langoustines à cru.

Éplucher les légumes. Émincer ail et oignons, couper les carottes en dés. Laver le persil.

Dans un grand faitout faire fondre la matière grasse. Ajouter les carapaces et les têtes de langoustines, les faire sauter à feu très vif. Bien tourner avec une cuillère en bois pour que les langoustines rosissent. Saler et poivrer.

Ajouter l'ail, l'oignon, les tomates coupées en 4, les carottes, le persil, le concentré de tomate et le bouquet garni. Verser 1 litre d'eau et laisser cuire 30 minutes.

Passer le contenu du faitout au moulin à légumes ou dans le bol du mixer. Remettre à cuire 10 minutes à découvert pour faire réduire légèrement. Passer au chinois et reverser dans une casserole. Plonger les langoustines dans ce bouillon chaud, laisser cuire 5 minutes, juste le temps de les raidir. Égoutter les langoustines, verser la crème dans la casserole, mélanger.

Remplir 4 assiettes de bisque et déposer sur chaque assiette 4 langoustines.

Été

MOULES AU BOUILLON DE LÉGUMES

ENTRÉE • PRÉPARATION : 45 MN • CUISSON : 20 MN

2 personnes

- 600 g de moules de Bouchot (avec les coquilles)
- 1 cc d'huile d'olive
- 2 blancs de poireaux
- 1 petite branche de céleri
- 2 gousses d'ail
- 2 échalotes
- 2 brins de thym
- 1 feuille de laurier
- 1 dl de vin blanc sec
- 2 échalotes
- 1 piment oiseau
- 1 cc de curry
- 4 CS de crème fraîche à 5 %
- 1/2 botte de persil plat
- 1 cc de sel fin et de poivre en grains

Gratter les moules. Même achetées grattées elles ont besoin d'être vérifiées. Laver dans plusieurs eaux en les remuant pour éviter qu'elles ne s'ouvrent.

Laver les blancs de poireaux et le céleri, les couper finement, éplucher, hacher l'ail et les échalotes.

Faire chauffer l'huile dans une casserole. Ajouter poireaux, céleri, ail. Laisser revenir quelques minutes à feu doux. Mouiller d'1/4 de litre d'eau. Ajouter le sel, le poivre en grains, le curry. Laisser cuire à feu doux 15 minutes.

Verser les moules dans une grande casserole, ajouter les échalotes, thym, laurier. Faire ouvrir à feu vif en secouant la casserole de temps en temps pour faire remonter les coquilles ouvertes.

Dès que les moules sont ouvertes, les répartir dans 2 assiettes creuses. Filtrer le jus et l'additionner de crème. Arroser les moules de ce jus et du bouillon de légumes.

GIGOTINS DE MAGRET AU ROMARIN

PLAT • PRÉPARATION : 20 MN • CUISSON : 15 MN

4 personnes

- 2 magrets de canard (400 g)
- 4 branches de romarin bien fournies
- 4 CS de moutarde à l'ancienne
- Sel, poivre

Ôter la peau et couper les magrets en 2 dans la longueur, dédoubler chaque moitié toujours dans la longueur de façon à obtenir des escalopes, saler et poivrer l'intérieur.

Étaler sur chaque morceau une cuillerée à soupe de moutarde et déposer 1 branche de romarin à une extrémité. Rouler le magret sur lui-même de manière à obtenir un petit gigot et le maintenir fermé avec des piques en bois. Saler et poivrer.

Faire cuire au barbecue 15 minutes en le retournant à mi-cuisson.

Servir chaud ou tiède.

GIGOTINS DE MAGRET AU ROMARIN

ASSIETTE BALTIQUE

ENTRÉE • PRÉPARATION : 10 MN

2 personnes

- 2 filets de harengs au vinaigre
- 2 petites betteraves rouges cuites au four (au marché)
- 1 pomme granny-smith
- 1 gros oignon doux
- 1 pot de fromage blanc onctueux (125 g)
- 1 citron
- 1/4 de botte d'aneth
- Sel, poivre

Peler les betteraves rouges et les couper en tranches. Peler l'oignon, le couper en rondelles. Éplucher la pomme, la couper en fines lamelles, citronner.

Battre le fromage blanc avec le reste de jus de citron, le sel, le poivre et la moitié de l'aneth finement ciselé.

Sur chaque assiette, disposer un filet de hareng, les betteraves et les lamelles de pomme. Décorer de rondelles d'oignon et de pluches d'aneth. Arroser de la sauce au fromage blanc.

POULET MARINÉ À L'ITALIENNE

PLAT • PRÉPARATION : 30 MN • CUISSON : 30 MN • REPOS : 12 H

6 personnes

- 4 blancs de poulet fermier (640 g)
- 3 poivrons rouges
- 2 CS de raisins secs blonds
- 3 cc de pignons
- 150 g de roquette
- 3 citrons
- 2 cc de vinaigre balsamique
- 4 CS d'huile d'olive
- 2 tablettes de bouillon de poule
- 6 clous de girofle
- 2 feuilles de laurier
- 1/2 cc de piment de Cayenne en poudre
- Sel, poivre en grains

La veille, porter 2 litres d'eau à ébullition avec les tablettes de bouillon, 1 feuille de laurier ciselée et une dizaine de grains de poivre. Y faire pocher les blancs de poulet 30 minutes à feu doux, puis laisser refroidir dans le bouillon de cuisson.

Entre-temps, faire griller les poivrons sous le gril du four 15 minutes environ jusqu'à ce que la peau soit noircie et cloquée par endroits. Les peler sous un filet d'eau froide, puis les épépiner et les couper en lanières. Faire dorer les pignons à sec dans une poêle à revêtement antiadhésif bien chaude. Laisser refroidir.

Égoutter les blancs de poulet. Retirer la peau. Les couper en lamelles. Les mettre dans un plat creux avec les poivrons, les raisins blonds et les pignons. Arroser du jus des citrons, de vinaigre balsamique puis d'huile d'olive. Ajouter les clous de girofle, 1 feuille de laurier et le piment. Couvrir. Réserver 12 heures au réfrigérateur.

Le jour même, présenter les morceaux de poulet avec leur garniture sur un lit de feuilles de roquette. Arroser le tout d'un peu de marinade et servir.

POULET MARINÉ À L'ITALIENNE

SOUPE GLACÉE BULGARE

ENTRÉE • PRÉPARATION : 20 MN • RÉFRIGÉRATION : 1 H

6 personnes

- 5 yaourts goût bulgare (de 125 g chacun)
- 2 concombres moyens
- 1/2 botte de radis
- 3 oignons blancs
- 3 œufs
- Le jus d'un citron
- 1 CS rase de paprika
- 1 pointe de poivre de Cayenne
- 1/2 botte de ciboulette
- 1/4 de bouquet de cerfeuil
- 1 grand verre de glace pilée
- 2 cc de sel fin

Éplucher les concombres, les couper en 2 puis en 4 dans la longueur. Enlever les graines. Couper la chair en rondelles fines ; les mettre dans une passoire. Saupoudrer d'une cuillerée à café de sel fin. Laisser macérer le temps de finir la préparation.

Supprimer les feuilles et la pointe des radis. Laver, éponger, couper en rondelles. Peler les oignons en conservant une partie de leur tige verte. Couper en rondelles fines, ciseler les tiges.

Cuire les œufs 10 minutes à partir de l'ébullition, rafraîchir, écaler, réserver.

Dans une grande soupière ou un saladier, fouetter les yaourts avec le jus de citron, le paprika, le poivre et une cuillerée à café de sel fin.

Presser à la fourchette les tranches de concombre pour éliminer le jus rendu. Ajouter le concombre dans la soupière ainsi que les radis, les oignons, la ciboulette ciselée et un grand verre de glace pilée. Mélanger, mettre au frais pendant 1 heure.

Pour servir mélanger à nouveau. Placer les œufs coupés en rondelles sur le dessus, parsemer de cerfeuil ciselé.

CONCOMBRE AIGRE-DOUX FARCI

ENTRÉE • PRÉPARATION : 30 MN • CUISSON : 30 MN

4 personnes

- 1 concombre
- 3 tomates
- 1 gros oignon blanc
- 8 olives noires dénoyautées
- 1 CS de vinaigre de vin blanc
- 4 CS rases de sucre en poudre
- Sel, poivre

Laver les tomates. Peler l'oignon. Les hacher grossièrement. Couper les olives en 4. Faire compoter le tout, à la poêle, 30 minutes avec le sucre et le vinaigre.

Laver et peler le concombre en laissant des bandes de peau. Le couper en tronçons, le cuire 5 minutes dans de l'eau bouillante vinaigrée. Égoutter, laisser refroidir.

Creuser les tronçons de concombre et les farcir de compotée de tomates. Saler et poivrer.

Servir bien frais.

Les saisons de la minceur

LÉGUMES À LA CRÈME DE CHÈVRE

ENTRÉE • PRÉPARATION : 20 MN • CUISSON : 5 MN • REPOS : 30 MN

2 unités
POINTS®

par personne

Éplucher le concombre, le couper en rondelles fines. Déposer dans une passoire et saupoudrer de gros sel. Laisser dégorger 30 minutes.

Gratter les carottes, éplucher les navets. Couper les légumes en julienne avec la grille d'un robot de cuisine.

Plonger ces légumes séparément 2 minutes dans l'eau bouillante, les légumes doivent être juste recouverts d'eau. Égoutter en conservant l'eau de cuisson, passer les légumes sous l'eau froide.

Verser le vinaigre dans une petite casserole, ajouter 1 décilitre d'eau de cuisson, des légumes, les grains de poivre et de coriandre, le sel fin. Laisser réduire de moitié, et refroidir.

Couper les chèvres en morceaux, passer au mixer avec la crème. Réserver.

Disposer les rondelles de concombre sur le pourtour du plat de service. Répartir de même en couronne les navets et les carottes. Verser la crème de chèvre au centre. Arroser les légumes de la sauce au vinaigre et d'une cuillerée à café d'huile. Parsemer d'anneaux d'oignon blanc et de coriandre ciselée.

4 personnes

- 1 concombre
- 400 g de jeunes carottes
- 200 g de navets nouveaux
- 2 petits fromages de chèvre frais (120 g)
- 2 CS de crème fraîche à 15 %
- 2 petits oignons blancs
- 1/2 bouquet de coriandre
- 15 cl de vinaigre de cidre
- 1 cc d'huile d'olive
- 1 CS de graines de coriandre
- 1/2 CS de gros sel
- 1/2 cc de sel fin
- 5 grains de poivre

FLEURS DE COURGETTES FARCIES AU CHÈVRE

ENTRÉE • PRÉPARATION : 10 MN • CUISSON : 25 MN

1 unité
POINTS®

par personne

Peler les tomates, ôter les pépins, les concasser, recueillir le jus de végétation des tomates en le filtrant dans une passoire. Laver l'aubergine, couper les extrémités, la couper en tout petits dés.

Préchauffer le four Th. 6 (200 °C).

Dans une poêle antiadhésive faire fondre les tomates, ajouter les dés d'aubergine et les feuilles de coriandre ciselées. Faire cuire 10 minutes, à feu vif en tournant. Écraser le chèvre à la fourchette, lui ajouter la petite ratatouille, mélanger, vérifier l'assaisonnement. Farcir les fleurs de courgettes avec cette préparation.

Ranger les fleurs de courgettes dans un plat à four, légèrement huilé, les arroser de l'eau de végétation des tomates. Enfourner pour 15 minutes.

4 personnes

- 8 fleurs de courgettes
- 2 tomates
- 1 aubergine
- 1/2 bouquet de coriandre fraîche
- 120 g de fromage de chèvre allégé
- Sel, poivre

Été

MÉLI-MÉLO DE MELON

ENTRÉE • PRÉPARATION : 15 MN

4 personnes

- 1 melon de Cavaillon
- 1 melon d'eau
  (melon jaune
  à chair verte)
- 120 g de feta
- 1 citron vert
- 1 bouquet de menthe
- Sel, poivre

Couper les melons en 2 et retirer les graines. Tailler des petites billes dans la chair à l'aide d'une cuillère parisienne. Tailler quelques billes de même taille dans la feta, écraser le reste à la fourchette.

Dans des coupes individuelles, mélanger les billes préparées et la feta écrasée.

Parsemer de menthe lavée et ciselée. Saler et poivrer. Arroser du jus du citron vert.

Réserver au frais jusqu'au moment de servir.

BLANCS DE POULET
À L'ORANGE, GRATIN DE FENOUILS

PLAT • PRÉPARATION : 30 MN • MARINADE : 20 MN • CUISSON : 25 MN

4 personnes

- 4 filets de poulet
  (de 140 g chacun)
- 2 bulbes de fenouil
- 4 grosses pommes
  de terre
- 1 gousse d'ail
- 1 cc de graines
  de coriandre
- 1 cc de piment
  d'Espelette
- Le jus de 2 citrons verts
- Le jus d'une orange
  et son zeste
- 1 CS de gruyère râpé
- 1/2 verre à eau
  de bouillon de légumes
- Sel, poivre

Dans un saladier rassembler l'ail pressé, le piment d'Espelette, les graines de coriandre et le jus des citrons, recouvrir les filets de poulet de cette pâte et les laisser macérer 20 minutes.

Préchauffer le four Th. 6 (200 °C).

Éplucher les pommes de terre et les fenouils, les couper en tranches de 1 centimètre d'épaisseur, les disposer en plusieurs couches dans un plat recouvert d'un couvercle. Mettre au four à micro-ondes pendant 10 minutes.

Reprendre les filets de poulet, les essuyer rapidement. Dans le fond d'une poêle disposer une feuille de cuisson Weight Watchers. Faire griller les filets de poulet, les tourner régulièrement pour qu'ils dorent sur toutes les faces. À la fin de la cuisson arroser de jus d'orange et de zestes d'orange, saler et poivrer.

Sortir le plat du micro-ondes, arroser avec le bouillon de légumes, parsemer de fromage râpé et enfourner au four traditionnel, pendant 15 minutes.

Servir les filets de poulet et les légumes en gratin.

Les saisons de la minceur

BLANCS DE POULET À L'ORANGE, GRATIN DE FENOUILS

FILETS DE ROUGETS
À LA COMPOTÉE DE TOMATES

PLAT • PRÉPARATION : 20 MN • CUISSON : 15 MN

4 personnes

- 8 filets de rouget barbet avec la peau (600 g)
- 2 gros oignons blancs
- 5 grosses tomates
- 3 gousses d'ail
- 2 CS d'huile d'olive
- 1 cc de curry
- 2 CS de vin blanc sec
- 1/2 cc de harissa
- 1 citron
- Sel, poivre

Délayer la harissa dans une cuillerée à soupe d'huile d'olive. En badigeonner les filets de rouget. Laisser de côté.

Pour la compotée, peler et hacher les oignons avec l'ail. Inciser les tomates en croix. Les ébouillanter afin de les peler facilement. Les épépiner et les couper en dés.

Verser une cuillerée à soupe d'huile d'olive dans un plat pouvant aller au four à micro-ondes. Ajouter les oignons et l'ail. Saupoudrer de curry, puis arroser de vin blanc. Couvrir. Faire cuire 5 minutes au four à micro-ondes à pleine puissance. Ajouter les tomates. Poursuivre la cuisson 5 minutes au four à micro-ondes, toujours à pleine puissance. Saler et poivrer. Dans une poêle antiadhésive, faire cuire les filets de rougets 2 minutes par face. Dresser sur la compotée de tomates. Arroser le tout d'un filet de citron et servir aussitôt.

FILETS DE MAQUEREAUX ET TARTARE
DE TOMATES AUX AROMATES

PLAT • PRÉPARATION : 40 MN • CUISSON : 20 MN

4 personnes

- 700 g de filets de maquereaux
- 6 grosses tomates (cœur de bœuf)
- 2 échalotes
- 1/2 botte de persil plat
- 1 cc de sel de céleri
- 1 cc de cumin en poudre
- 1/2 bouquet de basilic
- 4 CS de moutarde blanche
- 2 cc d'huile d'olive vierge
- 2 CS de vinaigre balsamique
- Poivre mignonnette

Préchauffer le four Th. 6 (200 °C).

Faire chauffer une grande casserole d'eau, y plonger les tomates 1 minute. Les rafraîchir sous un filet d'eau froide, puis les peler. Ôter les pépins. Couper la chair en petits dés, les verser dans une passoire et laisser égoutter pendant 30 minutes.

Laver les filets de maquereaux, les éponger. Mélanger la moutarde et le cumin. Découper 4 carrés de papier cuisson, poser les filets de maquereaux, les enduire de pâte de moutarde au cumin, refermer la papillote. Enfourner pour 15 minutes.

Laver les herbes. Éplucher les échalotes et les ciseler très finement ainsi que les herbes. Reprendre les dés de tomates, les verser dans un saladier, les mélanger délicatement aux herbes et aux échalotes. Saler avec le sel de céleri, ajouter une cuillerée de poivre mignonnette, l'huile d'olive, le vinaigre balsamique. Mélanger.

Dans les assiettes poser une papillote, et 2 cuillerées à soupe de tartare de tomates.

FILETS DE MAQUEREAUX ET TARTARE DE TOMATES AUX AROMATES

1,5
unité
POINTS®

par personne

COURGETTES RÂPÉES
À LA CITRONNETTE

ENTRÉE • PRÉPARATION : 15 MN

4 personnes

- 6 petites courgettes
- 3 citrons
- 2 CS d'huile d'olive
- 2 brins de menthe
- Sel, poivre

Dans un saladier, émulsionner le jus du citron, l'huile d'olive, saler et poivrer.

Rincer et essuyer les courgettes. Sans les peler, les râper avec une grille à gros trous. Les ajouter dans le saladier.

Éplucher 2 citrons à vif en éliminant toutes les petites peaux blanches. Séparer les quartiers entre les membranes. Les mélanger aux courgettes. Parsemer de menthe. Servir frais.

4,5
unités
POINTS®

par personne

PAPILLOTES D'ESPADON
AUX CITRONS CONFITS

PLAT • PRÉPARATION : 20 MN • CUISSON : 15 MN

4 personnes

- 4 filets d'espadon
  (de 150 g chacun)
- 4 grosses tomates
  à chair ferme
- 2 citrons confits
- 120 g de nouilles
  de riz
- 1 bâton
  de citronnelle fraîche
- 200 g de pois
  gourmands blanchis
- 4 cc de jus
  de citron vert
- 4 cc de sauce soja
- 1 bouquet
  de coriandre fraîche
- Sel, poivre

Faire tremper les nouilles dans un grand saladier d'eau chaude pour qu'elles gonflent. Égoutter.

Peler et épépiner les tomates, les couper en petits morceaux. Laver la coriandre, la ciseler. Couper les citrons confits en lamelles. Couper le bâton de citronnelle en petits morceaux.

Préchauffer le four Th. 7 (220 °C). Couper 4 feuilles de papier de cuisson. Sur chaque feuille poser un lit de nouilles, un filet d'espadon, des morceaux de tomates, des pois gourmands, des brins de citronnelle, des feuilles de coriandre. Arroser chaque papillote de jus de citron, de sauce soja, saler peu et donner un tour de moulin à poivre. Refermer les papillotes. Enfourner pour 15 minutes.

Les saisons de la minceur

PAPILLOTES D'ESPADON AUX CITRONS CONFITS

BROCHETTES
DE DINDE AUX PÊCHES

PLAT • PRÉPARATION : 40 MN • CUISSON : 38 MN

4 personnes

- 2 filets de dinde
  (600 g)
- 4 pêches jaunes
- 1 CS d'huile
  de pépins de raisin
- 1 CS de sauce soja
- 4 CS de sirop
  d'érable
- Sel, poivre

Préchauffer le four Th. 5 (180 °C).

Déposer les filets de dinde sur la plaque du four, saler et poivrer, arroser d'un filet d'huile de pépins de raisin et les faire cuire au four pendant 30 minutes.

Couper la dinde en gros cubes.

Peler les pêches, les couper en cubes de même taille que la dinde.

Former les brochettes en intercalant les cubes de viande et de fruits, puis les faire revenir 3 minutes sur toutes leurs faces à la poêle dans un peu d'huile de pépins de raisin. Ajouter la sauce soja et le sirop d'érable. Laisser caraméliser à feu moyen 5 minutes environ.

Servir chaud ou froid.

THON MARINÉ
AU PIMENT ET AUX HERBES

PLAT • MARINADE : 2 H • PRÉPARATION : 10 MN • CUISSON : 3 MN

4 personnes

- 1 filet de thon
  extra-frais (400 g)
- 1 bouquet
  de thym frais
- 1 bouquet
  de romarin frais
- 3 feuilles de laurier
- 1 piment d'Espelette
- 2 CS d'huile d'olive
- Sel, poivre

Couper le thon en gros cubes, les déposer dans un plat creux. Parsemer de thym, de romarin et de laurier.

Couper le piment d'Espelette en lanières (en ayant pris soin d'ôter les graines), les ajouter dans le plat. Saler et poivrer, arroser d'huile d'olive. Laisser mariner 2 heures au frais.

Au bout de ce temps, poêler les morceaux de thon bien égouttés 3 minutes à feu vif.

Servir aussitôt.

MOULES À LA CRÈME

PLAT • PRÉPARATION : 20 MN • CUISSON : 10 MN

par personne

Nettoyer bien soigneusement les moules. Les faire cuire 5 minutes à la vapeur, puis les transvaser dans un récipient.

Zester le citron.

Chauffer la crème avec le safran.

Filtrer l'eau rendue par les moules dans un linge fin, puis l'ajouter à la crème avec les zestes de citron, poivrer. Porter à ébullition. Jeter les moules dans la crème, remuer et laisser chauffer 5 minutes.

Servir les moules avec la crème aussitôt, parsemées de ciboulette ciselée.

4 personnes

- 1,2 kg de moules en coquilles
- 1 citron
- 40 cl de crème fraîche à 5 %
- 1 dosette de safran
- 1 bouquet de ciboulette
- Poivre

FILETS DE MERLAN GRATINÉS AU CITRON

PLAT • PRÉPARATION : 20 MN • CUISSON : 30 MN

par personne

Faire gratter et vider les poissons par le poissonnier. Laver, éponger les poissons. Réserver.

Laver, essuyer les tomates ; les couper en 2 dans la largeur. Disposer dessus un hachis d'ail et de persil. Faire chauffer l'huile dans une poêle et déposer les tomates, partie ronde contre le fond. Laisser cuire 10 minutes.

Allumer le grilloir et passer la poêle 5 minutes dessous pour gratiner légèrement les tomates. Réserver.

Pendant ce temps, éplucher 3 citrons à vif, c'est-à-dire en enlevant en même temps la peau colorée et la peau blanche. Dégager la chair en glissant la lame du couteau le long de chaque membrane, au-dessus d'une assiette pour recueillir le jus. Disposer la chair des citrons sur le fond d'un plat à gratin. Poser dessus les merlans, saler et poivrer. Écraser la baguette grillée au rouleau à pâtisserie et parsemer sur les merlans.

Préchauffer le four Th. 7 (220 °C), enfourner pendant 15 minutes. Au besoin placer le plat, quelques minutes, sous le grilloir si le dessus n'est pas gratiné.

Faire chauffer le jus du dernier citron avec le beurre et arroser de cette sauce les merlans à la sortie du four.

4 personnes

- 4 merlans moyens
- 6 tomates
- 4 citrons
- 10 cm de baguette grillée
- 1/2 bouquet de persil
- 2 gousses d'ail
- 2 cc d'huile d'olive
- 4 cc de beurre
- 1 botte de ciboulette
- Sel, poivre

Été

5,5 unités POINTS®
par personne

BROCHETTES DE VEAU AU ROMARIN ET MÉLI-MÉLO DE LÉGUMES

PLAT • PRÉPARATION : 30 MN • CUISSON : 1 H • REPOS : 30 MN

4 personnes

- 600 g de noix de veau coupée en morceaux de 2 cm de côté
- 2 CS d'huile d'olive
- 1 citron
- 2 brindilles de romarin
- Sel, poivre

POUR L'ACCOMPAGNEMENT :
- 600 g de tomates
- 2 poivrons rouges
- 2 courgettes
- 1 aubergine
- 1 gousse d'ail
- 1 CS d'huile d'olive
- Sel, poivre

Dans un plat creux, mélanger le jus du citron, 2 cuillerées à soupe d'huile d'olive et 1 brindille de romarin effeuillée. Tourner les morceaux de veau dans cette marinade. Laisser de côté 30 minutes à température ambiante.

Entre-temps, préparer les légumes : faire griller les poivrons jusqu'à ce que la peau soit noircie et cloquée par endroits. Les peler sous un filet d'eau froide. Les épépiner et les couper en dés.

Inciser les tomates en croix. Les ébouillanter 30 secondes. Les peler, les épépiner et les concasser. Les faire revenir 10 minutes à la poêle dans une cuillerée à soupe d'huile. Ajouter les poivrons. Laisser compoter encore 10 minutes. Saler et poivrer.

Couper les courgettes aux deux extrémités, puis les émincer finement dans la longueur. Émincer également l'aubergine. Les faire cuire 5 minutes à la vapeur. Saler et poivrer. Garder au chaud dans un coin de la poêle avec la compotée de tomates/poivrons.

Égoutter les morceaux de veau. Les enfiler sur des brochettes. Les faire cuire 10 à 12 minutes sous le gril du four ou au barbecue à chaleur moyenne en les retournant et en les badigeonnant régulièrement de la marinade. Saler et poivrer. Glisser un petit brin de romarin à chaque extrémité des brochettes. Accompagner des légumes.

3 unités POINTS®
par personne

SAVEUR SOLEIL

PETIT DÉJEUNER • PRÉPARATION : 7 MN • CUISSON : 3 MN

1 personne

- 1 pot de yaourt brassé à 0 %
- 1 banane moyenne
- 1 kiwi
- 2 CS de groseilles ou de myrtilles
- 1 orange
- 1 bol de thé vert au citron
- 1 tranche de pain Wasa léger
- 1/2 cc de beurre

Éplucher la banane et le kiwi, égrener les groseilles. Presser l'orange.

Couper les fruits en morceaux, les mettre dans le mixeur. Ajouter le yaourt et le jus d'orange. Mixer pour obtenir une préparation homogène. Mettre au frais dans un grand verre, le temps de la préparation du thé.

Savourer avant le thé, pris avec une tranche de pain Wasa légèrement beurrée.

SAUCE CRESSON AU YAOURT

SAUCE • PRÉPARATION : 15 MN • CUISSON : 3 MN

4 personnes

- 1 botte de cresson
- 3 yaourts brassés à 0 %
- 1 CS de poivre vert en conserve
- Sel

Laver très soigneusement le cresson dans plusieurs eaux, couper les queues.

Faire bouillir de l'eau salée dans une grande casserole, y jeter les feuilles de cresson. Donner un bouillon, éteindre aussitôt et verser dans une passoire. Laisser s'égoutter, presser avec le dos d'une cuillère pour faire sortir toute l'eau de cuisson.

Dans le bol d'un mixer verser les yaourts, le cresson, les baies de poivre vert. Mixer finement. Rectifier l'assaisonnement.

LANGOUSTINES RÔTIES ET GRECQUE DE LÉGUMES

PLAT • PRÉPARATION : 35 MN • CUISSON : 20 MN

4 personnes

- 8 grosses langoustines (ou 12 moyennes soit 1 kg)
- 8 petits oignons blancs
- 1 chou-fleur
- 8 petites carottes
- 8 petits navets
- 1 poivron rouge
- 1 poivron vert
- 1 citron jaune
- 1 CS de graines de coriandre
- 1/2 bouquet de coriandre fraîche
- 2 dl de vin blanc sec
- 2 CS de vinaigre de vin blanc
- 2 CS d'huile d'olive
- Sel, poivre

Éplucher les légumes. Couper le chou-fleur en très petits bouquets. Laisser les petits légumes entiers. Couper les poivrons en fines lanières. Couper le citron en fines tranches.

Dans une casserole verser le vin blanc, le vinaigre, les graines de coriandre, le sel, le poivre. Ajouter les rondelles de citron, donner un premier bouillon. Ajouter ensuite les carottes et les oignons, laisser cuire à petits bouillons pendant 5 minutes. Ajouter en dernier le chou-fleur, les navets, les poivrons. Laisser cuire doucement pendant 10 minutes. Laisser dans la casserole jusqu'au moment de servir.

Allumer le gril du four. Essuyer les langoustines. Les couper en 2 dans le sens de la longueur avec des ciseaux à crustacés. Les placer les unes à côté des autres dans la lèche-frite protégée par une feuille de papier aluminium. Badigeonner d'huile d'olive à l'aide d'un pinceau, saler et poivrer. Enfourner et laisser griller 5 minutes.

Disposer sur chaque assiette 4 demi-langoustines, des légumes à la grecque, égouttés au préalable.

Les saisons de la minceur

LANGOUSTINES RÔTIES ET GRECQUE DE LÉGUMES

POT-AU-FEU DE LOTTE

PLAT • PRÉPARATION : 40 MN • CUISSON : 30 MN

6 personnes

- 850 g de lotte (sans arêtes et sans peau)
- 12 jeunes poireaux
- 1 botte d'oignons blancs
- 1 botte de carottes fanes
- 3 courgettes
- 2 bulbes de fenouil
- 6 pommes de terre nouvelles (moyennes)
- 1 botte de brocolis
- 1 bouquet garni (thym, laurier, persil)
- 1/2 bouquet de cerfeuil
- 1/2 citron
- 1 petit piment
- 1 CS de poudre de curry
- 1 dosette de safran
- 1 CS rase de fleur de sel
- 1 cc de poivre en grains

Préparer les légumes : supprimer le haut des feuilles trop vertes et les racines des poireaux. Les fendre en 4 dans la longueur. Rincer, lier en bottes. Éplucher les oignons en conservant une partie de leur tige verte. Gratter les carottes, éplucher légèrement les tiges de brocoli, couper l'extrémité des courgettes. Enlever les feuilles extérieures du fenouil. Peler les pommes de terre. Laver tous les légumes.

Dans un faitout, porter à ébullition 4 litres d'eau avec la fleur de sel et le bouquet garni. Ajouter poireaux, oignons, carottes, les courgettes coupées en 2, les fenouils coupés en 2, les pommes de terre coupées en 2. Laisser cuire 10 minutes, avant d'ajouter les brocolis. Poursuivre la cuisson 10 minutes.

Égoutter les légumes à l'écumoire. Les conserver au chaud, en alternant les légumes, dans un plat placé au bain-marie.

Dans le bouillon de cuisson ajouter le piment le poivre en grains. Plonger les tronçons de lotte dans le liquide frémissant. Laisser cuire 8 minutes à petit feu. Retirer à l'écumoire, disposer sur les légumes.

Filtrer environ 1/2 litre de bouillon, ajouter le zeste et le jus du 1/2 citron, le curry et le safran en les délayant d'une cuillerée à soupe de bouillon.

Présenter le pot-au-feu arrosé de bouillon parfumé et de cerfeuil ciselé.

CONCASSÉE DE TOMATES FRAÎCHES

SAUCE • PRÉPARATION : 15 MN • CUISSON : 10 MN

Inciser les tomates en croix. Les ébouillanter puis les égoutter, les peler et les épépiner. Détailler la chair en petits dés.

Les mettre dans une terrine avec les gousses d'ail écrasées, l'huile d'olive, le sel et le poivre. Faire tiédir 10 minutes au bain-marie pour que les parfums s'épanouissent. Au dernier moment, parfumer de basilic ciselé. Présenter cette sauce avec un poisson grillé ou l'utiliser pour assaisonner des pâtes.

- 500 g de tomates bien mûres
- 2 gousses d'ail
- 2 CS d'huile d'olive
- 1 bouquet de basilic
- Sel, poivre

SALADE DE CREVETTES AUX CINQ GRAINES

PLAT • PRÉPARATION : 30 MN • CUISSON : 30 MN

Mettre les lentilles dans un faitout. Couvrir d'eau froide. Laisser cuire 30 minutes. Saler à mi-cuisson.

Entre-temps, faire cuire le blé, le riz et les petits pois 10 minutes à l'eau bouillante salée. Les rafraîchir et les égoutter.

Faire griller les graines de sésame à sec dans une poêle à revêtement antiadhésif. Décortiquer les crevettes. Peler et hacher finement les échalotes.

Dans un saladier, mélanger le jus du citron, le vinaigre, la moutarde et 2 pincées de sel. Délayer avec l'huile. Poivrer au moulin. Ajouter les échalotes, les lentilles égouttées et tiédies, le blé, le riz, les petits pois et les crevettes décortiquées. Bien remuer. Parsemer de graines de sésame et de ciboulette ciselée. Servir à température ambiante.

6 personnes

- 500 g de crevettes roses cuites
- 100 g de lentilles vertes
- 100 g de blé à cuire
- 150 g de riz basmati
- 150 de petits pois écossés (frais ou surgelés)
- 1 CS de graines de sésame
- 2 échalotes
- 1 CS de jus de citron
- 1 CS de vinaigre de framboise
- 2 cc de moutarde forte
- 4 CS d'huile
- 1 botte de ciboulette
- Sel, poivre

Été

5,5
unités
POINTS®

par personne

CAKE AU PAMPLEMOUSSE

COLLATION • PRÉPARATION : 20 MN • CUISSON : 50 MN

8 personnes

- 150 g de beurre
- 1 pamplemousse jaune
- 3 petits œufs
- 170 g de sucre
  en poudre
- 170 g de farine
- 1/2 sachet de levure
  chimique
- 1 pincée
  de bicarbonate

Faire fondre le beurre au bain-marie. Préchauffer le four Th. 5 (180 °C).

Laver et presser le pamplemousse, prélever quelques zestes. Battre les œufs avec le sucre jusqu'à ce que le mélange blanchisse et devienne mousseux. Ajouter petit à petit la farine et le beurre fondu, puis la levure et le bicarbonate, bien mélanger jusqu'à ce que la préparation soit homogène. Ajouter le jus et les zestes de pamplemousse, mélanger intimement.

Verser la préparation dans un moule à cake beurré et fariné, enfourner à four chaud, cuire 50 minutes environ (vérifier la cuisson à l'aide de la lame d'un couteau pointu). Laisser refroidir et démouler.

4
unités
POINTS®

par personne

RIZ AUX COQUES

PLAT UNIQUE • PRÉPARATION : 30 MN • CUISSON : 20 MN • TREMPAGE : 1 H

4 personnes

- 1 kg de coques
- 1 gousse d'ail
- 200 g de riz basmati
- 1 dosette de safran
- 1 cc d'huile d'olive
- 3 petites tomates
  bien mûres
- Sel, poivre

Laver et laisser tremper les coques 1 heure dans de l'eau froide pour enlever le sable.

Faire chauffer l'huile dans une grande casserole. Mettre l'ail pelé et émincé et le faire dorer. Ajouter le riz et le safran, saler et poivrer, bien mélanger. Couvrir d'eau et amener à ébullition, puis baisser le feu. Couvrir avec un couvercle et cuire 15 minutes.

Égoutter les coques, faire chauffer une grande poêle à sec, y jeter les coques, poivrer. Faire cuire à feu vif en secouant énergiquement. Dès que les coquillages sont ouverts, les retirer du feu.

Couper les tomates en petits dés. Mélanger le riz, les coques et les tomates, poivrer et saler légèrement. Servir immédiatement.

Les saisons de la minceur

RIZ AUX COQUES

SAUCE AU GINGEMBRE

4 personnes

- 1 petit morceau de gingembre (50 g)
- Le zeste d'un citron
- 2 gousses d'ail
- 2 petites tomates
- 3 CS d'huile d'olive
- 1 bouquet de coriandre fraîche
- Sel, poivre

Peler et émincer finement le gingembre et l'ail. Concasser les tomates, mélanger le tout avec les zestes du citron. Saler et poivrer, arroser d'huile d'olive et parsemer de coriandre ciselée.

Laisser reposer 1 heure avant de servir.

Idéal pour accompagner les grillades.

RAVIOLIS FARCIS AU VERT

4 personnes

- 4 feuilles de galette de riz
- 2 blancs de poulet cuits à la vapeur (240 g)
- 1 botte de coriandre
- 1 bouquet de persil plat
- 1 botte de ciboules (ou petits oignons frais)
- 1 botte de ciboulette
- 1 cc de gingembre frais râpé
- 1 pointe de couteau de quatre-épices
- 1 CS de sauce soja claire
- 1 cc de sauce aux piments doux
- 1 CS d'eau

Laver toutes les herbes, ôter les queues, ne garder que les feuilles, les ciseler. Éplucher les ciboules, les couper en fines rondelles. Rassembler les herbes dans un bol, ajouter le gingembre, les quatre-épices et les blancs de poulet coupés en tout petits dés, mélanger.

Tremper délicatement les galettes de riz, une par une, dans de l'eau tiède, les poser sur un torchon humide.

Dans chaque feuille couper 8 carrés de 4 centimètres de côté, si les feuilles ne sont pas assez grandes pour cela, utiliser plus de feuilles.

Sur 16 carrés déposer une cuillerée à café de préparation aux herbes, poser ensuite un carré de pâte et souder l'ensemble en mouillant les bords.

Prendre un panier en bambou ou le panier de la cocotte minute, tapisser le fond d'une feuille de papier sulfurisé, légèrement huilé et disposer les raviolis, sans qu'ils se chevauchent. Il faudra recommencer l'opération de cuisson en plusieurs étapes. Placer le panier au-dessus d'une casserole remplie d'eau, faire bouillir. Laisser cuire les raviolis à la vapeur pendant 10 minutes.

Pendant ce temps, préparer la sauce : mélanger la sauce soja, la sauce pimentée et l'eau. Répartir cette sauce dans 4 petits ramequins, en disposer un dans chaque assiette avec 4 raviolis cuits.

RAVIOLIS FARCIS AU VERT

PINTADEAU FARCI AUX HERBES

PLAT • PRÉPARATION : 40 MN • CUISSON : 1 H 15

4 personnes

- 1 pintadeau
  non bardé (1 kg)
- 500 g de potiron
- 3 poireaux
- 150 g de
  champignons de Paris
- 2 échalotes
- 1 petit-suisse à 0 %
- 3 CS de persil plat
  haché
- 1 CS d'estragon ciselé
- 1 cc de poivre
  de séchouan
- 1 cc de coriandre
  en grains
- 2 cc de miel
  toutes fleurs
- 1 CS de vinaigre
  balsamique
- 1 CS de porto rouge
- 1/2 cc de gingembre
  en poudre
- Sel, poivre

Préchauffer le four Th. 6 (210 °C). Éplucher le potiron, couper la chair en cubes. Nettoyer les poireaux, les couper en tronçons. Les mettre dans un plat à gratin avec un verre d'eau, saler et poivrer. Couvrir d'une feuille d'aluminium, laisser cuire 30 minutes.

Préparer la farce : nettoyer les champignons. Éplucher et couper les échalotes en morceaux. Mettre le tout dans le bol d'un robot de cuisine ajouter le petit-suisse, le sel et le poivre, le gingembre et le foie de la volaille si possible. Mixer le tout. Ajouter le persil et l'estragon ciselé. Mélanger, garnir l'intérieur de la volaille de cette farce. Recoudre l'ouverture. Glisser au four pour 1 heure 15.

Piler au mortier le poivre et les graines de coriandre, ajouter le miel, mélanger avec le vinaigre et le porto. Badigeonner plusieurs fois la volaille avec ce mélange au cours de la cuisson.

Pour servir : réchauffer le plat de potiron (au four à micro-ondes par exemple). Découper la volaille, extraire la farce et la déposer au centre du plat. Présenter les légumes à part.

PINTADEAU FARCI AUX HERBES

FROMAGE BLANC
À LA CHIFFONNADE DE CRESSON

COLLATION • PRÉPARATION : 5 MN

2 personnes

- 1/2 botte de cresson
- 2 pots de fromage blanc nature à 0 %
- 1 cc de fenouil en poudre
- 2 tartines de pain grillé (50 g)
- 1 petite boîte de thon au naturel (80 g)
- 1 bol de thé vert
- 2 pommes
- Sel, poivre

Équeuter, laver le cresson, l'essorer dans l'essoreuse à salade. Le ciseler grossièrement.

Égoutter le thon, l'émietter à la fourchette. Mélanger le fromage blanc, le thon et la plus grande partie du cresson. Ajouter le fenouil, saler et poivrer. Mettre au frais jusqu'au service. Décorer du reste de cresson. Servir avec le pain grillé et le thé vert.

Croquer les pommes.

SOUPE DE PÊCHES
AU THÉ VERT

DESSERT • PRÉPARATION : 20 MN • CUISSON : 15 MN • REPOS : 4 H

6 personnes

- 6 pêches blanches
- 1 cc de feuilles de thé vert
- 4 CS de fructose
- 2 brins de menthe

Ébouillanter les pêches afin de les peler facilement. Les ouvrir en 2. Les dénoyauter, puis les couper en quartiers.

Dans une casserole, porter 60 centilitres d'eau à ébullition avec le fructose. Faire bouillir et réduire 5 minutes. Ajouter le thé vert dans ce sirop. Y faire pocher les pêches 10 minutes. Les retirer avec l'écumoire, puis les mixer avec un peu de sirop de cuisson jusqu'à obtention d'une consistance fluide mais pas trop liquide.

Après refroidissement, réserver 4 heures minimum au réfrigérateur. Servir glacé dans des bols et parsemer de feuilles de menthe.

LASSI ÉPICÉ À LA MANGUE ET NECTARINE

COULIS • PRÉPARATION : 20 MN • RÉFRIGÉRATION : 2 H

2
unités
POINTS ®

par personne

2 personnes

- 1 mangue bien mûre
- 1 nectarine
- Le jus d'un pamplemousse
- 2 yaourts à 0 %
- 2 cc rases d'édulcorant
- 1 cc de cannelle
- 1 cc de quatre-épices
- 1/2 cc de coriandre
- 1 branchette de menthe

Éplucher, dénoyauter la mangue et la nectarine. Couper la chair en morceaux. Presser le pamplemousse.

Mettre les yaourts avec les fruits dans le mixeur, le jus de pample-mousse, l'édulcorant et les épices. Mixer pour obtenir une prépara-tion homogène. Mettre 2 heures dans le réfrigérateur.

Servir tel quel, en boisson ou pour accompagner une salade de fruits.

COMPOTE DE FIGUES À LA MAROCAINE

DESSERT • PRÉPARATION : 15 MN • CUISSON : 25 MN

2
unités
POINTS ®

par personne

4 personnes

- 12 figues violettes bien mûres
- 4 oranges
- 1 bâton de cannelle
- 1 CS de fructose
- 1 CS de miel liquide

Rincer et essuyer les figues. Couper le pédoncule. Les mettre dans une casserole avec le jus des oranges, le bâton de cannelle et le fruc-tose. Faire cuire 10 minutes à feu doux.

Retirer les figues avec l'écumoire. Les mettre dans un compotier.

Faire bouillir et réduire le jus de cuisson jusqu'à ce qu'il soit siru-peux (environ 15 minutes). Hors du feu, ajouter le miel. Verser sur les figues. Servir de préférence tiède ou à température ambiante.

1 unité **POINTS**®

par personne

FRAISES ACIDULÉES

DESSERT • PRÉPARATION : 30 MN • CUISSON : 30 MN

4 personnes

- 2 barquettes de fraise (gariguette)
- Quelques gouttes de vinaigre balsamique
- 100 g de rhubarbe fraîche ou surgelée
- 60 g de sucre en poudre
- 1 bouquet de basilic
- 1 cc de sucre glace

Laver les fraises, en équeuter les 3/4. Les hacher en tartare au couteau, puis ajouter quelques gouttes de vinaigre balsamique.

Cuire la rhubarbe avec le sucre en poudre et 10 centilitres d'eau pendant 30 minutes, puis mixer en purée.

Servir le tartare de fraises parsemé de basilic ciselé avec la compote de rhubarbe et les fraises entières saupoudrées de sucre glace.

5 unités **POINTS**®

par personne

CAPPUCCINO CHOCOLAT FRAMBOISE

DESSERT • PRÉPARATION : 20 MN • CUISSON : 10 MN • REPOS : 4 H

6 personnes

- 50 cl de lait 1/2 écrémé
- 80 g de chocolat noir amer
- 250 g de framboises
- 6 jaunes d'œufs
- 5 CS d'édulcorant en poudre
- 1/2 feuille de gélatine (1 g)
- 10 cl de crème fraîche liquide à 15 %
- 1 cc de cacao en poudre non sucré

Dans une casserole à fond épais, porter le lait à ébullition. Hors du feu, y faire fondre le chocolat cassé en morceaux.

Dans une jatte, délayer les jaunes d'œufs avec le lait au chocolat très chaud. Sucrer avec l'édulcorant. Reverser le tout dans la casserole. Faire épaissir à feu très doux en tournant sans cesse et sans jamais laisser bouillir (environ 10 minutes).

Hors du feu, incorporer la gélatine préalablement ramollie à l'eau froide et bien égouttée. Remuer vivement pour la dissoudre. Répartir dans des tasses (ou dans des verres). Après refroidissement, réserver 4 heures minimum au réfrigérateur.

Fouetter la crème liquide très froide en Chantilly. Réserver également au réfrigérateur (1 heure maximum).

Au dernier moment, répartir les framboises dans chaque tasse. Coiffer chacune d'un flocon de Chantilly et saupoudrer de cacao tamisé à travers une passoire fine. Servir sans attendre.

CAPPUCCINO CHOCOLAT FRAMBOISE

PÊCHES POCHÉES À LA VERVEINE

DESSERT • PRÉPARATION : 20 MN • CUISSON : 15 MN

4 personnes

- 4 pêches blanches
- 1 bouquet
  de verveine fraîche
- 1 orange
- 80 g de sucre
  cassonade
- 1 bâton de cannelle
- 1 gousse de vanille
- 1 anis étoilé
- 2 clous de girofle
- 1 cc d'eau
  de fleur d'oranger

Laver et essuyer les pêches et la verveine. Brosser l'orange sous l'eau, l'essuyer, retirer le zeste, presser le jus.

Mettre 50 centilitres d'eau et le sucre dans une casserole et amener doucement à ébullition. Ajouter les clous de girofle, la vanille fendue en 2, l'anis étoilé, la verveine, la cannelle, le zeste et le jus de l'orange. Cuire 5 minutes en maintenant une légère ébullition.

Y plonger les pêches, les cuire 10 minutes, les retirer à l'aide d'une écumoire puis les peler.

Faire réduire le sirop de cuisson d'1/3. Laisser tiédir et ajouter l'eau de fleur d'oranger. Arroser les pêches du jus de cuisson. Servir tiède ou très frais.

GLACE VERVEINE MENTHE

DESSERT • PRÉPARATION : 30 MN • CUISSON : 10 MN • REPOS : 4 H

6 personnes

- 50 cl de lait
  1/2 écrémé
- 6 jaunes d'œufs
- 4 CS de fructose
- 1 bouquet
  de verveine citronnelle
- 1 bouquet de menthe

Dans une casserole, porter le lait à ébullition. Hors du feu, ajouter le bouquet de verveine et de menthe (réserver quelques feuilles pour la finition). Couvrir. Laisser infuser 15 minutes, puis retirer les herbes. Faire chauffer à nouveau le lait.

Dans une jatte, fouetter les jaunes d'œufs avec le fructose. Délayer avec le lait bouillant en fouettant vivement. Reverser le tout dans la casserole. Faire épaissir à feu très doux et sans faire bouillir en remuant sans cesse avec une spatule (environ 10 minutes) jusqu'à ce que la crème nappe la spatule et laisse un trait net.

Après refroidissement, réserver 2 heures au réfrigérateur, puis faire prendre en glace en sorbetière. Garder au congélateur jusqu'au dernier moment (2 heures minimum). Avec une cuillère à glace, former des boules. Les présenter dans des verres. Parsemer de feuilles de verveine et de menthe.

GLACE VERVEINE MENTHE

4,5
unités
POINTS®

par personne

SOUFFLÉS GLACÉS AUX ABRICOTS

DESSERT • PRÉPARATION : 30 MN • CUISSON : 15 MN • RÉFRIGÉRATION : 2 H

4 personnes

- 8 gros abricots mûrs
- 2 CS de sucre en poudre
- 2 feuilles de gélatine
- 40 cl de crème fleurette à 12 %

Dénoyauter et cuire les abricots avec 1/2 verre d'eau et le sucre pendant 10 minutes environ à petit feu. Laisser refroidir.

Faire ramollir les feuilles de gélatine dans un bol d'eau froide. Faire chauffer la crème sans la faire bouillir. Hors du feu, ajouter la gélatine bien essorée et remuer jusqu'à complète dissolution.

Mixer les abricots avec leur jus de cuisson, ajouter la crème, mixer encore.

Découper 4 bandes de papier sulfurisé de 4 fois la hauteur des moules à soufflé. Plier chaque bande de papier en 2 dans la longueur pour doubler l'épaisseur, glisser les bandes dans les moules, maintenir la bonne circonférence à l'aide d'un morceau de ruban adhésif. Verser la préparation en dépassant la hauteur des moules (la bande de papier sulfurisé doit doubler la hauteur du moule).

Réserver au congélateur pendant 2 heures minimum. Au moment de servir, retirer les bandes de papier sulfurisé.

1
unité
POINTS®

par personne

KIWIS FARCIS AUX FRUITS ROUGES

DESSERT • PRÉPARATION : 10 MN • CUISSON : 15 MN

4 personnes

- 4 gros kiwis
- 1 poignée de myrtilles
- 1 poignée de groseilles
- 1 petite grappe de raisins
- Le zeste d'un citron
- 4 petits-suisses à 0 %
- 1 CS de sucre en poudre

Couper le haut des kiwis, les évider aux 2/3 à l'aide d'une petite cuillère. Les réserver au frais.

Égrapper les groseilles, laver les myrtilles et peler les raisins.

Battre les petits-suisses avec le sucre et le zeste de citron. Incorporer délicatement les fruits en prenant soin de ne pas les écraser (en réserver quelques-uns).

Remplir les kiwis de cette préparation, disposer les fruits restants sur le dessus et réserver au frais jusqu'au moment de servir.

ÎLES FLOTTANTES
À LA FLEUR D'ORANGER

DESSERT • PRÉPARATION : 30 MN • CUISSON : 30 MN • RÉFRIGÉRATION : 3 H

3,5 unités POINTS®

par personne

4 personnes

- 50 cl de lait écrémé
- 4 œufs
- 2 cc de fécule
- 2 CS
  de sirop d'érable
- 2 CS d'eau
  de fleur d'oranger
- 1 CS de sucre glace
- 1 pincée de sel

Séparer les blancs des jaunes. Mettre les jaunes dans une jatte, les battre avec le sirop d'érable, la fleur d'oranger et la fécule, jusqu'à obtenir un mélange mousseux.

Faire bouillir le lait. Pendant ce temps, monter les blancs légèrement salés en neige ferme à l'aide d'un fouet électrique.

Prendre une cuillerée de blanc d'œuf, la poser sur la surface du lait qui continue de chauffer, laisser cuire 3 minutes, retourner et laisser cuire encore 2 minutes. Procéder de la même façon jusqu'à ce que l'on ait utilisé tous les blancs en neige. Déposer les blancs cuits dans une grande jatte.

Verser doucement le lait chaud sur la préparation à base de jaunes, reverser ce mélange dans la casserole. Faire cuire à feu doux, en fouettant sans cesse, jusqu'à ce que la crème épaississe et nappe la cuillère.

Verser la crème dans un saladier, poser les blancs en neige cuits par-dessus, mettre au froid au moins 3 heures avant de servir.

PAPILLOTE DE FRUITS

DESSERT • PRÉPARATION : 30 MN • CUISSON : 30 MN

0,5 unité POINTS®

par personne

4 personnes

- 1 pomme verte
- 1 clémentine
- 12 grains de raisin
  noir (100 g)
- 2 fruits de la passion
- 1 carambole
- 1/2 ananas frais
- 2 pêches blanches
  ou 1/2 melon
- 2 CS de sirop
  de sucre de canne roux
- Le jus d'un citron vert
- Baies roses

Préchauffer le four Th. 6 (200 °C).

Éplucher les fruits : pomme, ananas, pêche, melon, les couper en fines lamelles ou en petits dés. Laver les raisins. Ouvrir les fruits de la passion en 2, vider l'intérieur dans un bol, ajouter le jus de citron vert et le sirop de sucre de canne, bien mélanger.

Couper 4 feuilles de papier cuisson, les poser sur le plan de travail, répartir dans chaque carré un mélange de fruits, arroser avec une cuillerée à soupe de sirop préparé.

Donner 2 tours de moulin à poivre de baies roses. Refermer la papillote, enfourner pour 30 minutes.

À la sortie du four, ouvrir la papillote, poser une fine tranche de carambole et arroser du reste de sirop.

Été

SOUPE DE CERISES À L'ORANGE

DESSERT • PRÉPARATION : 20 MN • CUISSON : 25 MN • RÉFRIGÉRATION : 12 H

4 personnes

- 400 g de cerises (montmorency ou bigarreau)
- 2 verres de vin rouge
- 1 orange
- 1 cm de racine de gingembre frais (ou 1 cc de gingembre en poudre)
- 1 cc de graines de coriandre
- 4 CS d'édulcorant

Dans une casserole, amener le vin à ébullition. Hors du feu, faire flamber le vin pour laisser évaporer l'alcool. Laisser réduire d'1/3 à petit feu.

Laver et équeuter les cerises. Les dénoyauter, éventuellement. Dans ce cas, mettre les noyaux dans une gaze et les ajouter dans le vin.

Laver l'orange et prélever le zeste en grosses languettes. Presser le jus.

En fin de réduction du vin, ajouter le jus et le zeste d'orange, les cerises, le gingembre, pelé et râpé, la coriandre. Laisser cuire à petit feu 10 minutes.

Délayer l'édulcorant, dans la préparation précédente, en mélangeant jusqu'à ce qu'il soit fondu. Laisser refroidir avant de placer dans le réfrigérateur jusqu'au lendemain.

Au moment de servir, enlever les noyaux de cerise et les zestes d'orange. Servir frais en coupes.

RICOTTA MERINGUÉE AUX FRUITS ROUGES

DESSERT • PRÉPARATION : 15 MN • RÉFRIGÉRATION : 3 H

4 personnes

- 400 g de ricotta
- 200 g de fraises
- 100 g de myrtilles
- 100 g de fraises des bois
- 200 g de framboises
- 2 meringues de pâtisserie (60 g)
- 1 CS d'amandes grillées

Laver rapidement les fruits, couper la queue des fraises.

Dans le bol d'un mixer mettre la ricotta, 4 grosses fraises, 4 framboises. Mixer finement.

Dans des coupes superposer une couche de ricotta, quelques miettes de meringue, une couche de fruits rouges. Terminer par de la meringue émiettée mélangée à des fruits.

Mettre au frais pour 3 heures.

RICOTTA MERINGUÉE AUX FRUITS ROUGES

FRAISES AU PAMPLEMOUSSE

DESSERT • PRÉPARATION : 15 MN • RÉFRIGÉRATION : 1 H

6 personnes

- 600 g de fraises
- 3 pamplemousses
- 1 orange
- 1 citron
- 2 branchettes
  de menthe

Laver les fraises rapidement en évitant de les laisser tremper dans l'eau. Les équeuter et les couper en 2 ou en 4 dans la longueur.

Éplucher les pamplemousses à vif : sur une planche, couper les deux pôles du fruit, avec un couteau bien aiguisé. Poser le fruit sur un des pôles et glisser la lame du couteau de haut en bas pour enlever en même temps la peau colorée et la peau blanche. Au-dessus d'une assiette pour recueillir le jus, détacher les quartiers de chair, en passant la lame du couteau entre les membranes qui séparent les tranches. Réserver.

Presser le jus de l'orange et la moitié du citron, ajouter le jus recueilli des pamplemousses. Ajouter les feuilles de menthe ciselées, mélanger.

Répartir les fraises et les tranches de pamplemousses dans un grand compotier. Arroser du jus des fruits à la menthe. Laisser macérer 1 heure dans le réfrigérateur.

BAVAROIS LÉGER
AU CHOCOLAT ET FRAISES

DESSERT • PRÉPARATION : 30 MN • CUISSON : 10 MN • RÉFRIGÉRATION : 3 H

4 personnes

- 50 cl de lait écrémé
- 1 feuille de gélatine
- 40 g de cacao
  maigre non sucré
- 250 g de fraises
  (mara des bois)
- 2 CS d'édulcorant
  en poudre

Faire tremper les feuilles de gélatine dans de l'eau froide.

Faire chauffer le lait, le verser sur le cacao, délayer doucement.

Presser les feuilles de gélatine entre les paumes des mains, les ajouter dans le lait chocolaté, bien mélanger tout en donnant un petit bouillon. Ajouter l'édulcorant.

Verser la préparation dans 4 ramequins, mettre au froid pour au moins 3 heures. Essuyer les fraises, couper les plus grosses en 2 ou en 4. Au moment de servir, renverser les bavarois sur des assiettes à dessert, poser des fraises en couronne sur le dessus et tout autour.

BAVAROIS LÉGER AU CHOCOLAT ET FRAISES

COUPE DE FRUITS
GROSSE CHALEUR

DESSERT • PRÉPARATION : 20 MN • RÉFRIGÉRATION : 1 H

4 personnes

- 4 pêches blanches
- 4 abricots
- 1 melon
- 1 tranche de pastèque
- 1 cc de gingembre frais râpé
- 300 g de framboises
- 1 CS d'édulcorant
- 3 branchettes de menthe
- Glace pilée

Peler les pêches après les avoir trempées 30 secondes dans une casserole d'eau bouillante. Les couper en 2. Enlever les noyaux, couper la chair en morceaux. Les déposer dans un saladier pouvant contenir toute la préparation. Ouvrir le melon, supprimer les graines. Prélever des boules de chair en utilisant une cuillère à pomme parisienne. Procéder de même pour la pastèque. Couper le reste des chairs en petits cubes. Laver, éponger les abricots, les couper en 2. Rassembler le tout dans le saladier. Mettre 1 heure au froid.

Préparer le coulis de framboises : passer les fruits au moulin à légumes grille fine ; ajouter le gingembre et la moitié des feuilles de menthe ciselées. Mettre au froid.

Pour servir : arroser la salade de fruits de coulis de framboises. Mettre quelques glaçons dans un torchon, piler au marteau. Répartir la glace pilée sur les fruits, mélanger rapidement. Servir de suite décoré de feuilles de menthe.

COMPOTE TONIQUE
À LA RHUBARBE ET À LA FRAMBOISE

DESSERT • PRÉPARATION : 30 MN • CUISSON : 35 MN

4 personnes

- 500 g de tiges de rhubarbe (les feuilles ne sont pas consommables).
- 1 barquette de framboises
- 8 CS de crème fraîche à 8 %
- Le zeste d'1/2 citron
- 1 gousse de vanille
- 3 CS rases d'édulcorant
- 4 petits macarons

Éplucher les tiges de rhubarbe en enlevant les fils. Laver et couper en petits morceaux.

Mettre la rhubarbe dans une casserole avec 1/2 verre d'eau et le zeste de citron. Ouvrir la gousse de vanille en 2 dans la longueur. Gratter de la pointe du couteau les petites graines au-dessus de la casserole.

Faire cuire à feu moyen jusqu'à obtenir l'évaporation de l'eau et une préparation souple. Ajouter l'édulcorant, mélanger. Laisser refroidir. Écraser à la fourchette. Mettre au réfrigérateur.

Dans un saladier très froid, battre la crème en chantilly. Mettre au réfrigérateur.

Pour servir : répartir la compote de rhubarbe dans 4 coupes. Parsemer de framboises. Napper de chantilly. Décorer de macarons grossièrement écrasés au rouleau à pâtisserie.

MARMITE VÉGÉTARIENNE AU TOFU

3,5 unités POINTS

par personne

PLAT UNIQUE • PRÉPARATION : 30 MN • CUISSON : 40 MN • REPOS : 30 MN

Placer le tofu entre deux planches à découper et poser un poids sur le dessus. Laisser en attente 30 minutes.

Éplucher, couper les oignons avec une partie de leur tige verte. Nettoyer et couper les champignons en 4. Gratter et couper les carottes en bâtonnets ainsi que les courgettes, non épluchées, couper les poivrons en lanières. Peler, couper les patates douces en cubes. Séparer les fleurs de brocolis, éplucher les tiges.

Chauffer 1/2 cuillerée à café d'huile dans une cocotte. Y jeter les oignons, l'ail, les champignons. Laisser cuire quelques minutes, en remuant. Ajouter les carottes, les courgettes, les poivrons, les patates douces, les tiges seulement des brocolis. Saupoudrer de gingembre et de curry, saler légèrement et poivrer. Arroser de sauce soja. Mélanger, couvrir. Laisser cuire 40 minutes. En fin de cuisson ajouter les fleurs de brocolis. Au besoin, ajouter un peu d'eau en cours de cuisson.

En fin de cuisson, éponger le tofu sur du papier absorbant, le couper en gros cubes. Les passer dans la Maïzena. Poêler rapidement dans le reste d'huile chaude.

Pour servir : verser les légumes dans un plat creux, parsemer de ciboule et de coriandre ciselées. Garnir de tofu bien égoutté.

6 personnes

- 500 g de tofu ferme
- 3 oignons blancs
- 3 gousses d'ail pilées
- 300 g de champignons de Paris
- 200 g de lentins de chêne ou de pleurotes
- 3 carottes fanes
- 250 g de haricots verts
- 2 courgettes
- 300 g de patates douces
- 1 poivron rouge
- 1 botte de brocolis
- 1 CS de Maïzena
- 3 cc d'huile d'arachide
- 10 cl de sauce soja
- 1 cc de gingembre frais râpé
- 1 CS de curry
- 10 cl de sauce soja
- 1/2 botte de coriandre
- 2 ciboules (ou 1/4 de botte de ciboulette)
- Sel, poivre

index par ingrédients

ABATS

Foie de veau poêlé
en salade de mâche 88

ABRICOT

Cuisses de poulet aux abricots secs 26
Noisettes de porc aux fruits secs 99
Taboulé aux fruits d'été 200
Soufflés glacés aux abricots 242
Coupe de fruits grosse chaleur 248

AGNEAU

Agneau à la mode des Indes 55
Charlotte d'agneau 58
Gigot d'agneau, purée d'ail,
asperges vertes à la crème 141
Petites aumônières d'agneau 160

AIL

Gigot d'agneau, purée d'ail,
asperges vertes à la crème 141
Sauce à la crème d'ail 170

ALCOOLS DIVERS

Mimosa 84
Sauce au vin rouge 100
Salade de pommes
des champs au vin blanc 151

AMANDE

Authentique Linzertorte 130

ANANAS

Quatre-quarts à l'ananas 72
Curry de poulet à l'ananas, timbales de riz .114
Croustillants d'ananas 124
Tarte fine aux fruits exotiques 126
Gelée de fruits dorés 127
Riz frou-frou 166

Coupe de cake aux fruits 188
Papillotes de fruits 243

ANCHOIS

Haddock au vert d'anchois 107

ANETH

Truite de mer et risotto à l'aneth 48
Soupe de concombre glacée à l'aneth 206

ARTICHAUT

Fonds d'artichauts Grand Nord 36
Salade d'artichauts et tomates séchées 144
Assiette du jardinier 165
Légumes grillés à la parmesane 204

ASPERGE

Grenadin de veau de lait aux asperges
et son coulis d'herbes 11
Gigot d'agneau, purée d'ail,
asperges vertes à la crème 141
Assiette du jardinier 165

AUBERGINE

Terrine d'aubergines,
tomates en réduction 13
Roulades de dinde
à la compotée de légumes 48
Paella de légumes 54
Couscous de poisson 56
Charlotte d'agneau 58
Légumes grillés à la parmesane 204
Fleurs de courgettes farcies au chèvre 215
Brochettes de veau
au romarin et méli-mélo de légumes 224

AVOCAT

Salade de pousses d'épinard et d'avocats . .144
Bayadère de légumes 150

BACON

Rôti de lotte et chou braisé 106
Lentilles mijotées au poulet 110

BADIANE

Tartelettes à la rhubarbe 69

BANANE

Pamplemousse surprise 26
Tarte fine aux fruits exotiques 126
Gelée de fruits dorés 127
Raviolis de rhubarbe à la banane 188

BATAVIA

Boulgour au poulet et aux herbes 88

BETTERAVE

Poireaux en robe de saumon,
 vinaigrette de betterave 86
Salade de mâche, haddock et betterave 92
Tarte aux navets et au cumin 146
Assiette Baltique 212

BEURRE

Le vrai beurre blanc très allégé 168
Cake au pamplemousse 230

BISCUIT

Charlotte au coulis de myrtilles 85
Diplomate du matin 180
Charlotte aux mangues 186

BLÉ

Salade de crevettes aux cinq graines 229

BŒUF

Bò bún 46
Bœuf ficelle .49
Pavé de bœuf aux poivrons grillés 60

Filet de bœuf braisé, compotée rouge 94
Pain perdu du boucher 96
Bœuf aux patates douces et piment 108
Boulettes de bœuf à la tunisienne 156
Sauté de bœuf aux carottes nouvelles 166
Carpaccio à la mode asiatique 202

BOULGOUR

Taboulé au persil 35
Boulgour au poulet et aux herbes 88
Pot-au-feu de dinde aux herbes 110

BRIOCHE

Petites brioches de crevettes
 à la sauce rose 96

BROCOLI

Tagliatelles sauté es au poulet et légumes . . .60
Pavé de saumon,
 purée de brocolis et de chou-fleur 106
Pennes et julienne au vert 176
Pot-au-feu de lotte 228
Marmite végétarienne au tofu 249

BRUGNON

Taboulé aux fruits d'été 200

CABILLAUD

Couscous de poisson 56
Choucroute aux poissons 64
Cabillaud et chou rouge confit 102
Potée au cabillaud 116
Tarama léger 158

CACAO

Sauce au chocolat 38
Œufs à la neige au chocolat 130
Pannacotta aux kiwis, sauce chocolat 179
Bavarois léger
 au chocolat et fraises 246

index par ingrédients

CAFÉ

Soufflé léger au café 126
Crème au café meringuée 190

CAILLE . . . .

Cailles à la citronnelle 157
Cailles en coque de poivron 204

CAKE

Coupe de cake aux fruits 188

CALAMAR

Calamars aux poivrons confits 198

CANARD

Bâtonnets de magret à la clémentine 84
Gigotins de magret au romarin 210

CANNELLE

Terrine d'oranges
  et pommes à la cannelle 74
Kakis à la mousse de cannelle 122
Omelette aux pommes 127

CÂPRE . . . .

Truite de mer au câpres 62
Tomates farcies à la raie 206

CARAMBOLE

Pennes et julienne au vert 176
Papillotes de fruits 243

CARDAMOME

Mouclade à la cardamome 102

CAROTTE

Velouté de carotte et céleri à la coriandre . . .41
Bœuf ficelle 49
Couscous de poisson 56

Dos de sandre grillé
  aux bûchettes de légumes 82
Potage de légumes anciens 90
Soupe de pois cassés 94
Noisettes de porc aux fruits secs 99
Pot-au-feu de dinde aux herbes 110
Potée au cabillaud 116
Crudités en barquettes d'endives 133
Tarte de carottes à l'orange confite 152
Blanquette de limande
  aux légumes du printemps 154
Sauté de bœuf aux carottes nouvelles 166
Potée de printemps 172
Poulet au citron vert 174
Roulade de veau
  en papillotes et légumes grillés 178
Bisque de langoustines 209
Légumes à la crème de chèvre 215
Langoustines rôties et grecque de légumes . .226
Pot-au-feu de lotte 228

CASSONADE

Pannacotta à la fleur d'oranger,
  fruits d'ici et d'ailleurs
  en délicate gelée de citronnelle 9

CÉLERI

Velouté de carottes et céleri à la coriandre . . .41
Dos de sandre grillé
  aux bûchettes de légumes 82
Velouté de topinambours aux moules 98
Râble de lapin aux marrons glacés 112
Panzanella 160
Potée de printemps 172

CERFEUIL

Boulgour au poulet et aux herbes 88
Potage aux herbes fraîches 152

Les saisons de la minceur

CERISE

Îlôts de cerises au coulis
de fruits rouges irisé 170
Gratin de cerises 178
Soupe de cerises à l'orange 244

CHAMPIGNON

Velouté de champignons au yaourt 30
Carpaccio de cèpes aux noisettes 32
Soupe aux champignons épicés 35
Flan de légumes au coulis de poivrons 40
Papillotes de sole aux girolles 40
Gigot de lotte à la forestière 50
Paella de légumes 54
Tagliatelles sautées au poulet et légumes 60
Œuf cocotte, champignons sautés 93
Papillotes de lapin
à la mousse de poires aux épinards 104
Sauce à la crème d'ail 170
Roulade de veau
en papillotes et légumes grillés 178
Gibelotte de lapin au romarin 180
Pintadeau farci aux herbes 234
Marmite végétarienne au tofu 249

CHOCOLAT

Soufflé léger au café 126
Mousse aux oranges sanguines 128
Œufs à la neige au chocolat 130
Cappuccino chocolat framboise 238

CHOU

Filet de bœuf braisé, compotée rouge 94
Cabillaud et chou rouge confit 102
Rôti de lotte et chou braisé 106
Thon en habit basque 107
Potée au cabillaud 116
Crudités en barquettes d'endives 133
Assiette du jardinier 165

CHOUCROUTE

Choucroute aux poissons 64

CHOU-FLEUR

Pavé de bœuf aux poivrons grillés 60
Dos de sandre grillé
aux bûchettes de légumes 82
Pavé de saumon,
purée de brocolis et de chou-fleur 106
Langoustines rôties et grecque de légumes . .226

CIBOULETTE

Boulgour au poulet et aux herbes 88
Pastilla de saumon à la ciboulette 148
Potage aux herbes fraîches 152

CITRON

Cocktail top forme 24
Croustillant aux poires 66
Sauce aux agrumes et au yaourt 68
Quatre-quarts à l'ananas 72
Terrine d'oranges
et pommes à la cannelle 74
Pavé de saumon,
purée de brocolis et de chou-fleur 106
Sauce à la pomme 114
Tarte fine aux fruits exotiques 126
Gelée de fruits dorés 127
Salade d'artichauts et tomates séchées 144
Dorade au citron confit
et semoule à la coriandre 156
Poulet au citron vert 174
Petit soufflé glacé au citron 182
Ramequins de fraises à la crème de citron . .186
Calamars aux poivrons confits 198
Taboulé aux fruits d'été 200
Poulet mariné à l'italienne 212
Courgettes râpées à la citronnette 220
Papillotes d'espadon aux citrons confits 220
Filets de merlan gratinés au citron 223

Index

253

index par ingrédients

CITRONNELLE

Cailles à la citronnelle 157

CLÉMENTINE

Bâtonnets de magret à la clémentine 84
Crêpes aux clémentines, sauce orange 122
Papillotes de fruits 243

COCO (LAIT DE)

Soupe de mangue au lait de coco 46

COING

Pommes panées
à la bohémienne de fruits 132

CONCOMBRE

Roulés de poulet au concombre 34
Bò bún 46
Tagliatelles de concombre aux crevettes 99
Tartare de saumon et de concombre 140
Rouleaux de laitue 157
Soupe de concombre glacée à l'aneth 206
Concombre aigre-doux farci 214
Soupe glacée bulgare 214
Légumes à la crème de chèvre 215
Saveur soleil .224

CONFITURE

Authentique Linzertorte 130

COQUELET

Tajine de coquelets aux fenouils 52

COQUES

Riz aux coques 230

CORIANDRE

Dorade au citron confit
et semoule à la coriandre 156
Raviolis farcis au vert 232

COURGETTE

Flan de légumes au coulis de poivrons 40
Couscous de poisson 56
Dos de sandre grillé
aux bûchettes de légumes 82
Bœuf aux patates douces et piment 108
Tartare de courgettes aux tomates 146
Gambas à la vapeur
et marmelade de courgettes 158
Flan de courgettes à la menthe 202
Légumes grillés à la parmesane 204
Flan de courgettes aux palourdes 208
Fleurs de courgettes farcies au chèvre 215
Courgettes râpées à la citronnette 220
Brochettes de veau
au romarin et méli-mélo de légumes 224

CRABE

Salade de dinde Louisiane 38
Salade de coquillettes au crabe 42
Bayadère de légumes 150

CRÈME FRAÎCHE

Pannacotta à la fleur d'oranger,
fruits d'ici et d'ailleurs
en délicate gelée de citronnelle 9
Terrine d'aubergines,
tomates en réduction 13

CRESSON

Petites brioches de crevettes
à la sauce rose 96
Haddock au vert d'anchois 107
Potage aux herbes fraîches 152
Sauce cresson au yaourt 226
Fromage blanc à la chiffonnade de cresson .236

CREVETTE

Cocktail de crevettes à l'orange passion 32
Fonds d'artichauts Grand Nord 36

Choucroute aux poissons 64

Petites brioches de crevettes
à la sauce rose 96

Tagliatelles de concombre aux crevettes 99

Rouleaux de laitue 157

Salade de crevettes aux cinq graines 229

CUMIN

Tarte aux navets et au cumin 146

CURRY

Curry de poulet à l'ananas, timbales de riz .114

DINDE

Salade de dinde Louisiane 38

Roulades de dinde
à la compotée de légumes 48

Roulé de dinde farce du jardin 108

Pot-au-feu de dinde aux herbes 110

Croquemitoufles au jambon 164

Brochettes de dinde aux pois gourmands
et aux tomates cerises 174

Brochettes de dinde aux pêches 222

DORADE

Pizza de poisson à la mexicaine 148

Dorade au citron confit
et semoule à la coriandre 156

ENDIVE

Crudités en barquettes d'endives 133

Filet mignon aux épices,
endives caramélisées 172

ÉPINARD

Tarte aux épinards 30

Flan de légumes au coulis de poivron 40

Papillotes de lapin
à la mousse de poires aux épinards 104

Salade de pousses d'épinard et d'avocats . .144

Salade de printemps 150

Gratin de julienne, épinards à la crème . . .168

Pavés de thon
aux petits navets et épinards 171

ESPADON

Papillotes d'espadon aux citrons confits 220

FARINE

Cake au pamplemousse 230

FENOUIL

Tajine de coquelets aux fenouils 52

Coques de fenouils au crabe 162

Blancs de poulet
à l'orange, gratin de fenouils 216

Pot-au-feu de lotte 228

FIGUE

Noisettes de porc aux fruits secs 99

Compote de figues à la marocaine 237

FLÉTAN

Tarama léger .158

FRAISE

Compote de rhubarbe et fraises 62

Petites corbeilles de fruits 142

Gratin de cerises 178

Crémets aux fraises, coulis de mangue 179

Diplomate du matin 180

Tian de fraises 184

Fraises provençales à la crème de yaourt . .185

Ramequins de fraises à la crème de citron . .186

Fraises acidulées 238

Ricotta meringuée aux fruits rouges 244

Bavarois léger
au chocolat et fraises 246

Fraises au pamplemousse 246

Index

index par ingrédients

FRAMBOISE

Charlotte au coulis de myrtilles 85
Croustillants d'ananas 124
Cappuccino chocolat framboise 238
Ricotta meringuée aux fruits rouges 244
Coupe de fruits grosse chaleur 248
Compote tonique
  à la rhubarbe et à la framboise 248

FROMAGE

Terrine de chèvre aux fruits secs 28
Tarte aux épinards 30
Tarte à la brousse et aux poires 75
Gnocchis de semoule gratinés 100
Petit pain au chèvre frais et à la poire 112
Tartines gratinées à la raclette 120
Salade d'artichauts et tomates séchées 144
Salade de pommes
  des champs au vin blanc 151
Gâteau d'olives 154
Rouleaux de laitue 157
Croquemitoufles au jambon 164
Sauce maraîchère 171
Crémets aux fraises, coulis de mangue 179
Fleurs de courgettes farcies au chèvre 215
Légumes à la crème de chèvre 215
Méli-mélo de melon 216

FROMAGE BLANC

Cheese-cake au citron,
  soupçon de chocolat 63
Croustillant aux poires 66
Tiramisu aux poires 121
Gâteau aux deux pommes 128
Tarama léger 158
Petit soufflé glacé au citron 182
Bavarois aux fruits rouges 191
Assiette Baltique 212
Fromage blanc
  à la chiffonnade de cresson 236

FRUITS MÉLANGÉS

Pannacotta à la fleur d'oranger,
  fruits d'ici et d'ailleurs
  en délicate gelée de citronnelle 9
Îlôts de cerises au coulis de fruits rouges irisé 170
Bavarois aux fruits rouges 191

FRUITS DE LA PASSION

Cocktail de crevettes à l'orange passion 32
Bouchées gourmandes aux fruits de la passion 64
Papillotes de fruits 243

GAMBAS

Petite folie de gambas 83
Gambas à la vapeur
  et marmelade de courgettes 158

GINGEMBRE

Soupe de lentilles au gingembre 25
Coulis de poires au gingembre 52
Sauce au gingembre 232

GRENADE

Mimosa 84

HADDOCK

Haddock vapeur aux deux haricots 50
Choucroute aux poissons 64
Salade de mâche, haddock et betterave 92
Haddock au vert d'anchois 107

HARENG

Assiette Baltique 212

HARICOTS

Haddock vapeur aux deux haricots 50
Paella de légumes 54
Marmite végétarienne au tofu 249

HUILE (PÉPINS DE RAISIN)

Sauce verte à la moutarde 113
Authentique Linzertorte 130

HUÎTRES

Aspic d'huîtres et de Saint-Jacques 86

JAMBON

Thon en habit basque 107
Tartines gratinées à la raclette 120
Cake au jambon 124
Croquettes fourrées aux herbes 164
Croquemitoufles au jambon 164

JULIENNE

Gratin de julienne, épinards à la crème . . .168
Pennes et julienne au vert 176

KAKI

Kakis à la mousse de cannelle 122

KIWI

Cocktail top forme 24
Granité au kiwi .75
Tarte fine aux fruits exotiques 126
Pannacotta aux kiwis, sauce chocolat 179
Coupe de cake aux fruits 188
Chaud-froid d'agrumes, palets aux épices . .190
Kiwis farcis aux fruits rouges 242

LAIT

Îles flottantes à la fleur d'oranger 243
Bavarois léger
au chocolat et fraises 246

LANGOUSTINE

Bisque de langoustines 209
Langoustines rôties et grecque de légumes . .226

LAPIN

Cocotte de lapin aux pommes et aux poires . .49
Papillotes de lapin
à la mousse de poires aux épinards 104
Râble de lapin aux marrons glacés 112
Gibelotte de lapin au romarin 180

LÉGUMES

Pain perdu du boucher 96

LENTILLES

Soupe de lentilles au gingembre 25
Lentilles mijotées au poulet 110
Croques de lentilles aux œufs de caille 118
Salade de crevettes aux cinq graines 229

LIMANDE

Blanquette de limande
aux légumes du printemps 154

LITCHI

Salade de fruits exotiques au sirop d'épices . .70

LOTTE

Gigot de lotte à la forestière 50
Couscous de poisson 56
Pain de lotte et sa salade de roquette 90
Rôti de lotte et chou braisé 106
Pot-au-feu de lotte 228

MANGUE

Soupe de mangue au lait de coco 46
Salade de fruits exotiques au sirop d'épices . .70
Curry de poulet à l'ananas, timbales de riz .114
Tarte fine aux fruits exotiques 126
Gelée de fruits dorés 127
Riz au lait, compote de mangues 176
Crémets aux fraises, coulis de mangue 179
Charlotte aux mangues 186
Lassi épicé à la mangue et nectarine 237

Index

index par ingrédients

MAQUEREAU

Filets de maquereaux et tartare
de tomates aux aromates 218

MARRON

Râble de lapin aux marrons glacés 112
Coupe-surprise aux marrons glacés 132

MELON

Méli-mélo de melon 216
Coupe de fruits grosse chaleur 248

MENTHE

Pannacotta aux kiwis, sauce chocolat 179
Petit soufflé glacé au citron 182
Tian de fraises 184
Ramequins de fraises à la crème de citron . .186
Taboulé aux fruits d'été 200
Flan de courgettes à la menthe 202
Glace verveine menthe 240

MERINGUE

Ricotta meringuée aux fruits rouges 244

MERLAN

Filets de merlan gratinés au citron 223

MIEL

Croustillant aux poires 66
Papillotes de fruits d'automne au miel 69
Cailles à la citronnelle 157

MOULES

Velouté de topinambours aux moules 98
Mouclade à la cardamome 102
Moules au bouillon de légumes 210
Moules à la crème 223

MOUTARDE

Sauce verte à la moutarde 113

MULET

Mulet aux oignons doux des Cévennes 98

MYRTILLE

Muffins aux myrtilles 70
Charlotte au coulis de myrtilles 85
Kiwis farcis aux fruits rouges 242
Ricotta meringuée aux fruits rouges 244

NAVET

Bœuf ficelle 49
Couscous de poisson 56
Pot-au-feu de dinde aux herbes 110
Tartare de courgettes aux tomates 146
Blanquette de limande
aux légumes du printemps 154
Pavés de thon
aux petits navets et épinards 171
Potée de printemps 172
Poulet au citron vert 174
Roulade de veau
en papillotes et légumes grillés 178
Légumes à la crème de chèvre 215
Langoustines rôties et grecque de légumes . .226

NECTARINE

Lassi épicé à la mangue et nectarine 237

NOISETTE

Soupe de potiron aux noisettes 28
Carpaccio de cèpes aux noisettes 32
Sauce aux agrumes et au yaourt 68

ŒUF

Terrine d'aubergines,
tomates en réduction 13

Cheese-cake au citron,
soupçon de chocolat 63
Pancakes 74
Œuf cocotte, champignons sautés 93
Croques de lentilles aux œufs de caille 118
Omelette aux pommes 127
Tortilla de tomates 199
Salade de pourpier aux œufs mollets 209
Îles flottantes à la fleur d'oranger 243

ŒUF DE POISSON

Tarama léger 158

OIGNON

Soupe de pois cassés 94
Filet de bœuf braisé, compotée rouge 94
Mulet aux oignons doux des Cévennes 98
Blanquette de limande
aux légumes du printemps 154
Potée de printemps 172
Soupe glacée bulgare 214
Saveur soleil 224

OLIVE

Cake au jambon 124
Gâteau d'olives 154
Tomates farcies à la raie 206
Salade de pourpier aux œufs mollets 209
Concombre aigre-doux farci 214

ORANGE

Cuisses de poulet aux abricots secs 26
Cocktail de crevettes à l'orange passion 32
Soupe de mangue au lait de coco 46
Filet de porc aux fruits 58
Sauce aux agrumes et au yaourt 68
Mousses à l'orange 68
Terrine d'oranges
et pommes à la cannelle 74

Crêpes aux clémentines, sauce orange 122
Gelée de fruits dorés 127
Mousse aux oranges sanguines 128
Crudités en barquettes d'endives 133
Tarte de carottes à l'orange confite 152
Chaud-froid d'agrumes, palets aux épices . .190
Taboulé aux fruits d'été 200
Compote de figues à la marocaine 237
Soupe de cerises à l'orange 244

PAIN

Pain perdu aux raisins 54
Pain perdu du boucher 96
Petit pain au chèvre frais et à la poire 112
Croques de lentilles aux œufs de caille 118
Tartines gratinées à la raclette 120
Panzanella 160
Fruits en tartines caramélisées 185

PAIN D'ÉPICE

Mousseline de poires au pain d'épice 120
Pommes panées
à la bohémienne de fruits 132

PALOURDE

Flan de courgettes aux palourdes 208

PAMPLEMOUSSE

Pamplemousse surprise 26
Truite de mer aux câpres 62
Salade de fruits exotiques au sirop d'épices . .70
Pommes panées
à la bohémienne de fruits 132
Chaud-froid d'agrumes, palets aux épices . .190
Cake au pamplemousse 230
Fraises au pamplemousse 246

PANAIS

Potage de légumes anciens 90

Index

index par ingrédients

PAPAYE

Salade de fruits exotiques au sirop d'épices . .70

PASTÈQUE

Coupe de fruits grosse chaleur 248

PATATE DOUCE

Bœuf aux patates douces et piment 108
Marmite végétarienne au tofu 249

PÂTE

Mini-tartes feuilletées aux pommes, meringuées .72
Pizza de poisson à la mexicaine 148

PÂTES . . . .

Salade de coquillettes au crabe 42
Tagliatelles sautées au poulet et légumes 60
Pennes et julienne au vert 176

PÊCHE

Coupe de cake aux fruits 188
Taboulé aux fruits d'été 200
Brochettes de dinde aux pêches 222
Soupe de pêches au thé vert 236
Pêches pochées à la verveine 240
Coupe de fruits grosse chaleur 248

PERSIL

Taboulé au persil 35

PETITS POIS

Salade de crevettes aux cinq graines 229

PIMENT

Chutney aux pommes 55
Thon en habit basque 107
Bœuf aux patates douces et piment 108
Vinaigrette asiatique 116
Thon mariné au piment et aux herbes 222

PINTADE, PINTADEAU

Pastilla de pintade 44
Pintadeau farci aux herbes 234

PISTACHE

Crème vanille pistache 66
Crudités en barquettes d'endives 133
Pennes et julienne au vert 176

POIRE

Poires rôties au thym frais 42
Cocotte de lapin aux pommes et aux poires . .49
Coulis de poires au gingembre 52
Filet de porc aux fruits 58
Croustillant aux poires 66
Papillotes de fruits d'automne au miel 69
Tarte à la brousse et aux poires 75
Tourte de poires aux trois poivres 93
Papillotes de lapin
   à la mousse de poires aux épinards 104
Petit pain au chèvre frais et à la poire 112
Douillette de poires au caramel 113
Mousseline de poires au pain d'épice 120
Tiramisu aux poires 121
Pommes panées
   à la bohémienne de fruits 132

POIREAU

Papillotes de truite aux poireaux 63
Poireaux en robe de saumon,
   vinaigrette de betterave 86
Soupe de pois cassés 94
Pot-au-feu de dinde aux herbes 110
Potée au cabillaud 116
Croquettes fourrées aux herbes 164
Poulet au citron vert 174
Moules au bouillon de légumes 210
Pot-au-feu de lotte 228
Pintadeau farci aux herbes 234

POIS

Paella de légumes 54
Tagliatelles sautées au poulet et légumes 60
Soupe de pois cassés 94
Potée de printemps 172
Brochettes de dinde aux pois gourmands
  et aux tomates cerises 174
Gibelotte de lapin au romarin 180

POIVRE

Tourte de poires aux trois poivres 93

POIVRON

Flan de légumes au coulis de poivrons 40
Paella de légumes 54
Pavé de bœuf aux poivrons grillés 60
Tagliatelles de concombre aux crevettes 99
Pizza de poisson à la mexicaine 148
Riz frou-frou 166
Calamars aux poivrons confits 198
Légumes grillés à la parmesane 204
Cailles en coque de poivron 204
Poulet mariné à l'italienne 212
Brochettes de veau
  au romarin et méli-mélo de légumes 224
Marmite végétarienne au tofu 249

POMME

Pamplemousse-surprise 26
Terrine de chèvre aux fruits secs 28
Pommes à la scandinave 34
Cocotte de lapin aux pommes et aux poires . .49
Chutney aux pommes 55
Filet de porc aux fruits 58
Papillotes de fruits d'automne au miel 69
Mini-tartes
  feuilletées aux pommes, meringuées 72
Terrine d'oranges
  et pommes à la cannelle 74
Sauce à la pomme 114

Omelette aux pommes 127
Gâteau aux deux pommes 128
Pommes panées
  à la bohémienne de fruits 132
Salade de printemps 150
Diplomate du matin 180
Fruits en tartines caramélisées 185
Assiette Baltique 212
Papillotes de fruits 243

POMME DE TERRE

Bœuf ficelle 49
Truite de mer aux câpres 62
Velouté de topinambours aux moules 98
Tagliatelles de concombre aux crevettes 99
Roulé de dinde farce du jardin 108
Salade de pommes
  des champs au vin blanc 151
Potage aux herbes fraîches 152
Blanquette de limande
  aux légumes du printemps 154
Sauté de bœuf aux carottes nouvelles 166
Roulade de veau
  en papillotes et légumes grillés 178
Gibelotte de lapin au romarin 180
Carpaccio à la mode asiatique 202
Blancs de poulet
  à l'orange, gratin de fenouils 216

PORC

Filet de porc aux fruits 58
Noisettes de porc aux fruits secs 99
Riz frou-frou 166
Filet mignon aux épices,
  endives caramélisées 172
Potée de printemps 172

POTIRON

Soupe de potiron aux noisettes 28

Index

index par ingrédients

POULET

Cuisses de poulet aux abricots secs 26
Roulés de poulet au concombre 34
Tagliatelles sautées au poulet et légumes 60
Boulgour au poulet et aux herbes 88
Lentilles mijotées au poulet 110
Curry de poulet à l'ananas, timbales de riz .114
Croquettes fourrées aux herbes 164
Poulet au citron vert 174
Poulet mariné à l'italienne 212
Blancs de poulet
  à l'orange, gratin de fenouils 216
Raviolis farcis au vert 232

PRUNE

Papillotes de fruits d'automne au miel 69

PRUNEAU

Noisettes de porc aux fruits secs 99

RADIS

Crudités en barquettes d'endives 133
Soupe glacée bulgare 214
Saveur soleil .224

RAIE

Tomates farcies à la raie 206

RAISIN

Filet de turbot, sauce aux raisins 41
Pain perdu aux raisins 54
Papillotes de fruits d'automne au miel 69
Foie de veau poêlé
  en salade de mâche 88
Noisettes de porc aux fruits secs 99
Poulet mariné à l'italienne 212
Kiwis farcis aux fruits rouges 242

RHUBARBE

Compote de rhubarbe et fraises 62

RICOTTA

Tartelettes à la rhubarbe 69
Quatre-quarts à la rhubarbe 184
Raviolis de rhubarbe à la banane 188
Fraises acidulées 238
Compote tonique
  à la rhubarbe et à la framboise 248

RICOTTA

Aumônières à la ricotta et à la tomate 151
Ricotta meringuée aux fruits rouges 244

RIZ

Bò bún 46
Truite de mer et risotto à l'aneth 48
Paella de légumes 54
Agneau à la mode des Indes 55
Bœuf aux patates douces et piment 108
Roulé de dinde farce du jardin 108
Curry de poulet à l'ananas, timbales de riz .114
Riz frou-frou .166
Poulet au citron vert 174
Riz au lait, compote de mangues 176
Papillotes d'espadon aux citrons confits 220
Salade de crevettes aux cinq graines 229
Riz aux coques 230

ROMARIN

Gigotins de magret au romarin 210
Brochettes de veau
  au romarin et méli-mélo de légumes 224

ROUGET

Filets de rouget à la compotée de tomates . .218

RUTABAGA

Potage de légumes anciens 90

SAINT-JACQUES

Aspic d'huîtres et de Saint-Jacques 86

Les saisons de la minceur

SALADE

Cocktail de crevettes à l'orange passion 32
Carpaccio de cèpes aux noisettes 32
Petite folie de gambas 83
Bâtonnets de magret à la clémentine 84
Foie de veau poêlé
  en salade de mâche 88
Pain de lotte et sa salade de roquette 90
Mâche façon cantonaise 92
Salade de mâche, haddock et betterave 92
Rouleaux de laitue 157
Salade de pourpier aux œufs mollets 209
Poulet mariné à l'italienne 212

SANDRE

Dos de sandre grillé aux bûchettes de légumes 82

SARDINE

Sardines marinées 208

SAUMON (FRAIS, FUMÉ)

Pommes à la scandinave 34
Petite folie de gambas 83
Poireaux en robe de saumon,
  vinaigrette de betterave 86
Pavé de saumon,
  purée de brocolis et de chou-fleur 106
Tartare de saumon et de concombre 140
Pastilla de saumon à la ciboulette 148
Tarama léger 158

SEMOULE

Couscous de poisson 56
Gnocchis de semoule gratinés 100
Dorade au citron confit
  et semoule à la coriandre 156
Taboulé aux fruits d'été 200

SOJA

Bò bún 46

SOLE

Papillotes de sole aux girolles 40

SURIMI

Salade de pousses d'épinard et d'avocats . .144

THÉ

Petits pains au thé, goût russe 121
Thé glacé aux épices 200
Soupe de pêches au thé vert 236

THON

Thon en habit basque 107
Pavés de thon
  aux petits navets et épinards 171
Sardines marinées 208
Thon mariné au piment et aux herbes 222

TOFU

Marmite végétarienne au tofu 249

TOMATE

Roulades de dinde
  à la compotée de légumes 48
Paella de légumes 54
Couscous de poisson 56
Foie de veau poêlé
  en salade de mâche 88
Tagliatelles de concombre aux crevettes 99
Pavé de saumon,
  purée de brocolis et de chou-fleur 106
Croques de lentilles aux œufs de caille 118
Crudités en barquettes d'endives 133
Salade d'artichauts et tomates séchées 144
Tartare de courgettes aux tomates 146
Pizza de poisson à la mexicaine 148
Salade de printemps 150
Bayadère de légumes 150
Aumônières à la ricotta et à la tomate 151
Panzanella .160

index par ingrédients

Assiette du jardinier 165
Pavés de thon
  aux petits navets et épinards 171
Sauce maraîchère 171
Brochettes de dinde aux pois gourmands
  et aux tomates cerises 174
Tortilla de tomates 199
Carpaccio à la mode asiatique 202
Légumes grillés à la parmesane 204
Tomates farcies à la raie 206
Salade de pourpier aux œufs mollets 209
Bisque de langoustines 209
Concombre aigre-doux farci 214
Filets de rouget à la compotée de tomates . .218
Filets de maquereaux
  et tartare de tomates aux aromates 218
Papillotes d'espadon aux citrons confits 220
Filets de merlan gratinés au citron 223
Brochettes de veau
  au romarin et méli-mélo de légumes 224
Concassée de tomates fraîches 229

TOPINAMBOUR

Potage de légumes anciens 90
Velouté de topinambours aux moules 98

TOURTEAU

Tourteau farci 44
Coques de fenouils au crabe 162

TRUITE

Truite de mer et risotto à l'aneth 48
Truite de mer aux câpres 62

Papillotes de truite aux poireaux 63
Tartare de saumon et de concombre 140

TURBOT

Filet de turbot, sauce aux raisins 41

VANILLE

Crème vanille pistache 66
Tartelettes à la rhubarbe 69

VEAU

Grenadin de veau de lait
  aux asperges et son coulis d'herbes 11
Osso bucco 104
Roulade de veau
  en papillotes et légumes grillés 178
Brochettes de veau
  au romarin et méli-mélo de légumes 224

VERVEINE

Glace verveine menthe 240
Pêches pochées à la verveine 240

VIANDE DES GRISONS

Salade de printemps 150

YAOURT

Velouté de champignons au yaourt 30
Kakis à la mousse de cannelle 122
Fraises provençales à la crème de yaourt . .185
Soupe glacée bulgare 214
Saveur soleil 224
Sauce cresson au yaourt 226

index par **POINTS**

	POINTS	P.
Soupe aux champignons épicés . . .	0	35
Chutney aux pommes	0	55
Potage de légumes anciens	0	90
Sauce au vin rouge	0	100
Sauce à la pomme	0	114
Sauce à la crème d'ail	0	170
Thé glacé aux épices	0	200
Soupe de concombre glacée à l'aneth	0	206
Fraises au pamplemousse	0	246
Coupe de fruits grosse chaleur	0	248
Cocktail top forme	0,5	24
Poires rôties au thym frais	0,5	42
Coulis de poires au gingembre . . .	0,5	52
Bâtonnets de magret à la clémentine	0,5	84
Vinaigrette asiatique	0,5	116
Sauce maraîchère	0,5	171
Sauce cresson au yaourt	0,5	226
Soupe de pêches au thé vert	0,5	236
Papillotes de fruits	0,5	243
Flan de légumes au coulis de poivrons	0,5	40
Compote de rhubarbe et fraises . . .	1	62
Sauce aux agrumes et au yaourt . .	1	68
Salade de fruits exotiques au sirop d'épices	1	70
Terrine d'oranges et pommes à la cannelle	1	74
Mimosa	1	84
Aspic d'huîtres et de Saint-Jacques .	1	86
Croustillants d'ananas	1	124
Bavarois aux fruits rouges	1	191
Flan de courgettes aux palourdes . .	1	208
Fleurs de courgettes farcies au chèvre	1	215
Fraises acidulées	1	238
Kiwis farcis aux fruits rouges	1	242
Soupe de cerises à l'orange	1	244
Compote tonique à la rhubarbe et à la framboise . .	1	248
Pommes à la scandinave	1,5	34
Papillotes de fruits d'automne au miel	1,5	69
Muffins aux myrtilles	1,5	70
Granité au kiwi	1,5	75
Mâche façon cantonaise	1,5	92
Velouté de topinambours aux moules . .	1,5	98
Mouclade à la cardamome	1,5	102
Mousseline de poires au pain d'épice	1,5	120
Œufs à la neige au chocolat	1,5	130
Potage aux herbes fraîches	1,5	152
Panzanella	1,5	160
Îlots de cerises au coulis de fruits rouges irisé . . .	1,5	170
Crémets aux fraises, coulis de mangue	1,5	179
Crème au café meringuée	1,5	190
Cailles en coque de poivron	1,5	204
Courgettes râpées à la citronnette . .	1,5	220
Concassée de tomates fraîches . . .	1,5	229
Pêches pochées à la verveine	1,5	240
Bavarois léger au chocolat et fraises	1,5	246
Pannacotta à la fleur d'oranger, fruits d'ici et d'ailleurs en délicate gelée de citronnelle .	2	9

index par **POINTS**

	Unité POINTS	P.		Unité POINTS	P.
Pamplemousse-surprise	2	26	Compote de figues à la marocaine	2	237
Soupe de potiron aux noisettes . . .	2	28	Terrine de chèvre aux fruits secs . . .	2,5	28
Velouté de carottes et céleri à la coriandre	2	41	Velouté de champignons au yaourt	2,5	30
Mousses à l'orange	2	68	Cocktail de crevettes à l'orange passion	2,5	32
Charlotte au coulis de myrtilles	2	85	Taboulé au persil	2,5	35
Poireaux en robe de saumon, vinaigrette de betterave	2	86	Papillotes de truite aux poireaux . . .	2,5	63
Salade de mâche, haddock et betterave	2	92	Boulgour au poulet et aux herbes . .	2,5	88
Soupe de pois cassés	2	94	Œuf cocotte, champignons sautés . .	2,5	93
Mulet aux oignons doux des Cévennes	2	98	Papillotes de lapin à la mousse de poires aux épinards	2,5	104
Petit pain au chèvre frais et à la poire	2	112	Crêpes aux clémentines, sauce orange	2,5	122
Potée au cabillaud	2	116	Gâteau aux deux pommes	2,5	128
Tiramisu aux poires	2	121	Crudités en barquettes d'endives . .	2,5	133
Kakis à la mousse de cannelle	2	122	Tartare de courgettes aux tomates . .	2,5	146
Soufflé léger au café	2	126	Salade de printemps	2,5	150
Mousse aux oranges sanguines . . .	2	128	Brochettes de dinde aux pois gourmands et aux tomates cerises	2,5	174
Tartare de saumon et de concombre .	2	140	Riz au lait, compote de mangues . .	2,5	176
Petites corbeilles de fruits	2	142	Pannacotta aux kiwis, sauce chocolat	2,5	179
Rouleaux de laitue	2	157	Fraises provençales à la crème de yaourt	2,5	185
Coques de fenouils au crabe	2	162	Calamars aux poivrons confits	2,5	198
Le vrai beurre blanc très allégé . . .	2	168	Flan de courgettes à la menthe . . .	2,5	202
Diplomate du matin	2	180	Légumes grillés à la parmesane . . .	2,5	204
Petit soufflé glacé au citron	2	182	Méli-mélo de melon	2,5	216
Taboulé aux fruits d'été	2	200	Pot-au-feu de lotte	2,5	228
Moules au bouillon de légumes . . .	2	210	Sauce au gingembre	2,5	232
Gigotins de magret au romarin . . .	2	210	Fromage blanc à la chiffonnade de cresson	2,5	236
Concombre aigre-doux farci	2	214	Terrine d'aubergines, tomates en réduction	3	13
Soupe glacée bulgare	2	214	Soupe de lentilles au gingembre . . .	3	25
Légumes à la crème de chèvre	2	215			
Lassi épicé à la mangue et nectarine	2	237			

Les saisons de la minceur

	POINTS	P.		POINTS	P.
Sauce au chocolat	3	38	Petite folie de gambas	3,5	83
Papillotes de sole aux girolles	3	40	Pain perdu du boucher	3,5	96
Bò bún	3	46	Noisettes de porc aux fruits secs . . .	3,5	99
Tarte à la brousse et aux poires . . .	3	75	Gnocchis de semoule gratinés	3,5	100
Filet de bœuf braisé, compotée rouge	3	94	Sauce verte à la moutarde	3,5	113
Rôti de lotte et chou braisé	3	106	Croques de lentilles aux œufs de caille	3,5	118
Petits pains au thé, goût russe	3	121	Salade de pommes des champs au vin blanc	3,5	151
Tarte fine aux fruits exotiques	3	126	Tarte de carottes à l'orange confite	3,5	152
Gelée de fruits dorés	3	127	Cailles à la citronnelle	3,5	157
Coupe-surprise aux marrons glacés	3	132	Pavés de thon aux petits navets et épinards . . .	3,5	171
Pommes panées à la bohémienne de fruits	3	132	Pennes et julienne au vert	3,5	176
Aumônières à la ricotta et à la tomate	3	151	Tian de fraises	3,5	184
Assiette du jardinier	3	165	Tomates farcies à la raie	3,5	206
Potée de printemps	3	172	Sardines marinées	3,5	208
Gratin de cerises	3	178	Salade de pourpier aux œufs mollets	3,5	209
Ramequins de fraises à la crème de citron	3	186	Bisque de langoustines	3,5	209
Chaud-froid d'agrumes, palets aux épices	3	190	Moules à la crème	3,5	223
Saveur soleil	3	224	Glace verveine menthe	3,5	240
Raviolis farcis au vert	3	232	Îles flottantes à la fleur d'oranger . .	3,5	243
Carpaccio de cèpes aux noisettes .	3,5	32	Marmite végétarienne au tofu	3,5	249
Roulés de poulet au concombre . . .	3,5	34	Grenadin de veau de lait aux asperges et son coulis d'herbes	4	11
Salade de coquillettes au crabe . . .	3,5	42			
Tourteau farci	3,5	44	Filet de turbot, sauce aux raisins	4	41
Roulades de dinde à la compotée de légumes	3,5	48	Cocotte de lapin aux pommes et aux poires	4	49
Bœuf ficelle	3,5	49	Pain perdu aux raisins	4	54
Croustillant aux poires	3,5	66	Filet de porc aux fruits	4	58
Mini-tartes feuilletées aux pommes, meringuées	3,5	72	Charlotte d'agneau	4	58
Pancakes	3,5	74	Pavé de bœuf aux poivrons grillés	4	60

Index

index par **POINTS**

	POINTS	P.
Bouchées gourmandes aux fruits de la passion	4	64
Crème vanille pistache	4	66
Tartelettes à la rhubarbe	4	69
Dos de sandre grillé aux bûchettes de légumes	4	82
Foie de veau poêlé en salade de mâche	4	88
Tagliatelles de concombre aux crevettes	4	99
Cabillaud et chou rouge confit	4	102
Douillette de poires au caramel	4	113
Curry de poulet à l'ananas, timbales de riz	4	114
Gigot d'agneau, purée d'ail, asperges vertes à la crème	4	141
Tarte aux navets et au cumin	4	146
Gambas à la vapeur et marmelade de courgettes	4	158
Croquemitoufles au jambon	4	164
Filet mignon aux épices, endives caramélisées	4	172
Filets de rouget à la compotée de tomates	4	218
Brochettes de dinde aux pêches	4	222
Langoustines rôties et grecque de légumes	4	226
Riz aux coques	4	230
Cuisses de poulet aux abricots secs	4,5	26
Fonds d'artichauts Grand Nord	4,5	36
Soupe de mangue au lait de coco	4,5	46
Gigot de lotte à la forestière	4,5	50
Truite de mer aux câpres	4,5	62
Tartines gratinées à la raclette	4,5	120

	POINTS	P.
Pizza de poisson à la mexicaine	4,5	148
Bayadère de légumes	4,5	150
Tarama léger	4,5	158
Gratin de julienne, épinards à la crème	4,5	168
Gibelotte de lapin au romarin	4,5	180
Quatre-quarts à la rhubarbe	4,5	184
Charlotte aux mangues	4,5	186
Blancs de poulet à l'orange, gratin de fenouils	4,5	216
Papillotes d'espadon aux citrons confits	4,5	220
Thon mariné au piment et aux herbes	4,5	222
Pintadeau farci aux herbes	4,5	234
Soufflés glacés aux abricots	4,5	242
Salade de dinde Louisiane	5	38
Choucroute aux poissons	5	64
Pain de lotte et sa salade de roquette	5	90
Petites brioches de crevettes à la sauce rose	5	96
Osso bucco	5	104
Omelette aux pommes	5	127
Roulade de veau en papillotes et légumes grillés	5	178
Tortilla de tomates	5	199
Carpaccio à la mode asiatique	5	202
Cappuccino chocolat framboise	5	238
Ricotta meringuée aux fruits rouges	5	244
Paella de légumes	5,5	54
Cheese-cake au citron, soupçon de chocolat	5,5	63

Les saisons de la minceur

	P.			P.
Pavé de saumon, purée de brocolis et de chou-fleur	5,5	106	Coupe de cake aux fruits	6	188
			Filets de merlan gratinés au citron . .	6	223
Bœuf aux patates douces et piment	5,5	108	Tajine de coquelets aux fenouils . . .	6,5	52
			Thon en habit basque	6,5	107
Râble de lapin aux marrons glacés	5,5	112	Sauté de bœuf aux carottes nouvelles	6,5	166
Salade de pousses d'épinard et d'avocats	5,5	144	Lentilles mijotées au poulet	7	110
Blanquette de limande aux légumes du printemps	5,5	154	Authentique Linzertorte	7	130
Gâteau d'olives	5,5	154	Filets de maquereaux et tartare de tomates aux aromates	7	218
Dorade au citron confit et semoule à la coriandre	5,5	156	Salade de crevettes aux cinq graines	7	229
Boulettes de bœuf à la tunisienne . .	5,5	156	Tagliatelles sautées au poulet et légumes	7,5	60
Assiette Baltique	5,5	212	Quatre-quarts à l'ananas	7,5	72
Poulet mariné à l'italienne	5,5	212	Pastilla de saumon à la ciboulette	7,5	148
Brochettes de veau au romarin et méli-mélo de légumes	5,5	224	Raviolis de rhubarbe à la banane	7,5	188
Cake au pamplemousse	5,5	230	Pastilla de pintade	8	44
Tarte aux épinards	6	30	Haddock vapeur aux deux haricots	8	50
Agneau à la mode des Indes	6	55	Fruits en tartines caramélisées	8	185
Haddock au vert d'anchois	6	107	Poulet au citron vert	8,5	174
Roulé de dinde farce du jardin	6	108	Truite de mer et risotto à l'aneth . . .	9	48
Pot-au-feu de dinde aux herbes . . .	6	110	Couscous de poisson	9	56
Cake au jambon	6	124	Croquettes fourrées aux herbes . . .	9	164
Salade d'artichauts et tomates séchées	6	144	Riz frou-frou	11,5	166
Petites aumônières d'agneau	6	160			

crédits

RECETTES ET MENUS RÉDIGÉS PAR :
Martine Barthassat, Aglaë Blin, Aurélie Cuvelier, Sophie Denis, Véronique Liégeois,
Marie-Caroline Malbec, Catherine Quèvremont, Régine Signorini, Jacqueline Ury

PHOTOS ET STYLISME RECETTES :
Philippe Exbrayat

SHOPPING :
British Shop, 2, rue François Ponsard, 75016 Paris,
tél. 01 45 25 86 92, site internet : www.british-shop.fr

Villeroy et Boch, C.C. L'Art de vivre, 78630 Orgeval,
site internet : www.villeroy-boch.com

Porcelaine de Sologne, 32, rue de Paradis, 75010 Paris, tél. 01 45 23 15 86

Porcelaine Yves Deshoulières, Apilco, Le Planty, 86300 Chauvigny
tél. 05 49 61 50 00

Et le studio photo.

CONCEPTION ET RÉALISATION :

CASSI
EDITION

2, cité Dupetit Thouars, 75003 Paris, tél. 01 44 54 95 05
www.cassi-edition.com

Imprimé par CLERC S.A.S.
18200 Saint-Amand-Montrond
N° d'éditeur : 44772-01
Dépôt légal : octobre 2004
Imprimé en France